»... klug, präzis, allen Situationen gewachsen ist diese Prosa«, urteilte *Heinrich Böll* in ›Die Zeit‹ über Hilde Domins autobiographische Schriften. »Hier wird ›en miniature‹ eine der verrücktesten und abenteuerlichsten Emigrationen und – das ist eben das Erstaunliche an Hilde Domin, ihrem Buch und ihrer Existenz – auch die Heimkehr beschrieben.« Nach 22 Jahren im Exil, zunächst in Italien, dann in England, schließlich in der Dominikanischen Republik, »stand ich auf und ging heim in das Wort, von wo ich unvertreibbar bin. Das Wort aber war das deutsche Wort. Deswegen fuhr ich wieder zurück über das Meer, dahin, wo das Wort lebt.«

Hilde Domin, 1909 in Köln geboren, studierte Jura, Philosophie und Nationalökonomie. Sie beendete ihre Studien in Florenz mit einer politikwissenschaftlichen Arbeit über Pontanus als Vorläufer von Machiavelli. Mit Hitlers Machtergreifung brach die Zeit des Exils an, die Hilde Domin gemeinsam mit ihrem Mann zunächst in England, dann in der Karibik, in Santo Domingo verbrachte. Nach 22jährigem Exil kehrten sie nach Deutschland zurück. Hilde Domin lebte bis zu ihrem Tod im Februar 2006 in Heidelberg. Ihre Gedichte, die sie zu einer der bedeutendsten Lyrikerinnen der Nachkriegszeit machten, veröffentlichte sie seit 1954. Zahlreiche Literaturpreise und Auszeichnungen, u. a. 1999 den Jakob Wassermann-Preis der Stadt Fürth und 2005 die höchste Auszeichnung der Dominikanischen Republik für ihr Lebenswerk.

Lesungen, Vorträge, Diskussionen an Universitäten und in literarischen Gesellschaften des In- und Auslandes. Ehrengast der Villa Massimo 1986. Poetikdozentur der Universität Frankfurt am Main 1987/88 und der Universität Mainz 1988/89. Mitglied des PEN, der Deutschen Akademie für Sprache und Dichtung, Ehrenmitglied der Heinrich-Heine-Gesellschaft Düsseldorf, der American Association of Teachers of German. – Preise u. a. Ida-Dehmel-Literatur-Preis, 1968; Meersburger Droste-Preis, 1971; Rainer-Maria-Rilke-Preis für Lyrik, 1976; Nelly-Sachs-Preis der Stadt Dortmund, 1983; Friedrich-Hölderlin-Preis der Stadt Bad Homburg vor der Höhe, 1992; Preis für Literatur im Exil der Stadt Heidelberg, 1992; Großes Bundesverdienstkreuz, 1993; Literaturpreis der Konrad-Adenauer-Stiftung, 1995; Jakob-Wassermann-Preis der Stadt Fürth, 1999; Staatspreis des Landes NRW, 1999; die Bürgermedaille der Stadt Heidelberg, 1999; Ehrenbürgerrecht der Stadt Heidelberg, 2004.

Unsere Adresse im Internet: www.fischerverlage.de

Hilde Domin
Gesammelte
Autobiographische
Schriften
Fast ein Lebenslauf

Fischer
Taschenbuch
Verlag

9.–10. Tausend: November 2009

Veröffentlicht im Fischer Taschenbuch Verlag,
einem Unternehmen der S. Fischer Verlag GmbH,
Frankfurt am Main, Juni 1998

© S. Fischer Verlag GmbH, Frankfurt am Main 1993
Alle Rechte liegen beim S. Fischer Verlag GmbH, Frankfurt am Main
Gesamtherstellung: CPI – Clausen & Bosse, Leck
Printed in Germany
ISBN 978-3-596-14071-8

Für E. W. P.

*Die Jahrtausende ließen sich von dir kraulen
Wie von einem Kind
Jeden Morgen hörte ich deinen Amselpfiff
Deine Freude auf den Tag
Keine Zeit kam dagegen auf
Tägliche Überraschung
Aus deinem Wunderkorb
Ein Vorrat für den Rest des Jahrhunderts
Für jeden Tag in ihm*

Inhalt

»Ein blauer Tag« 9

Mein Vater. Wie ich ihn erinnere 10

Unter Akrobaten und Vögeln 21
Fast ein Lebenslauf

Leben als Sprachodyssee 32

Besuch bei Hermann Hesse 41
Exil seit 1912

Frau Gianni 48

München bei der Rückkehr 1954/55 53
Brief an Klaus Piper, 1981

Dank an Heidelberg 63

Meine Wohnungen – »Mis moradas« 71

Bücher-»Grillen« 139
Den »bibliographischen Grillen« Th. W. Adornos verdankt

Rückblick auf die Zeit als Ehrengast in der Villa Massimo 146

Hineingeboren 150

Offener Brief an Nelly Sachs 167
Zur Frage der Exildichtung

Ich schreibe, weil ich schreibe 176
(Warum einer tut, was er tut)

Was einem mit seinen Gedichten passieren
kann 184
Lese-Erfahrungen

Der Handschuh und die Rose 218
Ein prosaisches Märchen

Erste Begegnung mit meinem Verleger 224

Ins Exil mit Goethe, Heine, Rilke, Joyce 227

Hilde Domin interviewt Heinrich Heine 1972 in
Heidelberg 233

R. A. Bauer interviewt Hilde Domin 1972 in
Heidelberg 243

Adelbert Reif interviewt Hilde Domin 1987 249

Briefgespräch mit HAP Grieshaber über »vorsichtige Hoffnung« und anderes 259

Mein erstes Tischgebet 264
Stullen mit Sekt

Erinnerungen an die Schulzeit 270
  I Augen 270
  II Frl. Rolfs 272

Sehr persönliche Briefe an einen »Hof-Poeten«
über staatsbürgerliches Verhalten 274
*Zu Günter Bruno Fuchs: »Blätter eines Hof-Poeten
und andere Gedichte«*

»Und keine Kochbananen mehr« 282
Bericht über das Kriegsende

Berichte von einer Insel. Kindern erzählt 286
   I   *Die Insel und der einohrige Kater* 286
   II   *Näheres über Gogh, den Einohrigen* 289
   III   *Die Stunde der Wahrheit. Polizeiverhandlung über Gogh* 293

Auf Besuch in New York. 298
Ein Rückblick

»Rückwanderung« 304

Die andalusische Katze 305

Erinnerungen an Gabriela Mistral und Juan Ramón Jiménez 317

Wiedersehen mit Spanien 326
Vier Skizzen

Randbemerkungen zur Rückkehr 335

Anhang 343

Vita 345

Nachweis 350

»Ein blauer Tag«

Ein blauer Tag
Nichts Böses kann dir kommen
an einem blauen Tag.
Ein blauer Tag
die Kriegserklärung.
Die Blumen öffneten ihr Nein,
Die Vögel sangen Nein,
ein König weinte.
Niemand konnte es glauben.
Ein blauer Tag
und doch war Krieg.

Gestorben wird auch an blauen Tagen,
bei jedem Wetter.
Auch an blauen Tagen wirst du verlassen
und verläßt du,
begnadigst nicht
und wirst nicht begnadigt.
Auch an blauen Tagen
wird nichts zurückgenommen.
Niemand kann es glauben:
Auch an blauen Tagen
bricht das Herz.

Mein Vater. Wie ich ihn erinnere

Mein Vater, wenn ich es mir überlege, war vermutlich ein höherer Beamter. Kein höchster, denn er war ohne Neigung und Talent zum Zeremoniell, wenn auch sehr korrekt. Er war auf sein Gewissen vereidigt. Und auf die Weimarer Republik, die er für den Idealstaat hielt. Er erzählte mir nie vom Kaiser, den er als junger Mann noch erlebt hatte, und immer von der Demokratie. Auch vom Krieg wurde bei uns nicht gesprochen, obwohl er im Krieg gewesen war und irgendwo in seinem Kleiderschrank ein Eisernes Kreuz lag.

In Wirklichkeit war er freiberuflich tätig, er war Anwalt. Ich hörte es sagen, daß er bei den Richtern sehr geschätzt war, wegen seiner genauen Schriftsätze, die die Übersicht über den Prozeß erleichterten, und auch weil er eben keine Sache übernahm, die er nicht für »gut« hielt, also für vertretenswert. »Faule Sachen« paßten nicht zu ihm.

Als ich schon in Oberprima war, nahm mein Vater einen Sozius. Ich erinnere mich noch, wie er nach Hause kam und empört berichtete, daß dieser junge Kollege seine Prozesse vertagen ließ, bis sie vor einen ihm genehmen Richter kamen. Meinem Vater wäre dergleichen nie eingefallen, er hatte sich nicht träumen lassen, daß Prozesse gemanagt werden. (Bei alledem stammte er aus einer angesehenen Juristenfamilie, und ein Vetter von ihm, mit dem er auch gemeinsam studiert hatte, war der Starverteidiger der zwanziger Jahre.)

Mein Vater war nicht der Vater meines Bruders, während meine Mutter in einem erstaunlichen Maße die gleiche Mutter gewesen zu sein scheint. Mein Bruder erinnert sich, ihr Lieblingskind gewesen zu sein. Auch ich weiß ganz sicher, daß ich ihr Lieblingskind war. Meine Mutter hat es ganz einfach fertiggebracht, zwei Lieblingskinder zu haben, obwohl ich das für mich behielt, ich wollte meinen Bruder nicht kränken. Er ist ein jüngerer Bruder, wir sind nur wir beide. Als ich ihn 1954 nach 23 oder auch 24 Jahren wiedersah – das Wort reicht kaum aus, man kann fast das »wieder« streichen, nach so langer Zeit, er stand auf dem Bahnhof München, als ich ankam, aus Übersee. Davor hatten wir uns in Köln gesehen, in der elterlichen Wohnung, im Jahre 1931 – da entdeckte ich plötzlich, daß wir beide Lieblingskinder waren, aber zwei verschiedene Väter gehabt haben.

Es ist mir daher sehr bewußt, daß mein Vater durchaus nicht der Mann war, der er vielleicht war, sondern der Mann, den ich erinnere. Sicher ist, daß er ein Mann war, der viel zu früh mit uns auf den Bahnsteig kam, wenn wir verreisten. Und daß wir sehr schnell essen mußten, weil er so kurze Mittagspause hatte. Wir essen heute noch schneller als alle andern, mein Bruder ganz wie ich. Das Essen wurde aufgetragen, sowie er klingelte. Er kam zu Fuß nach Hause, vom Büro, er ging über den Hansaring, damals eine breite Straße, eine Avenida, mit Ahornbäumen. Links fuhr die Linie 16, in der meine Mutter mitgefahren war, monatelang, als ich begann auf dem Fahrrad zur Schule zu fahren. Sie überwachte die Expedition von der Straßenbahn aus und schätzte die Risiken ab. Man sieht daraus schon, was für eine Sorte Kindheit ich hatte. Sie scheint fast abenteuerlich, als Vorbereitung für ein Leben wie das meine. Ich durfte, was ich wollte, und man hielt mir, so gut es ging, die Hand unter oder auch über und beschützte mich. Mein Vater also kam zu Fuß daher, Mutter ging mit ihm und fungierte als Nomenklator. Denn aus der Gegenrichtung kamen die Richter am Oberlandesgericht vom Reichensperger Platz, in dessen Nähe wir wohnten, und Vater erkannte sie meist nicht oder zu spät. »Da kommt Oberlandesgerichtsrat Soundso, Du mußt ihn grüßen«, sagte meine Mutter. Ich habe das schlechte Personengedächtnis von ihm geerbt, deswegen erinnere ich mich so gut. Wir gingen also mit meinem Vater, oder auch ich allein, meine Schule lag am Anfang und dann später wieder in der Nähe des Büros. Mein Bruder war nie dabei, seine Schule lag in der Innenstadt. Auf dem Weg erzählte mir mein Vater von seinen Fällen, und wir diskutierten die jeweilige Rechtslage. Oder wir sprachen über Theaterstücke, die wir zusammen angesehen hatten. Oder über meine Schulaufsätze. Vermutlich hatte ich schon alle Probleme von 1–20 numeriert, über die ich ihn befragen wollte. Mein Vater war sicher zugleich geehrt und geängstigt, weil ich ein Vieles und Kompliziertes fragendes Kind war und alles von ihm wissen wollte. Ich habe ihn im Verdacht, sich auf die Gespräche mit mir durch besondere Lektüre vorbereitet zu haben. Sonntags ging mein Vater mit mir ins Museum, also ins Wallraf-Richartz-Museum, oder auch in den Kunstverein. Er brachte mir bei, daß Wouwerman weiße Pferde malte und von wem die Reiterstatuen auf der Kölner Brücke sind. Ich war damals sehr neugierig auf Fakten, und er brachte mir viele Fakten bei. Damals behielt ich alle. Vor der Schule ging er mit mir schwimmen. Erst hatte ich eine Büchse auf dem Rücken, dann einen Korkgürtel um den Bauch. Damals ging man in kleine hölzerne weißgetünchte Badeanstalten auf dem Rhein. Unsere hieß Noldes, wie mir gerade einfällt. All dies war natürlich nach dem Krieg, in diesem Falle, nach dem ersten. Vorher war er im Krieg gewesen und hatte uns herrliche bunte Postkarten aus Belgien geschickt, die wir in große Alben klebten. Ich erinnere mich noch an die Pappelalleen.

Irgendwann – ich war noch sehr klein – ängstigte ich mich, ob ich vielleicht ein adoptiertes Kind sei, und stellte mit großer Beruhigung fest, daß ich beiden Eltern ähnlich sehe. Das tue ich noch immer. Dabei sahen sie völlig verschieden aus. Als mein Vater gestorben war, sah ich mich an und sah meinen Vater. Als Mutter gestorben war, sah ich, im Spiegel, meine Mutter.

Ich hatte keine ›repressive‹ Kindheit, im Gegenteil. Mein Vater warf keinen dunklen Schatten.
   Ich durfte lesen, soviel ich wollte. Ich bekam, nach einigen Kämpfen, die Tiere, die ich wollte. Ich hatte Kaninchen und eine Taube im Kinderzimmer, allerdings kurz, diese Tiere schafften sich selber ab, sie stanken zu sehr. (Nur herrenlose Hunde, mit denen ich mich anfreundete, durfte ich nicht mit heraufbringen, das war eines der Verbote, erinnere ich mich.) Aber ich durfte in der Eifel Kühe melken und Ziegen hüten. Mein Vater zwang mich zu nichts. Ich mußte nicht mit ihm spazieren gehen, ich durfte es. Ich durfte schwimmen gehen, ich durfte mit ihm ins Gericht. Ich durfte mit ihm ins Theater. Ich durfte wegfahren nach Heidelberg, zum Studium, und ich durfte studieren, was ich

wollte. Jura, wie mein Vater, natürlich. Und dann durfte ich die Jura aufgeben und Volkswirtschaft und Soziologie studieren, Wissenschaften, die die Welt ›verändern‹. Ich durfte eine Arbeitsgemeinschaft mit Studenten und Arbeitern im Wohnzimmer meiner Eltern abhalten, sie verstanden das nicht, aber sie gingen aus, um mir die Wohnung zu lassen, weil ich einen Unfall gehabt hatte und selber nicht ausgehen konnte. Und ich durfte mit meinem Mann an die Universität Rom gehen (auswandern), als wir uns noch vor der Institution der Ehe ängstigten, und brauchte nicht zu lügen. Ich durfte immer, ohne Angst, die Wahrheit sagen.

(Eine fatale Sache, ich habe das Lügen, trotz aller Bemühungen, nie richtig gelernt. Das ist die Schuld meiner Eltern, und sicher ganz besonders die meines Vaters. Wäre er anders gewesen, hätte zumindest meine Mutter mir das Lügen beigebracht. Sie hätte das Zeug dazu gehabt. Aber es ergab sich nicht, ganz einfach.)

Ich erinnere mich, daß ich irgendwann – ganz wie es bei Freud im Buche steht – zu meiner Mutter sagte, ich könne nie heiraten, da mein Vater bereits mit ihr verheiratet sei. Das war wohl zu der Zeit, als Vater einen unschuldig Angeklagten bis an die Grenze des beruflichen Ruins verteidigte, eine Sache, an der ich leidenschaftlich Anteil nahm. (Mein Vater war an sich Zivilanwalt, selten übernahm er Strafsachen.)

Ich entschied mich dann für einen Mann, der in fast allem das Gegenteil meines Vaters war. Ich erinnere mich noch, wie mir das plötzlich deutlich wurde. Aus Gründen, die ich vergessen habe, nahm ich als Studentin einen Hut mit nach Hause – den Hut eines Mitstudenten –, er hing während der ganzen Osterferien bei uns in der Diele. Es war ein runder flacher Hut, dunkelblau, ein Borsalino. Nichts, was zu meinem Vater paßte. Man konnte sich kaum einen Hut denken, der weniger zu ihm gepaßt hätte. Oder auch zu meinem Bruder. Das Unverwandte, nicht zur Familie Gehörige, par excellence. Der Hut war wie ein großer fremder Vogel, enorm exotisch. Mit einer Mischung von Unbehagen und Neugier sah ich täglich den Hut an, der nichts neben meines Vaters Hut verloren hatte.

Ich erinnere mich, wie mein Vater einen Zusammenstoß mit dem Staatsanwalt hatte bei der Verhandlung. (Damals gab es nichts dem ›Spiegel‹ Ähnliches, aber selbst wenn es den ›Spiegel‹ gegeben hätte, wäre mein Vater nicht der Mann gewesen, dies zu nutzen, obwohl die Prozeßführung dazu vielerlei Anlaß bot.) Aufgeregt verließ mein Vater den Saal und schlug die Türe hinter sich zu. Die wehende schwarze Robe macht einen solchen Auftritt noch dramatischer. Ehe das Gericht die Sitzung aufheben konnte, sprang ich auf, ich hatte in der vordersten Reihe gesessen, und stürzte meinem Vater nach auf den Gang. Es war ordnungswidrig, natürlich. Aber es war ja schon ungewöhnlich, daß ein Kind von zwölf ins Gericht statt in die Schule ging.

In der Robe meines Vaters beendete ich die Schule. Es war die Feier nach dem Abitur. Obwohl es die Robe des Verteidigers war, verlas ich eine Anklageschrift. (Ich hatte es ganz vergessen, kürzlich traf ich eine Schulfreundin, die mich daran erinnerte.) Die Anklageschrift war gereimt, es war die Paraphrase eines Tucholsky-Gedichts, und endete auf den alternierenden Refrain *ist keine Zeit da* und *dafür ist Zeit da*. Heute würde man es eine Lehrplankritik nennen. Es wurde viel gelacht, zuviel gelacht. Nach diesem Auftritt in meines Vaters Robe war von Zeugnisverweigerung die Rede. Ich war, ganz im Gegensatz zu meinem Vater, ein enfant terrible.

Meine Mutter hatte ein Temperament, das war des Bombenwerfens fähig. Sie war auch der Ungerechtigkeit fähig. Mein Vater nicht. Manchmal, selten, treffe ich noch einen Menschen, der so unelastisch und so aufrichtig und des Bösen – und noch der Hypothese des Bösen – so unfähig ist wie er. Es ist eine große Würde in den Menschen, die so rechtschaffen sind, daß das Opportune sich ihnen nicht einmal zur Debatte stellt. Und auch eine große – eine bewundernswerte – Hilflosigkeit.

Ich spreche viel häufiger von meiner Mutter als von meinem Vater. Das war schon so, als beide noch lebten. Immer habe ich das als ungerecht empfunden.

Ich könnte jetzt analysieren, wie weit er typisch für seine Generation oder für seine besondere Lage war, und warum die Menschen heute so anders reagieren. Aber warum sollte ich ihn zerlegen, hier und jetzt. Ich sehe ihn an, so wie ich ihn erinnere. Wichtig ist, daß er fast fünfzig war, als ich zehn war. Viele heirateten damals spät. Die Frauen waren weitaus jünger.

Mein Vater war das Selbstverständliche, solange das Leben für mich selbstverständlich war. Es gab eine feste Routine, die er bestimmte. Die er aber doch so leise und unauffällig bestimmte, daß man sich keine Rechenschaft gab. Vielleicht bestimmte auch meine Mutter diese Routine, man konnte es manchmal glauben, aber dann war es doch mein Vater, der sie möglich machte und guthieß. Er bewunderte meine Mutter und sagte es auch ganz offen. Es gehörte zu unserm Lebensstil, daß mein Vater hinter meiner Mutter stand und sie in allem unterstützte. Dadurch war sie uns ein wenig näher, wir waren ja auch ihr Beruf. Vielleicht habe ich daher meinen Vater, obwohl doch gerade ich in einem dauernden Gespräch mit ihm stand, nicht richtig zu Gesicht bekommen. Das wurde anders, als die Selbstverständlichkeit aufhörte. Als meine Eltern flüchteten und mein Vater die erste und einzige gesetzwidrige Handlung seines Lebens beging: An ihrem Silbernen Hochzeitstag machten meine Eltern einen Ausflug an die belgische Grenze, mit der Straßenbahn. Dann ein kleiner Spaziergang, und sie waren draußen. Das war kurz nachdem die jüdischen Rechtsanwälte auf Müllwagen in schimpflicher Weise durch Köln gefahren wurden, wovor mein Vater bewahrt geblieben war, man hatte ihn gewarnt. Und kurz nach dem Austreten Deutschlands aus dem Völkerbund, an den mein Vater glaubte. Auf jeden Fall aber war es zu einer Zeit, in der ich täglich Briefe schrieb: »Ich kann nicht schlafen, solange Ihr in Deutschland seid.«

Damals begann für meinen Vater das Leben ohne Beruf, in einem Mietzimmer mit meiner Mutter, ein tägliches Examen im Unnützsein, das er kaum vor sich selbst bestehen konnte. Zunächst wurde dies Leben für ihn dadurch erleichtert und erschwert, daß die rechtswidrige Handlung, die geheime Auswanderung, den Aspekt einer Tragödie, einer Widerlegung seines Lebens annahm. Längere Zeit war er am Rande des Selbstmords. In dieser Aufregung nahm er vermutlich den Übergang von dem einen Leben zum andern weniger wahr. Aber zu dieser Zeit lebte ich nicht mit meinen Eltern und nahm an den Schwierigkeiten nur brieflich teil.

Als ich meinen Vater 1939 in England wiedersah, war er genauso zuverlässig und korrekt wie immer. Aber er fühlte sich verloren, in einem dauernden Anklagezustand vor sich selbst. Davon merkte man aber kaum etwas, denn er war sehr still, sehr hilfsbereit und beklagte sich nicht, sondern bemühte sich, ein fehlerfreies Englisch zu lernen. Nie kam er darüber hinweg, daß Worte vielerlei Bedeutungen haben. Er ging, wie damals verlangt wurde (es gab eine Art Selbstverwaltung der Emigranten, die für ihre Anpassung mit deutscher Gründlichkeit sorgte), mit einem Regenschirm aus auch bei gutem Wetter, er sprach nur englisch auf der Straße, wie es gleichfalls von den Emigranten erwartet wurde, und stets ging er zu Fuß bis zur nächsten Teilstrecke des Autobusses. Statt zu telephonieren, schrieb er seinen Bekannten Postkarten, eine Postkarte kostete weniger als ein Anruf, und er war ohne jeden Verdienst. Trotzdem hatte er sofort ein großes und helles Zimmer für uns gemietet, als wir aus Italien fort mußten, und gab uns täglich das Geld, damit wir ins Museum fahren und dann in ein Lyon's essen gehen konnten. Meine Eltern schickten uns zu unserem Trost, und damit wir uns eingewöhnten, italienische Bilder ansehen, wozu sich die National Gallery ja sehr eignet, während sie selber, wir alle, äußerst eingeschränkt lebten.

Wie er unsere zweite – unfreiwillige – Auswanderung bezahlt hatte, denn wir waren mittellos, so bezahlte er (da war er fast siebzig) auch die dritte und teilte dabei wortwörtlich sein letztes Geld mit uns, wenig wie es schon war, damit wir nicht pfenniglos an Land gehen müßten. Die Verarmung war einer der Aspekte der »permanenten Emigration«, der kontinenteweiten Flucht vor Hitler.

All dies paßte in das Bild, das ich von meinem Vater hatte, und wunderte mich eigentlich kaum. Mich hätte gewundert, wenn er es nicht getan hätte. Dabei ist es nicht ganz richtig zu sagen: »Mein Vater tat es.« Ebenso könnte ich sagen: »Meine Mutter tat es.« Sie waren untrennbar. Bei ihrem Temperament und ihrer Phantasie, ihrer militanten Opferbereitschaft, war sie es, von der die Impulse kamen. Was mich wunderte und aufregte – und es ist auf Jahre hinaus die erregendste Erinnerung an meinen Vater geblieben –: Am Tag des Kriegsausbruchs, oder am Tag nach dem Kriegsausbruch (wir waren in einem kleinen Ort am Bristol Channel, hatten, sie und wir, jeder ein Zimmer in einem kleinsten Boardinghouse), war ich zufällig einen Augenblick allein mit meinem Vater. Es war im Zimmer der Eltern. Plötzlich umarmte er mich, schluchzend zog er mich an sich, und wir lagen auf seinem Bett: Ich fühlte seinen Körper, wie er bebte vor Weinen. Nie zuvor hatte mein Vater mich überhaupt umarmt. Und nie zuvor – so schien es mir und so scheint es mir noch – hatte ich ihn weinen sehen. Er weinte meinetwegen. Weil er mich nicht beschützen konnte.

»Ich kenne ihn gar nicht«, dachte ich, als ich in seinen Armen lag. »Er ist jemand ganz anderes.« Einen Augenblick lang regte es mich mehr auf als der Krieg, oder doch mindestens so sehr. (Erst jetzt, während ich dies schreibe, fällt mir auf, daß es derselbe Mann war, der mit solcher Heftigkeit protestiert hatte, als er glaubte, einem Rechtsbruch beizuwohnen.)

Ein Jahr später war er schon tot. Am Tag unserer

Abfahrt nach Südamerika war er verhaftet worden, als Deutscher. Als die Angst vor der 5. *Kolonne* stieg, war der Ausweis ›Refugee from Nazi oppression‹ auf einmal wertlos. Er kam in ein Lager, mußte im Freien auf Bänken schlafen, ein sehr alter Mann. Immerhin, es war Sommer. Er wurde freigelassen, als sein Visum kam, er hatte auf einer Warteliste gestanden und durfte mit meiner Mutter nach New York fahren. Ich habe ihn nie wieder gesehen. Eines Tages kam ein Bekannter zu mir und sagte mit unbehaglicher Stimme: »Haben Sie von Ihrem Vater gehört?« Ich hatte gerade einen Brief von ihm auf dem Tisch, die Briefe gingen eine Woche. Er war schon tot. In dem Brief standen bibliographische Angaben, die er für die Arbeit meines Mannes in der New York Public Library herausgeschrieben hatte. Wie ich später erzählt bekam, soll er sich bemüht haben, mit der Krankenschwester bis zur letzten Minute ein fehlerfreies Englisch zu sprechen. Dabei war er, bei aller Intelligenz, ganz unbegabt für Sprachen.

Er hat kein Grab. Darüber kann ich nicht sprechen.

Es ist sicher leichter, an einen Vater zu denken, der verfolgt und dessen Leben zerstört wurde, als an einen, der Verfolger war. Oder der zusah, oder auch wegsah, als andere verfolgt wurden. Der Verfolgte hat, bei allem Leid, dies eine voraus: Er ist dispensiert vom Dilemma der Verantwortung. *Seine* Wehrlosigkeit ist eine totale.

1968

Unter Akrobaten und Vögeln

Fast ein Lebenslauf

Ich, H. D., bin erstaunlich jung. Ich kam erst 1951 auf die Welt. Weinend, wie jeder in diese Welt kommt. Es war nicht in Deutschland, obwohl Deutsch meine Muttersprache ist. Es wurde spanisch gesprochen, und der Garten vor dem Haus stand voller Kokospalmen. Genauer, es waren elf Palmen. Alles männliche Palmen und also ohne Früchte. Meine Eltern waren tot, als ich auf die Welt kam. Meine Mutter war wenige Wochen zuvor gestorben.

Aber natürlich war ich schon immer da gewesen. »Immer«, das reicht zurück bis kurz vor den sogenannten ersten Krieg. Natürlich waren meine Eltern damals am Leben, natürlich wurde deutsch gesprochen, das Kindermädchen, an das ich mich nicht erinnere, war bestimmt keine Mulattin, und vor dem Haus auf der Ringstraße wuchsen ganz alltägliche Bäume, ich glaube Ahorn. Vor dem Haus selbst stand und steht ein kleiner japanischer Mandelbaum. Die Ahornbäume sind abgeholzt. Trotzdem war die Straße, als ich ein Kind war, viel breiter als heute. Mindestens doppelt so breit.

Wie ich, Hilde Domin, die Augen öffnete, die verweinten, in jenem Hause am Rande der Welt, wo der Pfeffer wächst und der Zucker und die Mangobäume, aber die Rose nur schwer, und Äpfel, Weizen, Birken gar nicht, ich verwaist und vertrieben, da stand ich auf und ging heim, in das Wort. »*Ich richtete mir ein Zimmer ein in der Luft / unter den Akrobaten und Vögeln.*« Von wo ich

unvertreibbar bin. Das Wort aber war das deutsche
Wort. Deswegen fuhr ich wieder zurück über das Meer,
dahin, wo das Wort lebt. Es war drei Jahre nach meiner
Geburt. Ich war 22 Jahre weg gewesen.

Ich überschlug einen Zug in der Stadt, wo der Mandelbaum steht. Meine Eltern saßen auf dem Bahnsteig.
Ich ging an ihnen vorbei, wir sprachen nicht miteinander. Sie waren ja auch nicht in Deutschland begraben.
Wir nahmen ein Taxi, mein Mann und ich.

»Am Haus meiner Kindheit blühte
im Februar
der Mandelbaum.
Ich hatte geträumt,
er werde blühen.«

Wenn ich an das Kind denke, das täglich die Gittertür
bei dem Mandelbaum öffnete, so sehe ich deutlich, daß
ich etwas anfangen kann mit diesem Kind. In der Tat,
ich war dies Kind. (Rückblickend scheint ja immer alles
darauf angelegt gewesen zu sein, und also meine Kindheit auf mich.)

Mein erster Schultag, zum Beispiel. Ich lief der Lehrerin nach auf den Gang, erwischte sie gerade noch
beim Rock, als sie ins Lehrerzimmer entschwand, und
sagte: »Fräulein, ich habe von Ihnen geträumt.« Ich
sehe ihr Gesicht nicht mehr, das sicher verlegen war.
Nur die hellgrau gestrichene Tür des Lehrerzimmers
und auch den Rock, den ich in meiner kleinen Hand
hielt. Ich war ein zartes, von seinen Eltern überdies
noch verzärteltes Kind, wurde erst spät zur Schule geschickt. Hätte sie mir damals eine Ohrfeige gegeben
oder mir zumindest den Unterschied zwischen Öffent-

lichkeit und Zuhause streng beigebracht, so hätte ich ein für allemal begriffen, was Konvention ist. Sie muß es mir schlecht erklärt haben. Alle, die mich kennen, wissen, daß ich noch immer leicht jemanden am Ärmel zupfe (ich bin ja gewachsen) und Dinge sage, die man nicht sagt.

Mein letzter Schultag war auf seine Weise genau so sehr der meine. In Geschichte hielt ich ein Referat über Paneuropa. Ich war ganz dafür. Der Schulrat war ganz dagegen. Niemand hatte mir gesagt, daß Schulräte – heute wären sie's wohl nicht mehr – gegen Paneuropa waren, und sicher hätte ich's auch trotzdem getan. Er gab mir eine schlechte Note, und so machte ich das Abitur mit 2 statt mit 1. Ich trug an dem Unglückstag ein sanft-dunkelblaues Seidenkleid mit weißem Spitzenkragen. Es war ein taubensanftes Blau, das den Namen von Patou, dem damaligen Dior, trug. Die Seide war sehr dick und hatte Härchen wie ein Fell. Ich habe nie wieder ein derartiges Kleid gehabt. Ich sage das nur, weil ich dies Kleid zerriß, vor Wut und Kummer zerriß, sowie ich nach Hause kam. So empört war ich über den Schulrat. Meine Mutter tadelte mich nicht wegen des Kleids, was andere Mütter vielleicht getan hätten. Sie war viel zu bestürzt. Alle, die mich kennen, werden nicht daran zweifeln, daß diese Geschichte wortwörtlich wahr ist. Aus der Schulzeit selber erinnere ich mich noch, daß ich einerseits expansiv war und gut mit den andern auskam, so daß ich z. B. zur Sprecherin für die Klasse gewählt wurde, sobald dies Amt eingeführt wurde. Andererseits wieder gab es Zeiten, in denen mich das Leben innerhalb der Gruppe so bedrückte, daß ich mich während der Pausen auf dem Klosett einschloß und am liebsten auf das Abitur verzichtet hätte, obwohl mir das Lernen leicht fiel, bloß um aus dem Klassenverband auszubrechen. Auch heute noch ergreife ich oft abrupt die Flucht, aus heiterster Geselligkeit in die strikteste Klausur, und bedarf eines unbescheidenen Atemspielraums. Die Lehrerin sagte meiner Mutter, es gebe kein Kind in der ganzen Schule, das so heiter und so traurig sein könne wie ich. Meine Mutter hörte mit Unbehagen, daß ich zu solchen Extremen neige.

Ich studierte zunächst Jura, aus Begeisterung für meinen Vater. Hauptsächlich wohl wegen eines Prozesses, bei dem mein Vater einen harmlosen Bürger, der bei einem weniger harmlosen in Zwangsmiete wohnte, gegen die Anklage der Brandstiftung zu verteidigen hatte. Dieser Prozeß erstreckte sich über einen großen Teil meiner Kindheit. Ich schwänzte die Schule, um den Gerichtsverhandlungen beizuwohnen, und bestärkte meinen Vater darin, diesen lange schon zahlungsunfähigen Mandanten durch alle Instanzen zu verteidigen. Ich sehe den Vater noch, wie er am Abend nach einer Gerichtsverhandlung im Bett lag, halb krank vor Aufregung, weil er Drohbriefe erhielt, und wie meine Mutter dafür war, es aufzugeben – aber er konnte mich einfach nicht enttäuschen, und hätte es unsere gesamte Existenz gekostet. Dieser Mann, der dann nach fünf Jahren des Hin und Her auf ein Gnadengesuch meines Vaters von Hindenburg begnadigt wurde, war einer der ersten, die, nach 1933, aufhörten, meinen Vater, einen jüdischen Rechtsanwalt, auf der Straße zu grüßen.

Von der Jura wechselte ich zu Nationalökonomie und Soziologie, erlebte die große Zeit von Heidelberg, durfte zu Jaspers und Karl Mannheim in Kolleg und

Seminar gehen, einen politischen Glauben haben und verlieren, und lebte ein erstes Leben, zu dem diese Kindheit auch paßt und das mich über Rom und England nach Santo Domingo führte. Ich unterrichtete, öffentlich und privat, ich jonglierte Texte aus vielen Sprachen in viele Sprachen. Und ich habe bei allem Unglück immer gerade noch das nötige Glück gehabt, ohne das sich nicht mehr von diesem Unglück erzählen ließe.

In den Tagen, als ich Hilde Domin wurde und all diese Wanderjahre von Land zu Land, von Sprachgebiet zu Sprachgebiet, sich plötzlich als Vorbereitung, als Lehrjahre dafür erwiesen, war ich Lektorin für Deutsch an der Universität Santo Domingo. Mein erstes Gedicht schloß mit den Zeilen:

»Und eine große Blüte stieg
leuchtend blaß
aus meinem Herzen.«

Seither ist Schreiben für mich wie Atmen: Man stirbt, wenn man es läßt.

Die ersten 150 oder 200 Gedichte schrieb ich sehr rasch hintereinander, zwischen Herbst 51 und Herbst 53, noch in Santo Domingo, in Haiti und dann in den Vereinigten Staaten, in New York und auf der Insel Vinalhaven, hoch oben an der kanadischen Grenze. Diese erste Periode kam zum Abschluß in dem langen Gedicht »Wen es trifft«, das mir immer noch wichtig ist, wenn ich mich auch heute einfacher ausdrücke. Es handelt von dem, den es »getroffen« hat und der davongekommen ist,

»... als wär er
aus dem zehnten oder zwanzigsten Stock
– der Unterschied ist gering
beim Salto Mortale
ohne Netz –
auf seine Füße gefallen
mitten auf Times Square
und mit knapper Not
vor dem Wechsel des roten Lichts
den Schnauzen der Autos entkommen.

Doch eine gewisse Leichtigkeit
ist ihm
wie einem Vogel
geblieben.«

Danach habe ich anderthalb Jahre keine Zeile mehr schreiben können. Wir fuhren nach Deutschland, mein Leben bestand aus Reisen und Tippen.

Zunächst dachte ich nicht an Veröffentlichen, es stieß mir zu, wie mir das Schreiben zugestoßen war. Ich tat nichts dafür. Es passierte in München. Dr. Schöningh fragte mich, die ich nur mitgekommen war: »Und was tun Sie?« Auf seinen Wunsch schickte ich ihm ein Gedicht, ein einziges. Es war drei Jahre alt, das dritte, das ich geschrieben hatte. Schöningh druckte es in der nächsten Nummer des »Hochland«. Ich schämte mich sehr, für ein Gedicht gelobt zu werden. Im Anfang – aber vielleicht geht das allen so – blieben die Gedichte noch lange ein Teil von mir. Heute ist das anders, heute werden sie gleich abgenabelt und machen sich selbständig. Der eigene Weg, das »Kunstwollen« wird ja auch zunehmend bewußter. Vielleicht ist »Kunstwollen« wissen, was man nicht will. Bei mir ist es eine Selbsterziehung zum »Weglassen«: mit Weniger mehr tun.

Eigentlich zu veröffentlichen begann ich bei meiner zweiten Rückkehr nach Deutschland, 1957. »Die neue Rundschau« hatte bereits Gedichte zum Druck angenommen, die ich, eine Unbekannte, noch aus Madrid geschickt hatte. Daraus, aus dem Briefwechsel über eine Gedichtzeile, erwuchs dann ganz von selbst meine Beziehung zum S. Fischer Verlag. Weihnachten 1957 wurde ich gleichzeitig von der »Neuen Rundschau« und von »Akzente« vorgestellt. Danach öffneten sich mir alle Redaktionen und alle Arme. Es war eine euphorische Heimkehr.

Nicht im 9. Jahre, wie Horaz vorschreibt – nono imprimatur in anno –, aber doch im 8. Jahr veröffentlichte ich mein erstes Buch »Nur eine Rose als Stütze« (1959), das Walter Jens, der nichts von mir wußte, in seiner Kritik mit den Worten begrüßte: »Eine Dichterin, die warten konnte, stellt sich vor.« Von meinen in Übersee geschriebenen Gedichten nahm ich ganze acht in diesen Band auf, der eine Anthologie aus vier Schaffensperioden darstellt, während mein zweiter Gedichtband »Rückkehr der Schiffe« (1962) eine Einheit bildet, sich an den letzten Teil des ersten Bandes anschließt oder noch daneben entstanden ist. Die »Lieder zur Ermutigung«, jetzt der Anhang, wären wohl mein dritter Band geworden: ein Heimkehrerbuch. (Was die »Schiffe« trotz dieses Titels, keineswegs sind!)

Bei meiner dritten – wer wagte, zu sagen »endgültigen« – Rückkehr nach Deutschland, im Januar 1961, bekam ich in Heidelberg, meiner alten Universitätsstadt, all die erstaunlichen Dinge, die die Menschen zu haben pflegen und die ich seit meiner Kindheit nie in dieser Weise gehabt hatte: das Bett, den Tisch, den Briefkasten, und was sonst zu einem Zuhause gehört. Ich, die ich immer unterwegs gewesen war und das »Haben« verlernt habe, »*als hätte ich nicht mehr die Hände zum Haben*«.

Die »Lieder zur Ermutigung« waren die Umkehr meines Themas vom Verlust: das »Geschenk«, das zu halten schon die Hände fehlen. Ich weiß nicht, mit was man es dann annimmt. Nur daß es ein Äußerstes ist, ein Grenzglück, das Zerbrechlichste. Etwas wie »*Und aus den Bächen herauf glänzt das begrabene Gold*«.
Ich habe dieses Buch des Beschenktseins nicht geschrieben. Nicht immer wird auf der hergerichteten Szene das erwartete Stück gespielt. Man ist nicht ungestraft so glücklich, ich weiß nicht, welchen Göttern ich versäumt hatte zu opfern bei diesem Zuviel.

»Wenn die Welt...
dir ein Einhorn
gesattelt
zur Tür schickt
...
wenn alles dich einlädt
das ist die Stunde
wo dich alles verläßt.«

Vielleicht lag es an den Umständen meiner Geburt. Ich berichtete von meiner Parthenogenese, 1951. Der Nichthumanist hat dies Wort so zu verstehen: Es ist wie bei einem Feuerwerk. Eine Lichtgarbe ist schon nahe dem Ende ihrer Kurve, müßte nun fallen. Da tut es einen Knall, und es fängt neu an. Hätte ich nur, als ich mein eigener Sohn wurde, gleich ganze Sache gemacht und auch das Geschlecht gewechselt. Als Junge hätte ich es einfacher gehabt.

Wie es ist, ist mein Mann in zweiter Ehe mit mir verheiratet. Mit mir, einer Person, die noch nach den gleichen Kochrezepten kocht wie früher und deren Soufflés nicht gelitten haben, die auch immer noch gerne morgens bis 9 Uhr im Bett bleibt. Aber sonst ist einfach alles anders geworden. Früher war ich rundlich und prall, jetzt bin ich grazil. Früher plante ich, jetzt ist jeder Tag immer nur Heute, selbst der Abend ist jeden Morgen unvorstellbar weit weg. Ich, so nützlich, bin unnütz geworden. Und, was das Schlimmste ist, ich bin ein Sohn, der alles umgekehrt tut. Der viel Geduld verlangt und den man manchmal am liebsten hinauswürfe. Jeder Atemzug, den ich tue, ist der eines enfant terrible. Das liegt nicht an mir, es liegt daran, daß ich auf die Welt gekommen bin mit diesem Knall.

1951, als ich zu schreiben begann, wurde mir, wie jedem, der beginnt, alles bis dahin Getane zur Vorgeschichte. (Auch der Surrealismus, den ich draußen ja früher mitbekam als die drinnen.) Weshalb ich zu den jüngsten deutschen Lyrikern gehöre, etwa zur Generation von Peter Rühmkorf.

Wenn ich also einer unserer jüngeren Autoren bin, ich, die ich mir bereits die Haare auffärben lasse – etwas heller als früher –, so verletze ich auch darin alle Regeln, daß ich, mit dem »Divan« und Heine über dem Bett aufgewachsen, von Mannheim, Weber und Jaspers trainiert, mich als gebürtigen Schüler der Spanier betrachten muß, unter denen ich, mehr noch als unter den Italienern, den größeren Teil meines bewußten Lebens zugebracht habe. Was Krolow bei Alberti, was Enzensberger bei Neruda findet, das fließt in meinen Adern, ist von Geburt mein Teil. Auch die Schwierigkeit, zwischen Gefühl, dem legitimen, und Sentiment zu entscheiden, die daraus erwachsende Beklommenheit, entfällt bei mir wie bei allen Romanen.

Es ist daher vielleicht auch kein Zufall, daß meine Gedichte, auf die jene für die neuen spanischen Lyriker geprägte Formel des »Tradition und doch modern« anwendbar ist, ganz wie die Gedichte der Spanier oder auch Ungarettis sich auf vielen Ebenen lesen lassen. Ein einfacher Ostflüchtling erkennt sich darin wieder genau wie ein high brow.

In noch etwas bin ich ein Sonderfall: Wenn alle es heute mit Kafka halten, der sagt, seine Taube sei heimgekehrt und habe »nichts Grünes« gefunden, so sehen meine Gedichte mit aufgerissenen Augen, wie abgefressen alle Wiesen sind, wie leer die Äste. Wie es überall hohl ist. Und vor Schrecken fliegen sie dann so weit und so hoch, daß sie irgendwo doch noch ein – schon ganz durchsichtiges – Blau oder Grün erwischen. Wie wir es in Wahrheit doch alle immer wieder tun, denn sonst lebten wir nicht. Das Nur-Negative ist eine Attitüde.

So ist es eine Tatsache, daß meine Gedichte zu den gelesenen gehören. In andern Worten, sie werden »gebraucht«. Dabei ist ein Gedicht, glaube ich, kein Gebrauchsgegenstand wie andere, es nützt sich nicht ab. Vielmehr gehört es zu jenen magischen Gebrauchsgegenständen, die, wie der Körper der Liebenden, in der Anwendung erst richtig gedeihen. Oft empfinde ich daher meine Gedichte als stärker als mich, die ich – wie keine Pflanze und kein Tier in einer botanischen oder zoologischen Versuchsstation – gekreuzt und wieder gekreuzt bin. Außerhalb jeder Regel. Von der Natur nicht vorgesehen. Vielleicht durfte es mich nicht geben. Vielleicht gibt es mich nicht. Aber daß es meine Gedichte gibt, scheint außer Zweifel.

1962

*Leben als Sprachodyssee**

»Sie sind ein junger Aktivist«, sagte Manès Sperber zu mir, als er mir zur Aufnahme in die Akademie gratulierte. Vielleicht sagte er sogar: »Sie sind ja ein junger Aktivist«, womit er einen gewissen Gegensatz andeutete zwischen dem Anspruch auf einen geruhsamen Sessel, wie er mir meinen Jahren nach zukäme – ich bin 1912 in Köln geboren –, und der inneren Unruhe, die mich am würdigen Einnehmen eines solchen hindert und ja auch lange gehindert hat. Ich bin als ein Mensch des Dennoch bekannt, einer, der gegen den Strom schwimmt, der sich vor fahrende Züge wirft, als könne er sie aufhalten, und der es im Ernst schwer findet, sich nicht zwischen die Stühle zu setzen. Immerhin ist dies Jahr meiner Aufnahme in die Akademie ein sehr besonderes für mich. Es ist 25 Jahre her, daß ich nachhause zurückkam: nach Deutschland, wie ich sage und auch empfinde, denn aus Deutschland bin ich ja weggegangen.

Irgendwann war ich zuhause, und auch gut zuhause. Davon lebe ich das Leben lang. Das war in Köln, in der Riehler Straße. Dort haben mich meine Eltern mit dem Vertrauen versorgt, dem Urvertrauen, das unzerstörbar scheint und aus dem ich die Kraft des »Dennoch« nehme. Ich wuchs auf als Tochter eines Rechtsanwalts, der Demokrat und Idealist war und nie eine Sache

---

* Selbstvorstellung bei der Aufnahme in die Deutsche Akademie für Sprache und Dichtung, 1979.

annahm, dessen bin ich sicher, die vor meinen Kinderaugen nicht bestanden hätte.

Ich bin also unterdes schon etwas länger wieder hier, als ich fortgewesen bin, wenn auch das erstere nicht an einem Stück, das zweite aber 22 Jahre ohne Unterbrechung. Und es ist genau zwei Jahrzehnte, daß mein erster Gedichtband erschienen ist, »Nur eine Rose als Stütze«. Walter Jens schrieb damals, mit der Rose sei die deutsche Sprache gemeint, die der Halt gewesen sei in den Jahren des Exils. Was mich sofort überzeugte. Ich habe mir daher vorgenommen, diesen Lebenslauf ganz von der Sprache her darzustellen.

In der Tat sind wir ja von Sprache zu Sprache gewandert und haben in jeder unser Leben verdienen müssen: zunächst in der italienischen, in der ich auch promoviert habe, an der Universität Florenz. Wie ich ja auch in der italienischen geheiratet habe, nach italienischem Recht, in dem die Frau fast nur Pflichten und der Mann fast nur Ansprüche hat. Das war im Konservatorenpalast auf dem Kapitol, der Standesbeamte hatte die Trikolore um den Bauch gewickelt und schloß den Katalog meiner künftigen Pflichten mit den Worten: »Vi dichiaro marito e moglie« und dem Nachsatz »ed i bambini si vaccinano«, woraus Sie sehen, was die Sprache tut, denn im Deutschen wäre dergleichen unvorstellbar. »Hiermit erkläre ich Sie zu Mann und Frau ... und die Kinder werden geimpft«, sagte er. Das war im Oktober 1936, einem Jahr, von dem ab für uns alles rapide schlechter wurde. Vielleicht darf ich in diesem persönlichen Bericht erwähnen, was vielen von Ihnen ohnehin bekannt ist: Ich heiratete Erwin Walter Palm, er hatte über Ovid promoviert, ich über Pontanus, einen Vorläufer des Machiavelli. Übrigens bei Armando Sapori, der später eine gewisse Rolle gespielt hat beim Entstehen der italienischen Republik.

Die Arbeiten schrieben wir noch auf deutsch, tags schrieben wir, über Nacht wurde von einer italienischen Übersetzerin zusammen mit mir der am Tage geschriebene Text ins Italienische gebracht – wir begriffen dabei zum ersten Mal, wie großartig und vertrackt und unübersetzbar die deutschen Abstrakta sind und wie sie umgedacht werden müssen ins Konkrete –, während vor dem Hause die geheim mobilisierten Soldaten durch die nächtlichen Straßen zogen: gegen Deutschland, wie es zunächst schien. Es war die schwelende österreichische Krise, wir hofften, vor der dann fälligen Flucht den Doktor noch zu schaffen. Dann war es – nur – der abessinische Krieg, wir konnten aufatmen. Vorläufig zumindest.

Nach der Heirat lebten wir wortwörtlich von der Sprache, nämlich vom Sprachunterricht, den ich von morgens acht bis abends acht mit kleiner Mittagspause gab: stundenweise und stundenweise schlecht bezahlt. Zwar hatte mir die Universität Florenz eine bescheidene Dozentur angeboten, aber wir zogen zurück nach Rom, Palms Arbeitsfeld als klassischer Archäologe. Abends machten wir die umgekehrte Sprachübung wie bei der Doktorarbeit. Mit einem antifaschistischen Lehrer, der aus dem Schuldienst entlassen war und in einer Spelunke am Tiber gefälschte Antiquitäten verkaufte, ein hochbelesener Mann, revidierten wir die italienischen Texte, die Erwin Palm damals schrieb, wissenschaftliche und – überwiegend – literarische, und erfuhren, daß im Italienischen strenge Ge- und Verbote bestehen, die man nur Hand in Hand mit dem Manzoni oder allenfalls dem Leopardi übertreten darf, schon ganz als Ausländer. Neologismen sind unerwünscht.

Dabei ist es das Unerhörte, daß Manzoni, der jetzt der Kanon ist, selber »Ausländer« war. Er war ja Mailänder, und die »Promessi Sposi« stehen mitnichten so da, wie er sie geschrieben hat, sondern wurden ins Toskanische hineinverbessert. Diese linguistische Akrobatik an Palms italienischen Texten war außerordentlich unterhaltend, im Vergleich zum Frondienst des Deutschunterrichts. Seine französischen Texte, religionswissenschaftliche, bearbeitete ich mit einem Franzosen, nachdem von Menschen wie uns in Italien, dank der Achse Mussolini–Hitler, nichts mehr veröffentlicht werden konnte. In der Schweiz ohnehin nicht.

Die letzten Stunden in Italien redigierte ich einen französischen Text, der in Lüttich angenommen wurde und, wie so vieles, in den ersten Kriegswochen verbrannte. Von der französischen Sprache hörten wir dann hauptsächlich das Wort »merde«, als wir durch Paris kamen auf der Fahrt nach England. Das war während des Einmarschs in die Tschechoslowakei. Vorbereitet hatten wir uns auf das Englische durch die Lektüre von Keats, Shelley und Swinburne. Gedichte lesend und vorlesend haben wir uns jeweils in der fremden Sprache heimisch gemacht. Gedichte lesend verbringt man die Abende, auch in Armut und Verfolgung, sehr glücklich. Meine Eltern schickten uns die englischen Bücher, sowie sie für uns das Visum bekommen hatten, was einem Wunder gleichkam. Nur Alte und Kinder wurden damals, 1939, in England aufgenommen, und wir waren ja beides nicht.

In England lebten wir dreisprachig. Italienisch war unser beider Privatsprache. Es war so gut wie ein Geheimcode. Mit den Eltern sprachen wir deutsch. Und im übrigen bemühten wir uns – auf der Straße auch untereinander, das war gefragt – um das Englische. Ganz wie man von den Emigranten verlangte, daß sie alle sonstigen Sitten aufs konventionellste befolgten, bis hin zu der Anweisung, daß der Regenschirm mit der Spitze nach vorne getragen wird und das bei jedem Wetter. Die Bücher, die wir kaufen konnten, antiquarisch natürlich, waren Wälzer in kleinstem Druck, Shakespeare in einem Band. Alles in Mammutbänden, komplett, wir haben sie noch.

Schreckenerregend waren im Englischen die festen Floskeln, die etwas anderes bedeuteten, als was gesagt wurde. Zumindest brachte man uns dies bei. »I hope to see you again«, zum Beispiel, meinte, daß unverzeihbare Formfehler im Laufe eines Besuchs gemacht worden waren und daß man dem Betreffenden nie mehr vor Augen kommen sollte. Wenn dies gesagt wurde, wie es am Ende eines Besuchs ja häufig der Fall ist, verfielen wir in Niedergeschlagenheit. Die Diskussion darüber, ob Manzoni oder doch wenigstens Leopardi eine Wendung gebraucht hatte oder hätte, erschien im Rückblick außerordentlich großzügig, denn im Englischen schien einfach gar nichts zu gehen. Nie und nirgends wurden wir so in ein Sprachkorsett gezwängt: nicht von Engländern übrigens, von Schicksalsgenossen, die eine Art Regierung über die Neuankömmlinge ausübten. Der Fremde muß dort, so wurden wir belehrt, warten, ob ein Einheimischer überhaupt Lust hat, ihn wiederzuerkennen, wenn er ihn zum zweitenmal trifft. Im positiven Fall ist herauszufinden, ob er etwas anderes als einen Satz über das Wetter zu hören willens ist. Schweigen wie ein Engländer war das beste. Überraschenderweise konnten wir, bei der Abfahrt, von einem Tag zum andern fließend Englisch.

Ich wurde nach Kriegsbeginn Sprachlehrerin für Diplomatenkinder an einem College in Somerset. Ich unterrichtete – in Englisch – Französisch und Italienisch. Oder auch Latein. Deutsch war nicht gefragt. Was ich mit Sicherheit erinnere: Die Schüler hatten keine Schulbücher, was Lehren und Lernen erschwerte. Ich war nur kurz Sprachlehrerin, bald fanden wir uns im untersten Deck eines kleinen Dampfers der Cunard White Star Line, unterwegs über den Atlantik. Versehen mit Hilfsmitteln, um Spanisch zu lernen. Also einer englisch-spanischen Grammatik und einem »Brush up your Spanish«, »Staube dein Spanisch ab«, während unser Englisch um die Terminologie der Rettungsübungen, des täglichen »boat drill«, bereichert wurde. Auch argentinische und mexikanische Dichter hatten wir dabei auf dieser Fahrt, bei der unser Schwesterschiff versenkt wurde (mit bekannten Schicksalsgenossen. Mit vielen andern kam Rudolf Olden dabei um).

Sprachlich erwähnenswert ist vielleicht noch, daß der Agent der kanadischen Schiffahrtslinie, die uns der Dominikanischen Republik näherbringen sollte, vor der Abfahrt des Schiffs, auf dem wir die einzigen Fahrgäste waren, uns mitteilte, es regiere dort ein Freund von Hitler, ein übler Tyrann, Trujillo mit Namen. Etwas gemäßigt werde er vielleicht durch den zweiten Mann im Staate, Molina. Daß die spanischen Namen Doppelnamen sind und der Diktator Trujillo Molina hieß, das war uns noch nicht bekannt bei dieser finsteren Eröffnung.

In Lebensgefahr durch ein Wort gerieten wir bei der Ankunft in Jamaica. Das Wort stand im Paß, es hieß »For transhipment« und wurde vom Polizeioffizier so ausgelegt, daß hiermit ein Umsteigen auf dem Wasser gemeint sei, ohne daß der Fuß aufs Land gesetzt werde. Er war bereit, uns per Motorboot zum am nächsten Tag durchkommenden Wasserflugzeug nach Kuba bringen zu lassen, vorausgesetzt, daß es Platz hätte. Aber das hatte es nicht. Und das nächste Flugzeug ging erst in zwei Wochen. Von Polizisten mit Gummiknüppeln rund um die Uhr bewacht, sahen wir einem Schicksal entgegen, wie es dann die Vietnamflüchtlinge hatten: damals keineswegs selten, für unsereinen. Wieso in der Stunde der Abfahrt der rettende Bote des Gouverneurs kam, das führt zu weit. Er kam, sonst wäre ich nicht hier.

In Santo Domingo mußten wir uns entscheiden: sprachen wir nun italienisch oder deutsch miteinander. Wir entschieden uns für Deutsch, natürlich. Wir verkehrten ja sonst, außer mit den Dominikanern, in der Hauptsache mit spanischen Intellektuellen, Flüchtlingen der spanischen Republik. Palm begann mit archäologischen Vorlesungen an der Universität Santo Domingo, wenige Monate, nachdem wir gelandet waren. Jede Stunde mußte schriftlich vorbereitet werden, allein das Sprachliche kostete pro Stunde Sprechen etwa 20 Stunden Vorbereitung. Die Frau des späteren spanischen Kulturattachés in Washington, damals Professor an der Universität Santo Domingo, hatte endlose Geduld, mit mir den Text durchzuarbeiten. Zu diesem Zeitpunkt war Italienisch die Basis, von der aus Spanisch betrieben wurde. Jeder Ausrutscher in die so nahe verwandte Sprache war ein Lacherfolg. Neben dem Spanischen gab es, Esperanto der dritten Welt, das Englische. Die dortigen Intellektuellen ihrerseits waren noch ganz französisch ausgerichtet. Die italienischen Arbeiten von Palm, die ich ins Englische gebracht hatte, wurden nun ins Spanische übersetzt, um mitteilbar zu sein. Palm begann, kontinentweit spanisch zu veröffentlichen. Brillante spanische Intellektuelle waren bereit, das mit mir durchzuarbeiten, bis es endlich kaum mehr der Arbeit bedurfte. 1948 wurde dann ein Lehrstuhl für Deutsch geschaffen, ein Lektorat, welches ich bekam. Hauptsächlich Professoren waren meine Studenten, wenige, weil Deutschland noch nicht wieder auf der Landkarte lag. Wer Heidegger zu lesen hoffte, der begann bei mir mit Deutsch.

Ich habe Ihnen hier die »permanente Flucht« als permanente Sprachherausforderung dargestellt. Ich glaube, nicht übertrieben zu haben, wenn ich von mir gesagt habe, daß ich Texte gewendet habe, wie andere Kleider wenden.

Als ich nach dem Tode meiner Mutter, über den ich hier nichts sage, an eine Grenze kam, da hatte ich plötzlich die Sprache, der ich so lange gedient hatte. Ich wußte, was ein Wort ist. Ich befreite mich durch Sprache. Hätte ich mich nicht befreit, ich lebte nicht mehr. Ich schrieb Gedichte. Ich schrieb deutsch, natürlich. Kaum waren die Gedichte entstanden, so übersetzte ich sie ins Spanische, um zu sehen, was sie als Texte aushielten. Um Abstand zu bekommen. Veröffentlichen war damals keine Frage. Schreiben war Rettung. Ich war 39 Jahre alt, als mein Leben, wie von selbst, zur Vorgeschichte wurde für das zweite Leben, das ich seither führe. Von den Gedichten, die ich vor meiner Rückkehr 1954 schrieb, ist nur ein kleiner Teil veröffentlicht.* Das wichtigste davon ist »Wen es trifft«, das letzte Gedicht, das ich vor der Rückkehr geschrieben habe und das, wie ich rückblickend erkenne, diese vor-

---

* Seither alle in »Gesammelte Gedichte«, Frankfurt 1987.

wegnimmt. Ein Aufruf zur Enthaltung von Unrecht, zur Enthaltung von Mitläufertum. Ich kam als Rufer zurück.

Den Eintritt in dies neue Leben habe ich so formuliert: »Ich stand auf und ging heim in das Wort. *Ich richtete mir ein Zimmer ein in der Luft / unter den Akrobaten und Vögeln.* Von wo ich unvertreibbar bin. Das Wort aber war das deutsche Wort. Deswegen fuhr ich zurück über das Meer, dahin, wo das Wort lebt.«*

Es war, und Sie werden es mir nach dieser linguistischen Odyssee nachfühlen können, nicht nur das Glück, die eigene Sprache sprechen zu dürfen und sprechen zu hören. (Besonders regte es und regt mich auf, den rheinischen Tonfall zu hören, als täten es die Leute mir zuliebe.) Es ist vor allem die Souveränität, die einer im Umgang mit der eigenen Sprache hat. »Mensch / Tier das den Mit-Schmerz kennt«, schreibe ich zum Beispiel. Wäre ich ein Ausländer, jeder könnte kommen und mir sagen: »Mitschmerz gibt es nicht. Das heißt Mitleid bei uns.« Da ich aber als deutscher Dichter deutsch schreibe, bin ich so frei, ich bilde das Wort, weil es mir geschwisterlicher scheint als Mitleid, das etwas Herablassendes, von oben nach unten, bekommen hat. Die Freude, frei sagen zu können, was ich will, wie ich es will, frei zu atmen und den Sprachduktus in Übereinstimmung mit der eigenen Atemführung zu spüren, das ist eine der Hauptfreuden beim Wieder-Zuhause-Sein, für einen Autor.

---

* Vgl. oben, S. 21 ff.

Besuch bei Hermann Hesse

Exil seit 1912

Seit ich zurückdenken kann, hat es ihn gegeben.

Als ich noch ein Kind war, das im Bücherschrank der Eltern stöberte, lag er im untersten Fach, dort wo die Ordnung der Klassiker der unübersichtlich gestapelten Gegenwart wich, ein gelbes Bändchen der Fischer-Bücherei, so wie sie damals aussah: »Unterm Rad«. Seit »Unterm Rad« gehören Hesses dunkle Hausflure für mich zum Bild der Kindheit, obwohl es in meinem Leben weder damals noch später einen dunklen Hausflur gegeben hat. Plötzlich war er in einem meiner Gedichte wieder da.

Als Deutschland für uns von der Landkarte gestrichen war, war Hermann Hesse nicht mitgestrichen worden. Man konnte ihm sogar schreiben, und er antwortete auch. Er übernahm es, das Gegenüber zu sein, der Ältere, an den ein ganz junger Dichter sich wenden durfte – ich rede hier von anderen –, und insofern er da war, war es fast, als sei Deutschland noch da. Auch wenn auf dem Brief eine Schweizer Briefmarke war. Er selber hat wohl kaum ermessen können, was das bedeutet hat.

Später, auf den Antillen, wo sich die Heimwehkranken an Weihnachten vor den offenen Eisschrank setzten, weil es so schwer ist, bei sommerlichen Temperaturen es sich weihnachtlich zumute sein zu lassen – ich sage gleich, wir hatten keinen elektrischen Eisschrank, es fehlte uns das Geld, um auf diese Art Weihnachten zu feiern –, da lasen wir »Narziß und Goldmund« in einer fürchterlichen englischen Übersetzung. Wir nahmen das Buch mit einer gewissen Natürlichkeit zur Hand, wenn wir Heimweh hatten. Warum gerade dieses? Weil man in so jungen Jahren »Unterm Rad« entdeckt hatte, im Bücherschrank der Eltern. Und weil er selber nicht ins Treiben geraten, sondern ein fester Punkt geblieben war, zu dem man mit Vertrauen hindenken konnte. So viele waren in der gleichen Lage wie man selbst. Wolfskehl in dem »Land, wo niemals Gottes Atem blies«, sich nach dem Flieder sehnend, der ihm einst ins Zimmer nickte. Paul Zech, Indianerlieder übersetzend und als Caféhausmusikant in Buenos Aires ein mühseliges Leben kaum fristend, Brecht, den die Amerikaner nicht lesen mochten, Fritz von Unruh so vereinsamt, Thomas Mann am Rande des amerikanischen Kontinents. Das Fast-Zuhause war Hesse.

»Warum besuchen Sie ihn denn nicht, wenn er für Sie so wichtig war? Besuchen Sie ihn doch«, sagte man zu mir im S. Fischer Verlag, wo mein erster Lyrikband gerade angenommen war. Im März 1959 besuchte ich ihn, von Astano aus, wo ich auf ein paar Wochen in Klausur gegangen war.

Über den Besuch berichtete ich nach Madrid, an Erwin Walter Palm, am 17.3.1959:

»Ich hatte also verabredet, daß die Frau des Schullehrers mich nach Montagnola hinüberfahren würde, dann in Lugano ihre Besorgungen erledigen und auf dem Rückweg mich abholen würde. (Mit dem Autobus ist es sehr umständlich). Wie es so geht, fiel mir gerade der Schluß zu einem Gedicht ein, das seit zwei Jahren in der Schublade liegt, und erst sah ich nicht auf die Uhr, und als ich auf die Uhr sah, war es schon spät, und ich war ein wenig ärgerlich, daß ich zu Hesse gehen mußte, der sicher auch ein wenig ärgerlich war, daß ich bei ihnen Tee trinken würde – wo doch beide Teile gern ihre Ruhe haben. (Nachdem ich ja niemand meine Adresse gegeben habe und so ungastlich bin wie H. H. nur je.) Dann schrieb ich das Gedicht ab und wollte weiter daran arbeiten, aber es war ohnehin schon zu spät, und ich zog mich um und war gerade entschlossen, mit den guten Schuhen ohne Weg und Steg über die Wiesen zu sausen, weil es 2 km sind zum Dorf. Aber da kam schon die Frau mit dem Auto und einem vorwurfsvollen Gesicht, denn es war über die Zeit und die Straße hier herauf sei so schlecht. – Wo ein großes Schild mit »Bitte keine Besuche« den Ankömmling laut auf die Einsamkeit aufmerksam macht, da war es also. Ich wurde in eine Riesenbibliothek geführt, und dann kam Frau Hesse, und das erste, was ich sagte, war: ›Sie haben also auch schon die Bücher in zwei Reihen. Das ist furchtbar lästig.‹ Hesses ordnen sie alphabetisch, innerhalb der Gruppen, und sie fand es sehr mühsam, daß wir sie chronologisch ordnen, was es ja auch ist. Jeder Umzug ein literarisches Kolleg. – Ich vergaß: Beim Hereinkommen, Signora Amado zweifelte, ob es dies sei, aber bei dieser großen Verbotstafel, wie konnte man zweifeln. An der Tür – aber an der, an der nicht die Klingel ist, und noch ein zweites Mal, etwas diskreter, an dem Klosettfensterchen neben der Tür, durch die man eintritt – stand dann der Spruch über den alten Mann, der alles schon kennt und gesehen hat und auch weiß, wie du sein wirst, und dem du daher nichts Neues bringen kannst, sondern an dessen Haus du höflicherweise vorbeizugehen hast, als wohne niemand dort. Und Signora Amado, die für alle Fälle gewartet hatte, ob es auch das richtige Haus sei, fragte mich, und ich sagte, ja, das sei es, aber ich hatte große Lust, wieder mit ihr wegzufahren. Und wie ich bin, ich habe Hesses sofort geschrieben, wie reizend und doch schrecklich es ist, bei ihnen erwartet zu werden, und daß es für Trophäensammler reizvoll sein muß wie eine seltene Briefmarke, aber daß man am liebsten gleich davonlaufen würde. ›Es ist ein wenig‹, schrieb ich ihnen, ›wie wenn man ein Geschenk bekommt, an dem noch das Preisschildchen hängt, und man wird über der Freude das Schuldgefühl nicht los, wegen der Unkosten, die man verursacht hat.‹

Sowie die Tür sich hinter einem schloß – diese Tür, die, als höbe sie einen mahnenden Finger, sich dem Besucher öffnet –, war man in einer abgeschlossenen Welt, die ihr Gesetz nur von dem Hausherrn empfing. Die Atmosphäre war eine ganz besondere, man hörte, wie die Luft fast knisterte. Dann kam also Hermann Hesse und ist keineswegs so alt, wie man ihn sich vorstellt, obwohl er sehr alt ist, schon 82. Er ist ausgedörrt wie eine Grille oder ein bräunlicher Grashupfer, und ebenso lebendig. Und wir sprachen über Deutschland, wie man über Deutschland spricht: wann man es verlassen hat, ob man wieder hingeht, wie man es sich bewahrt und wie man es sich verdirbt, und wie es wirklich ist. Und Hesse war ganz sicher, daß er das Richtige tat und daß er es sich aufheben kann, wie es in Wahrheit war, anno 1912. Und da ein Teil von Deutschland zu ihm kommt, trotz der warnenden Schilder, und auch in Tausenden von Briefen und entsetzlichen Bergen von Gedrucktem, ist es wohl auch so. Er liest oder läßt sich vorlesen, was die Jungen und Jüngsten in Deutschland tun, und er hört es mit einer Gutgläubigkeit und Bescheidenheit, die die jungen Autoren gewiß betroffen machen würde, so ernst nimmt er jedes oft nur von ungefähr oder aus Freude an der Provokation gesagte Wort. Es ist, als stünde er auf Zehenspitzen und sehe hinüber über die Alpen, um nichts zu verlieren von dem, was man bei uns tut. Gleich befragte er mich über das jüngste Heft von ›Akzente‹, das obenauf lag, in einem Wust von neuen Büchern und Zeitschriften.

Und wie wir so von Deutschland sprachen und wie man es verläßt und wie man wieder zurückkommt oder auch nicht, begann ich von meinem ›Zweiten Paradies‹ zu sprechen und von der Frage, ob man die verlorene Heimat wiederbekommen kann – das Land oder auch die Liebe –, und dann war es mir peinlich, von meinem eigenen Buch gesprochen zu haben, und ich fühlte, wie ich rot wurde, aber Hesse fand das Thema interessant. Er hatte auch eine ziemlich genaue Vorstellung, wo wir überall gewesen waren, als wir feststellten, wie lange die Korrespondenz schon geht. Frau Hesse nahm eine Karte aus der Kartei. All unsere Wanderungen waren dort aufgezeichnet, als simple Adressenwechsel. Adressenwechsel? Unser Leben auf den sorgfältig beschrifteten Zentimetern Karton. Wie viele Exilwege sind aufgezeichnet in der Kartei dieses Mannes, der die ganze Zeit in seinem Haus inmitten seines Gartens saß!

Dann sprachen wir über Südamerika und über Persönliches, während es einen ausgezeichneten Tee gab und sehr guten Kuchen und kleine belegte Quadrate. Und ich, die ich so alleine lebe und mir linkshändig koche und in dem Dorf nichts Rechtes bekomme und ja nicht einmal ins Dorf gehe, fand die Linzer Torte außerordentlich, aber Hesse aß nichts, denn wie wäre er sonst eine so dürre Heuschrecke, und Frau Hesse, die rundlich ist, aß auch kaum etwas, so daß auch ich zu meinem Kummer nicht weiter von der Torte essen konnte. Und nachdem ich aus unserer Wanderung wie üblich ein paar komische Episoden aufgetischt hatte, war es halb sechs und Frau Hesse sagte, wenn ich ihn noch fragen wolle, solle ich das tun, denn er ziehe sich gleich zurück. Und ich sagte, eigentlich nein. Und dann legte ich ihm den Titel des Gedichtbandes vor und zitierte, auf seinen Wunsch, das dazugehörige Gedicht teilweise aus dem Kopf. Danach freundete er sich mit dem Titel an. Dann ging Hesse weg in das Zimmer, von wo man den See und den Sonnenuntergang sieht, und ich beneidete ihn um die Aussicht, denn von der Bibliothek sieht man es nicht und von Astano auch nicht. Und es würde mich 10 Franken kosten, eigens für den Sonnenuntergang dorthin zu fahren. Meine Chauffeuse kam viel zu spät, erst zehn Minuten nach sechs, statt viertelvor, und ich dachte an das Schild und wie lange ich blieb, und ich bot Frau Hesse schüchtern an, ich wolle draußen warten. Aber Frau Hesse war sehr nett, und wir unterhielten uns auch sehr gut, über unsere Duse-Wohnung in Rom, über römische Augenblicksgötter und über Enzensberger und über vielerlei, so daß es für sie viel weniger schlimm war als für mich, daß das Auto später kam. Denn von ihrer Seite war Freiwilligkeit da, aber ich hatte das mit dem Schild zu sehr in den Knochen.

Als wir wegfuhren, redete Frau Amado über den Sonnenuntergang und wie besonders schön er war, was sie tat, um mich zu ärgern, denn ich regte mich so über die blühenden Bäume auf, die in Astano, das höher liegt, noch nicht blühen, und Frau Amado ist eine heftige Lokalpatriotin und findet alles in Astano am schönsten. ›So rot war die Sonne heute‹, sagte sie. Worauf der Entschluß, ein Fahrrad zu mieten und um den Lago Maggiore zu fahren, in mir wieder ganz groß wurde. Heute habe ich bereits einen sehr netten Brief von Frau Hesse, sowie einen neuen Privatdruck von ihm, welchen ich Dir in das nächste gelbe Drucksachencouvert lege. Ich war sehr erheitert über die Freundlichkeit, weil ich wegen des ›Geschenks mit Preisschildchen‹ doch ein schlechtes Gewissen hatte. Um noch etwas zu Hesse zu sagen: Wie ich ihn so sah, ausgedörrt und quicklebendig in dieser fast knisternden Luft, mußte ich daran denken, wie er als junger Mann im Zug von der Versuchung geplagt wurde, die Notbremse zu ziehen. In dem alten H. H., in all seiner Zerbrechlichkeit, ist der junge H. H. so spürbar, daß ich ihm diesen Wunsch auf der Stelle noch zutraute: Hermann Hesse, Nobelpreisträger, bringt den TEE Lugano–Mailand zum Stehen. Er könnte es glatt tun, noch heute, mit 82.«

1959, während einer Klausur in Astano, Tessin.

Frau Gianni

»Sie reisen schon. Sie wollten doch erst im Mai gehen«, sagte Signora Gianni enttäuscht, und ihre harte Stimme wurde ganz weich am Telephon.

»Aber wir sind doch schon im Mai.«

»Wahrhaftig«, sagte Frau Gianni. »Immer denke ich an Sie, und abends sehe ich hinüber auf den Berg, ob Sie Licht haben. Dabei ist es eine Ewigkeit, daß wir uns nicht sprechen.«

»Ich verstehe nicht«, sagte die Postfrau, »wieso Sie Frau Gianni mögen. Frau Gianni wirkt hier wie Gift. Wenn Leute zusammen sind und lachen, und Frau Gianni kommt ins Zimmer, sind alle gleich schlechter Laune.«

»Frau Gianni ist nur unglücklich«, sagte ich.

»È possibile«, sagte die Postfrau.

Wenn vor meiner Tür drei gelbe Rosen liegen und ein Salatkopf, an einem Mittwoch, an dem Markt war im benachbarten italienischen Städtchen, dann war Frau Gianni da gewesen.

»Ich bin wie Bronze«, sagte Frau Gianni.

»Eher wie Stein«, sagte ich.

»Granit«, antwortete sie, »harter Granit.«

Aber ihr Gesicht wurde weich, als ich ein kleines Boot aus Olivenholz an einem der Stände auf der Isola Bella gekauft hatte und es ihr zeigte. So zärtlich wurde ihr Gesicht, daß ich mir überlegte, ob es einen Muskel der Zärtlichkeit gibt, rein anatomisch. Weil noch die härtesten Gesichter, wenn sie zärtlich werden, eine ähnliche

Bewegung machen, als ziehe sich bei allen der gleiche Muskel zusammen.

»Ich will das Boot verschicken«, sagte ich. »Ich möchte es jemandem schenken.«

Frau Gianni lächelte wieder. Dann sagte sie, sie würde einen kleinen Karton dafür finden. Aber wie ich nach Hause kam, war ein Paketchen von einem Frisierladen da, mit Tuben. Nur daß es die falsche Creme war. Aber der Karton war genau richtig. Da packte ich die Tuben aus und tat das Boot in den Karton, und die Tuben tat ich in einen kleineren Karton und schickte sie zurück an den Frisierladen in der Stadt. Auf Umwegen hörte ich dann, daß die Tuben verquetscht angekommen seien und vorne und hinten die Creme herausgeflossen sei. Aber da die Eigentümerin des Frisierladens es mir nicht mitteilte, sondern mir sehr höflich die richtigen Tuben schickte, denn ich bin eine Kundin, so brauchte ich es nicht zu wissen. Ich lachte und hoffte, das Boot sei gut angekommen. Obwohl ich es an jemand schickte, der alles annimmt ohne je ›danke‹ zu sagen. So daß man nie auch nur weiß, ob er etwas bekommen hat. Noch viel weniger, ob es ihn gefreut hat. Ich dachte, es müsse ihn freuen, obwohl es nur Pfennige gekostet hatte. Das Boot hieß ›Aber‹. Ich hatte ihm ein Namensschildchen an den Bug geklebt. Jeder Traum ist ein Kahn. Fragt sich, wohin. Viele Jahre später hörte ich, ›Aber‹ sei angekommen. Sehr gut angekommen. Es war ein Hochzeitsgeschenk gewesen. Wieso ich nur gedacht hatte, daß es jemanden freuen könne?

Auf der Rückfahrt von der Isola Bella saß Signora Gianni da wie ein Stein, so daß das Schiff davon hätte sinken können.

»Sie können sich gar nicht freuen?« sagte ich. »An einem so schönen Abend?«

»Ich freue mich ja«, sagte sie. »Ich bin still, wenn ich mich freue.«

»Freude ist durchsichtig, glauben Sie nicht? Freude ist nicht obenauf, und dann kommt etwas Trübes, Undurchlässiges unter der Freude.« Darauf schwieg sie.

»Die Liebe ist eine Säuerei«, sagte Signora Gianni einmal zu mir, in ihrem ungefähren Deutsch, als wir über dies Thema sprachen. Frau Gianni hat eine neunjährige Liebesaffäre gehabt, noch dazu hier im Dorf, und das muß schrecklich sein. Daß sie vorbei ist, ist aber noch viel schrecklicher. Dabei besteht sie mir gegenüber darauf, daß nichts vorgefallen ist. »Tanto no«, sagt sie.

»Es ist doch gleichgültig«, sage ich, »und nicht wahr ist es überdies. Man kann sich nicht neun Jahre lang lieben und täglich zusammen sein und tanto no. Sie täten mir leid«, sagte ich.

»Der Traum ist schöner als die Wirklichkeit«, sagte Frau Gianni. Das hatte ich schon einmal gehört.

»Nein«, erwiderte ich. »Sich ineinander verlieren und an das andere Ende des Traums kommen, das, das hinter der Wirklichkeit anfängt, da wo sie wieder aufhört, das ist noch viel schöner.«

Aber obwohl Frau Gianni immer sagt, daß sie mehr Männer kennt als ich, womit sie sicher recht hat, und daß ich von Männern nichts verstehe und daß niemand so sein kann, wie ich glaube, daß jemand ist – »kein Mann verzichtet auf eine Frau, die er liebt«, sagte sie. »Wenn er Sie liebte, wäre er längst gekommen. Wo Sie hier so alleine sind« – sah sie mich mit großen Augen an. So daß ich plötzlich das Gefühl hatte, daß sie mich für erfahrener hielt als sich selbst. Dann widmete sie sich ganz dem Chauffieren.

Frau Gianni sagte mir irgendwann auch, daß sie ›von Tag zu Tag‹ lebe. Das gleiche hatte mir eine Freundin geschrieben, deren Sohn sich umgebracht hatte. Und ich selber tue es auch seit einiger Zeit. Da ich die Muster des Verhaltens sammele, fragte ich sie daher, ob sie auch den ›Glanz‹ so wichtig fände. Die gleiche Freundin schrieb mir, sie lebe von ihres toten Sohnes ›Glanz‹.

»Was für einen Glanz?« fragte Frau Gianni.

»Den Glanz auf dem Gesicht des Menschen, den Sie lieben. Was gibt es Schöneres auf der Welt?«

Frau Gianni sah mich wieder an, wie damals, als ich gesagt hatte, daß die Wirklichkeit an ihrem äußersten Ende, da wo sie schon ganz ausgefranst ist und wieder ins Unwirkliche verläuft, am Schönsten sei und schöner als der Traum. Ich sah sofort, niemand hatte geglänzt, oder sie hatte keine Augen dafür gehabt. Dabei ist Frau Gianni eine hübsche Frau, viel jünger als ich. Sie redet mit niemandem im Dorf. Das tun alle. Keiner redet mit keinem, denn alle haben schlechte Erfahrungen miteinander gemacht. Doch schämen sich alle, wenn man das ausspricht, und behaupten plötzlich, so schlimm sei es nicht. »Ich halte mich nur für mich«, setzen sie dann hinzu. Aber jeder freut sich, wenn sich ein anderer mir gegenüber eine Blöße gibt. Einmal benahm sich Frau Gianni schlecht zu mir. »Sehen Sie«, sagte der Bauer, der das Telephongespräch mitangehört hatte. »Da lernen Sie endlich Frau Gianni kennen.« Und er war so zufrieden, daß es ihm anzusehen war. Aber als ich vom Bauernhof in mein Häuschen kam, da kam schon ein Auto gefahren, wo hier fast nie ein Auto den Berg heraufkommt, und Frau Gianni stand in der Tür, und sie brachte mir ein Gedichtbuch, das noch aus ihrer Schulzeit stammt. Es war das netteste Buch, das sie im Hause hat, denn sie ist nicht sehr musisch, und außerdem brachte sie einen Schuhkatalog mit, denn ich brauche neue Laufschuhe. Sie war sehr verlegen, aber ich gab ihr einen Kuß, und dann tranken wir Tee miteinander. Und dem Bauer sagte ich: »Frau Gianni kam sich entschuldigen.« »So«, sagte der Bauer. Aber man sah, daß er unzufrieden war.

Das Häuschen, in dem ich wohne, heißt im Dort ›Das Haus zu den zwei Madonnen‹. Denn ehe es umgebaut und mit allem versehen wurde, was zur Bequemlichkeit gehört, war es eine Art Stall, und hier wohnte ein Bauer, der zwei Frauen liebte. Und an den entgegengesetzten Wänden des Stalls hatte er je ein Madonnenbild angebracht, für jede der Frauen. »Tun Sie das zweite Bild vom Kaminsims«, hatte Frau Gianni irgendwann gesagt. »Es ist nicht gut, jemanden täglich zu sehen, den Sie vergessen müssen.« Das war ein Rat, den ich befolgte. Als Frau Gianni kam, um sich zu entschuldigen, warf sie einen Blick auf den Kamin und sah, daß das zweite Bild nicht dort stand. Aber sie sagte nichts. Das war nett von ihr.

»Haben Sie es überwunden?« fragte sie, als sie ging.

»Nein«, sagte ich.

»Dann werden Sie es auch nicht mehr los.«

»Sind Sie denn Ihres los?« fragte ich zurück.

»Ich will es gar nicht los sein«, sagte sie.

Frau Gianni, ich vergaß ganz, es zu sagen, hat die Frauenabteilung an einer Rundfunkstation und gibt ihren Hörerinnen Ratschläge, wie sie glücklich werden sollen.

1959

München bei der Rückkehr 1954/55

Brief an Klaus Piper, 1981

Verehrter, lieber Herr Piper,
Sie und Ihr Verlag stehen an einem Wendepunkt unseres Lebens. Sie wurden eines der Hauptereignisse für uns. Ich sage »uns«, es betrifft die Rückkehr aus dem Exil, Erwin Walter Palm und die Schreiberin, damals Mitarbeiterin ihres Mannes. Hilde Domin steckte zwar schon in der Person, aber praktisch gab es sie noch nicht. Das Ganze wird mir erst klar, wie ich diesen Brief zu Ihrem 70. Geburtstag beginne.

Ich muß zurückgehen in das Jahr 1954, das Jahr der Rückkehr nach Deutschland. In München, dieser für uns so schicksalsträchtigen Stadt, kamen wir im April 1954 an, nachdem wir einen guten Monat in Hamburg, Berlin, Köln und Frankfurt verbracht hatten. München war unser vorläufiges Reiseziel, meines Bruders wegen.

Da stand er auf dem Bahnsteig und sah meinem Vater erstaunlich ähnlich, was er als Junge gar nicht getan hatte. Ich kannte ihn nur von Photos, es war ein Vierteljahrhundert her, daß wir uns, fast Schulkinder noch, zuletzt gesehen hatten. Ich weiß nicht mehr, was wir gesagt haben. Wir waren sicher sehr schüchtern. Mutter war erst seit kurzer Zeit gestorben, eigentlich noch gar nicht tot. Dabei aber toter als jetzt, fühlbar tot. Was ich nie vergessen werde: wie ich im Auto plötzlich zwischen zwei Männern saß, die beide zu mir gehörten, die offene Flanke gegen die Welt geschützt. Es war ein ganz neues Lebensgefühl, so aufregend mindestens wie die Landung in Bremerhaven.

Er hatte uns ein Zimmer in der Amalienstraße gemietet, nahe bei der Universität, die für uns die Universität der Geschwister Scholl war. Die Geschwister Scholl waren schon länger tot als meine Mutter, aber für uns eben doch noch sehr frisch tot. Wir waren jeweils schockiert, wenn der Straßenbahnschaffner »Universität« ausrief statt »Geschwister-Scholl-Platz«. Als sei die Haltestelle ein Politikum.

München blieb für fast ein Jahr lang der feste Punkt. Von dort aus fuhren wir durch ganz Süddeutschland. Wir waren sehr jung, als wir das Land verließen. Wir wollten es kennenlernen. Es war noch sehr zerstört.

»Die Schnäbel der Krane ragen
über unseren Städten,
eiserne Störche, die Nester für Menschen richten.«

Da ist das München von 1954 sehr darin, obwohl ich das viel später schrieb. Da ist auch Berlin mit der Gedächtniskirche, der »äußersten Stunde / im toten Auge der Uhr«. Und da ist die Angst vor dem nächsten Krieg, die zur Zeit unserer Rückkehr so akut war wie gerade jetzt. Das Gedicht spricht von den »Ruinen / unserer neuen Häuser, / der Häuser, die wir mit den hohen Kranen / den Tag und die Nacht durch bauen«. Ob dann noch Kinder da sein werden, die »in den Ruinen unserer neuen Häuser / Verstecken spielen. / Und das wäre sehr viel.« Damit endet das Gedicht. Nicht umsonst heißt es »Vorsichtige Hoffnung«. Ich lese es jetzt bei meinen Lesungen fast immer, nachdem ich es viele Jahre nicht mehr beachtet hatte.

Daß München für uns eines der drei Zentren unseres Lebens in Deutschland werden sollte, daß über dieses neue Leben damals in München entschieden wurde, daran haben Sie Ihren Anteil, Klaus Piper. Sie veröffentlichten Palms erstes Buch in Deutschland, seine Übertragungen spanischer und spanisch-amerikanischer Lyrik seit 1900, »Rose aus Asche«. Was Palm auf englisch und auf spanisch veröffentlicht und was er sonst getan hat, liegt außerhalb unseres Themas. Hier spreche ich davon, daß das erste deutsche Buch eines Rückkehrers im Hause Piper erschien. In der von Ihnen gemeinsam mit Ihrem Vater unmittelbar nach dem Krieg, schon 1946, gegründeten »Piper-Bücherei«, diesen schön kartonierten schmalen Bänden. Daß dieses Buch 1955 erschien und einen solchen Widerhall hatte, das war ein Willkommen besonderer Art, eine neue »Landung«.

Die Gedichte, die Palm in den zwölf Jahren in Santo Domingo übertragen hatte, um sie sich im Deutschen wie im Spanischen anzueignen, aus reiner Freude an der Arbeit mit der Sprache, nur für uns beide – diese »Schubladengedichte« wurden plötzlich »gebraucht«, ja gesucht. Das gab uns ein Gefühl dafür, was es heißt, in das Land der eigenen Sprache heimgekehrt zu sein.

Ein Vorgefühl davon bekamen wir schon bei unserer Ankunft in Hamburg, wo der NWDR sofort nach den Gedichten griff, kaum hörte er davon, und wo ich mich in der Woche nach der Landung schon vor meiner ersten »Olympia« fand, das Manuskript für den Rundfunk tippend. Die Vorarbeit für das, was nach vielem Umarbeiten dann »Rose aus Asche« wurde. Die Gedichte verwandelten sich damals konkret in Mittagessen und bequemeres Wohnen, wir waren ja zu zweit auf das für einen gemeinte Stipendium des DAAD gekommen. Aber das war nur eine Nebensache, das Aufregende war: Jemand wollte diese Gedichte hören, jemand außer uns beiden.

Wenn ich an das Entstehen dieser Übertragungen denke, so gehe ich noch weiter zurück, ins Jahr 1940: das Jahr unserer Ankunft in Santo Domingo, äußerstes Ende unserer vielen Fluchten vor Hitler. Es ist August, ich sehe Palm noch in dem kleinen Hinterhof unter dem Flamboyant sitzen, etwas wie einer feuerrot blühenden Robinie, und die Gedichte von Rafael Alberti lesen, eine Sammlung, die Anfang 1940 bei Losada in Buenos Aires erschienen war, gerade rechtzeitig für uns. Alberti lesend, auf zwei kleinen Küchenstühlen in dem kahlen kleinen Hof, feierten wir Palms 30. Geburtstag. Sicher las er mir aus den Gedichten vor, sicher haben wir noch mit den Vokabeln gerungen, was ja die Freude an Lyrik nicht vermindert. Im Gegenteil.

»Hier bewege ich mich nicht fort, unter diesem Baum bleibe ich«, sagte er. Wir waren bis ans Ende der Welt gekommen, oder so schien es. Fremder ging es nicht mehr. Aber kurz nach Kriegsende konnte er Rafael Alberti in Buenos Aires aufsuchen, wohin er zu einem Urbanismuskongreß eingeladen worden war. Er hatte die Kenntnisse der römischen Antike und der Kunstgeschichte auf die kaum bekannten Denkmäler Santo Domingos angewandt, war ein Pionier der spanisch-amerikanischen Kunstgeschichte geworden. Und in den folgenden Jahren und den darin sich folgenden Universitätseinladungen traf er die meisten der Dichter, die in »Rose aus Asche« stehen. Die Südamerikaner bei sich zu Hause, die Spanier in ihren Exilen, soweit sie noch am Leben waren.

In Berlin wurden diese Gedichte vorgelesen, vielfach wurden einzelne gedruckt und gesendet, und kurz vor der Drucklegung des Bandes, im Dezember 1954, gab es eine Lesung in der Falckenbergschule in München. Dann ging Palm auf kunsthistorische Vortragsreisen nach Norddeutschland, Holland und Belgien, und ich blieb zurück, um mit Albrecht Knaus, damals leitender Lektor Ihres Hauses, die Drucklegung von »Rose aus Asche« zu besorgen, während gleichzeitig der »Merkur«, noch unter der Doppelredaktion von Moras und Paeschke, die Einleitung vorabdruckte. So kam ich oft in die Georgenstraße 4, arbeitete mit Knaus und auch mit Dieter Lattmann. Ich glaube nicht, daß ich Ihnen vorgestellt wurde. Ich weiß nur noch, daß mir wegen der vielen Telephongespräche mit dem Verlag und mit dem »Merkur« mein kleines Zimmer hinter der »Freiheit« gekündigt wurde, denn das Telephon war im Eßzimmer der Vermieterin und nur in Notfällen zu benutzen. Ich hauste dann für einige Wochen auf dem Sofa im Eßzimmer der Bergolds in der Tengstraße. Werner Bergold war Dramaturg der Kammerspiele, sehr aktiv. Auf diesem Sofa las ich im Bühnenmanuskript Dürrenmatts »Besuch der alten Dame«, den er uraufführen ließ, und Peter Hacks' »Eröffnung des indischen Zeitalters« und vieles andere, auch den »Stiller« von Frisch, und wurde eingeweiht in die persönlichen Affären der neuen deutschen Literaten. In dem kleinen Café des Hauses in der Tengstraße traf ich mich dann auch mit Ingeborg Bachmann, die gerade Ihre Autorin geworden war.

»Rose aus Asche« erschien im Frühjahr 1955 und wurde nicht nur ein schönes Buch, schon sein Deckel mit dem Gitarrenspieler von Juan Gris machte uns glücklich. Es war eine der größten Freuden, die wir hatten seit der Rückkehr, und trug sehr dazu bei, uns heimisch zu machen. »Rose aus Asche«, schmal, wie es war, wurde auch ein berühmtes Buch, geradezu legendär. Unseld besprach es groß in der FAZ, Krolow besprach es, Enzensberger war begeistert. Noch heute treffe ich kaum einen Dichter, der damals jung war und es nicht gelesen hätte. Artmann erzählte mir, er habe es bei sich getragen als sein Vademecum. Nelly Sachs, als wir die ersten Briefe wechselten zwischen Madrid und Stockholm, schrieb mir im Winter 59/60: »Gewiß sind Sie die Hilde aus ›Rose aus Asche‹?«, denn das Buch war mir gewidmet. Und natürlich kannte sie es. Von heute her gesehen gehört es in den »Nachholbedarf«: Deutschland war hungrig auf die Welt, die ihm vorenthalten worden war, und vom Spanischen und gar von Spanisch-Amerika wußte man wenig, alles war viel weiter weg, unvorstellbar weit weg. Erst das »Museum der modernen Poesie« von Enzensberger, ein dicker, weltumfassender Band, verdrängte 1960 dies schmale Bändchen aus der vordersten Linie. Und gerade in diesen Tagen ging »Rose aus Asche« neu in Druck, diesmal spanisch und deutsch, in der »Bibliothek Suhrkamp«.

Als nächstes, ebenfalls in der »Piper-Bücherei«, erschien Palms Lope-de-Vega-Übertragung, »Wir leben in zwei Zeiten« (1958). Reinhard Baumgart war Lektor, das Manuskript wurde aus Spanien abgeschickt, während unseres Jahres in Frankfurt gedruckt. Es blieb ein Buch für Spanienliebhaber, wie denn die anfängliche Begeisterung für alles Spanische und für Spanisch-Amerika, trotz aller anders lautenden Beteuerungen, in der Theorie blieb.

Ich selber traf Sie, lieber, verehrter Klaus Piper, erst zehn Jahre nach diesen Ereignissen: 1964, bei der Münchner Tagung des PEN, in den ich gerade aufgenommen war. Ich war unterdes Autor von S. Fischer geworden, mein erstes Buch, »Nur eine Rose als Stütze«, 1959, startete unter ähnlich glücklichen Umständen wie Palms »Rose aus Asche« (ein Zitat übrigens aus dem Gedicht eines chilenischen Freunds). Frankfurt trat als zweite Stadt neben München.

Bald darauf, im Herbst 1960, wurde in Heidelberg für Palm ein Lehrstuhl für iberische und ibero-amerikanische Kunst- und Kulturgeschichte geschaffen, und wir zogen nach Heidelberg, unserer alten Universitätsstadt.

Es sind also diese drei deutschen Städte, die für mich besondere Bedeutung gewonnen haben. (Köln zählt hier nicht mit. Köln ist die Stadt meiner Kindheit, in Köln kann ich noch meinen Eltern auf der Straße begegnen, in Köln spricht man Kölsch, Köln ist nicht ganz wirklich für mich, hat den Traumcharakter nie ganz verloren. Lebte ich dort, es wäre anders. Schon die Fahrt den Rhein hinunter auf Köln zu ist für mich nicht wie andere Fahrten.)

Unsere erste wirkliche Begegnung hatten wir 1967, als Otto F. Best, Ihr damaliger Lektor, zu einem Vortrag kam, den ich in Friedrich Sengles Seminar hielt, und mich überredete, Ihr Autor zu werden. (Best hatte mich bereits zu gewinnen versucht, als er noch Lektor bei Witsch und mein erster Vertrag mit S. Fischer gerade unterschrieben war, 1959. Aber damals traf er auf taube Ohren.) 1967 gingen die drei Lyriker des S. Fischer Verlags fremd, fast im gleichen Monat. Huchel und ich kamen zu Ihnen, Celan ging zu Suhrkamp. So begann für mich, was ich eine »verlegerische Bigamie« nennen würde. Meine Bücher sind, wie Sie es nannten, »longseller«, und damit haben Sie recht behalten.

Wir machten sofort zwei Bücher aus, beide für 1968:

»Wozu Lyrik heute. Dichtung und Leser in der gesteuerten Gesellschaft«, das gleichzeitig gebunden und als »piper paperback« erschien und Glück hatte, obwohl oder auch weil 1968 ein poesiefeindliches Jahr war. Joachim Günther schrieb damals, das Buch wolle »die angedrohte Hinrichtung der Poesie noch im letzten Augenblick verhindern und das Messer des Henkers gleichsam über dem Halse des Opfers aufhalten«. Seit 1975 wurde es ein Buch der »Serie Piper«.

So komme ich also seit 1967 wieder in die Georgenstraße 4, diesmal in eigener Sache, und durfte dort wieder an der sorgfältigen Ausstattung der Bücher mitarbeiten. Ähnlich wie seinerzeit Knaus die Figur des Juan Gris'schen Gitarrenspielers in jedem Format über die Seite gleiten ließ, so jonglierten Heinz Sarkowski und ich jetzt mit dem Titel von »Wozu Lyrik heute«, der sich auf viele Weisen lesen läßt: von vorne nach hinten und zurück und noch in die Quere. Das Buch war die reine Freude.

Auch der Umschlag des Romans, der im Herbst 1968 folgte, war ungewöhnlich: Der Ausspruch einer kleinen Madrider Schneiderin, »Ich trau mich zu lieben«, und der Satz aus Ernst Blochs »Prinzip Hoffnung«: »Wo noch niemand war, Heimat«, wurden in unablässiger Abfolge gedruckt. »Heimat. Ich trau mich ... etc.« Das Ganze wurde durch Wasser (ein Aquarium ohne Fische) photographiert und in dieser verschwommenen Form auf graues Glanzpapier gedruckt, versinkend und wieder auftauchend. Der Piper Verlag war dem von Ihnen und Ihrem Vater postulierten Prinzip des »besonders ausgestatteten Buchs« auch in diesen Fällen treu geblieben.

Das gilt auch für mein drittes Buch in Ihrem Hause,

den Lyrikband »Ich will dich«, 1970. HAP Grieshaber entwarf den Umschlag: eine kesse Taube mit aufgerissenem Schnabel, in hellem Lila. Darüber in HAPs Handschrift das »Ich will dich«.

Mein viertes Buch bei Ihnen, »Von der Natur nicht vorgesehen. Autobiographisches«, erschien 1974 als einer der ersten Bände des literarischen Programms der »Serie Piper«, unter dem Lektorat von Walter Fritzsche, wie schon »Ich will dich«.

Zuviel habe ich vielleicht von dem Verlag, von seiner Tradition und seinen Mitarbeitern gesprochen in diesem Geburtstagsbrief. Obwohl doch all dies nur dank Ihrer verläßlichen Leitung und Ihren hohen Anforderungen an sich selbst und die andern zustande kam. – Vielleicht freut es Sie, daß die roten Dostojewski-Bände, die ich seit meiner Gymnasiastenzeit habe, und einige Kunstbücher von Palm mit uns die unfreiwillige Reise bis an das »Ende der Welt« und zurück machten, von Heidelberg nach Heidelberg. Und daß wir in Santo Domingo, 1943, das Jahr steht noch darin, den Gründungsband Ihres Hauses, »Dafnis« von Arno Holz, kaufen konnten, mit dem munteren ersten Signet, dem kleinen Piper-Vogel, auf dem Rücken. »Ich konnte doch damit anfangen, der Verleger von Arno Holz zu werden«, hatte Ihr Vater geschrieben, als er nicht das Geld für seine hochfliegenden Verlagspläne zusammenbekam, gleich 10 000 Exemplare gedruckt und das Honorar zum Entsetzen Ihres Großvaters im voraus gezahlt. Dies bezaubernde Buch, eine »Volksausgabe«, hat nur 1 Mark gekostet, 1904. Es blieb das meistgelesene Buch von Holz. Irgendein Unglückseliger hatte es vielleicht als sein Lieblingsbuch mitgebracht auf die ferne Insel.

Übrigens fände ich diesen Piper-Vogel, der sich eins pfeift, der mit solchem Erfolg gepfiffen hat, ein herrliches Signet für die schwierigen 80er Jahre.

*Dank an Heidelberg**

Colonia me genuit, in Köln bin ich geboren, Heidelberg hat mich geformt. Köln, das war das Elternhaus. Dort habe ich das Urvertrauen bekommen, das man als Kind bekommt oder nie. Dazu eine in jedem Sinne demokratische Erziehung und eine unprovinzielle Lebenserwartung. Köln ist mir bis heute eine magische Stadt geblieben: die Stadt, in der ich meinen Eltern begegne.

Heidelberg dagegen ist mir ganz wirklich. Hier bekam ich das geistige Rüstzeug oder doch ein gut Teil davon. Ich wurde von meinem Vater hierher geschickt, Ostern 1929, um Gustav Radbruch zu hören: seine Einführung in die Rechtswissenschaft. Bei Radbruch konnte man lernen, die juristischen Probleme von allen Seiten zu sehen: Position und Gegenposition. Ich bin nicht nur ein Einwohner dieser Stadt, ich betrachte mich als Heidelbergensis (womit nichts Antediluvianisches gemeint ist. Im Gegenteil).

Ohne Heidelberg nicht Jaspers' »Im Scheitern kommt der Mensch zu sich selbst«. Ein Satz, den auszuprobieren wir Gelegenheit hatten. Ohne Heidelberg nicht Karl Mannheims Relativieren des eigenen Standorts: die geistige Gymnastik, sich selbst aus der Distanz zu sehen. Und nicht das Lebensgespräch mit Erwin Walter Palm, das am ersten Tag des Sommersemesters 1931 in der Heidelberger Mensa begonnen hat.

---

* Bei der Entgegennahme des Richard-Benz-Preises der Stadt Heidelberg, 1982. Die Laudatio hielt Manès Sperber.

Aus Heidelberg sind wir 1932 als Studenten fortgegangen. »Ehe wir gestoßen wurden.« Ich sah Hitler kommen. Heidelberg war immer schon »politisch exponiert, im Guten wie im Bösen«, und insofern ein ausgezeichneter politischer Trainingsgrund. Das schreibt auch Richard Benz – mit gehobener Augenbraue – in seiner Geschichte dieser Stadt. Und daran hat sich bis heute nichts geändert.

Von Heidelberg sind wir fortgegangen. In Heidelberg haben wir 1960/61 das erste Zuhause seit dem Verlassen unserer geliebten römischen Wohnung 1939 bekommen, das keine Fluchtwohnung, Zufluchtswohnung war, oder sich als solche entpuppt hätte. (Dies sage ich mit angehaltenem Atem):

»Du, den jede Wand
aufgibt,
und den es oft nach des Zirkuskinds
fahrbarer Höhle verlangt.«

Das war mein Lebensgefühl, das steht in dem ersten Gedicht, das ich nach der Rückkehr im Haus von Freunden am Starnberger See geschrieben habe.

»Wenn ich heute hier in Heidelberg ›Reise‹ sage, so meine ich Reise. Eine Abfahrt, mit Rückfahrkarte. Wo ich ankommen kann und den Schlüssel umdrehen, meine Türe öffnen und die Treppe heraufgehen und zu Hause sein darf, wie andere Menschen auch. Wie, ich weiß, viele immer von neuem nicht.« Das schrieb ich am Ende des Berichts über »Meine Wohnungen«, 1974, im Graimbergweg 5.

In diesen Tagen ist mir auch bewußt geworden: Es war Heidelberg, in der Person von Dr. Hanna Grisebach, die die Verbindungen hergestellt hat, die uns hierher zurückbrachten. Sie, liebe Frau Grisebach, haben geschrieben und gefragt, ob wir eine Einladung nach Deutschland annehmen würden. Da waren wir noch in Santo Domingo. Und ich habe gerade den Brief an Sie vom 30. Mai 1953 in der Hand gehabt, in dem wir Ihnen mit großer Aufregung dafür danken, daß Erwin Walter Palm durch Regierungserlaß ein Sechs-Monats-Stipendium des Deutschen Akademischen Austauschdienstes erhielt. (Palm war 1953 als Guggenheim Fellow in den USA). In diesem Brief aus New York ist sofort vom Neckar die Rede und wie wir ihn weinend verlassen haben (Die Überfahrt ermöglichte uns mein Bruder, ebenfalls heute anwesend). Um 1954 waren wir schon Ihre Gäste in Ihrer Wohnung an der Alten Brücke.

»Komm in das Haus meiner Wünsche ...
Die Zimmer sind im gobelinweichen Grün
der Hänge von Heidelberg gestrichen.
Ich geb dir die alte Brücke als Bett
mit einer Lastexmatratze darauf –«

schrieb ich später in Spanien, denn unser Leben in möblierten Zimmern dauerte, seit der Abreise aus Santo Domingo, bis zum Einzug in Heidelberg, volle neun Jahre.

Das Merkwürdige ist, daß der Aufbruch von Heidelberg nach Heidelberg, rund um den Globus, daß dieser Aufbruch 1932 aus dem Hause startete, Karlstraße 16, dem Thibauthaus, in dem über mir Richard Benz wohnte, in dessen Namen mir heute diese Ehrung zuteil wird.

Ich will ehrlich sein: Ich habe Richard Benz damals kaum wahrgenommen. Für mich war es das Zimmer, wo vor mir die Studentin Christiane von Hofmannsthal gewohnt hatte, die dann den Indologen Heinrich Zimmer heiratete, dem Erwin Walter Palm in Verehrung und Freundschaft verbunden war. – Daß der Flötist Schmiedel, dessen Untermieterin ich war, noch im gleichen Raum musizierte, in dem Goethe den Thibautschen »Singabenden« beiwohnte (70 Sänger und Sängerinnen in diesem Zimmer), und daß durch den Garten dieses Hauses, der 1932 noch wunderbar imstande war und in dem wir unsere erste gemeinsame Erwerbung, zwei Kaninchen, hielten, Goethe hinauf ins Schloß stieg, 1814 und 1815, und vielleicht sogar auf der Schmiedelschen Terrasse ein Gedicht des Divanzyklus entstanden war, habe ich vermutlich damals nicht recht realisiert. Zumindest kommt es in der Beschreibung meiner Heidelberger Wohnungen noch weniger vor als Richard Benz, der wenigstens lapidar erwähnt ist.

Während von den Kaninchen und was aus ihnen bei unserem Weggang wurde, sehr ausführlich die Rede ist. Heinrich und Christiane Zimmer übernahmen sie. Dagegen berichte ich, als Parallele zu meiner Vormieterin Christiane von Hoffmansthal, daß Erwin Walter Palm im Friesenberg ein Zimmer in der früheren Wohnung von Alfred Mombert hatte, im ehemaligen Karmeliter-Kloster. Daß Benz und Mombert engstens befreundet waren, eine Schicksalsfreundschaft, habe ich gelernt, als ich mich in diesen Wochen zum ersten Male mit Richard Benz beschäftigte (Medaillen sind etwas Lernträchtiges. So habe ich ja auch viel über die Gandersheimerin gelernt).

In Rom hatten wir 1933/34 das Glück, Zimmer in der Via Monte Tarpeo zu haben. Im Winter 1934 bezog das dritte Zimmer dieser Wohnung ein Karlsruher Maler namens Gustav Wolf, den wir »Nonno« Wolf, »Großvater Wolf« nannten, und der, wie ich in diesen Tagen las, 1918 zusammen mit Richard Benz im Badischen Kunst- und Kulturrat gesessen hatte und später mit ihm gemeinsam den Künstlerbund »Die Pforte« gründete. »Die Pforte« veröffentlichte auch Gedichte von Mombert mit Illustrationen von Gustav Wolf.

Sie sehen, die Richard-Benz-Medaille, mit der mich die Stadt Heidelberg ehrt, und die ich offenbar wenig verdiene, und die offenbar doch mit mir zu tun hat, hat mir nicht nur biographische, sondern sogar autobiographische Neuigkeiten eingetragen.

Sie hat mich auch zur Bewunderin von Richard Benz gemacht: von Benz dem Menschen wie von Benz, dem vielseitigen, niemals trockenen Autor, »einem Gelehrten, aber keinem Professor, auch wenn man ihn später mit solchem Titel ehrte«, wie Gadamer von ihm schreibt, der ihn 1954 in die Heidelberger Akademie der Wissenschaften wählen ließ. Im gleichen Jahre wurde er mit der Aufgabe betraut, die Geschichte dieser Stadt zu schreiben. Er gab dem Buch den Titel: »Heidelberg, Schicksal und Geist«. Es erschien 1961 mit einer Einführung von Gadamer und begründet in dem optimistisch betitelten Schlußkapitel »Bleibende Gestalt« die Unversehrtheit Heidelbergs im Zweiten Weltkrieg so: »Vielleicht weil Heidelberg in der Schloßruine ein weltkundiges Merkmal sinnloser Zerstörung trug... Die Burg am Abhang des Königstuhls kündet als Ruine, daß alles politische Machtstreben und fürstliche Regiment vorbei und für immer zu Ende ist.«

Für Benz ist ja das Bild des Weltleidens das »Sinnbild der Unzerstörbarkeit und Ewigkeit der Welt«. »Immer ist das Leiden, die Passion, die düstere Folie höchster Lebensbejahung.« Dieser Satz, mit dem ich mich voll identifiziere, ist ein Kernsatz aus Benz' kleinem Buch über Bach (bei Reclam, ohne Jahr), das Erwin Palm 1936 in Rom erwarb und das uns rund um die Welt begleitet hat, so daß ich es, als ich es jetzt brauchte, in unserer eigenen Bibliothek zur Hand hatte. Ich entnahm ihm auch, daß Benz mein Ko-Autor bei Piper ist und daß der Piper Verlag sein »Blumen, Frucht- und Dornenstücke, aus Jean Pauls Werk« und »Bettina schaut, erlebt, verkündet«, 1924 resp. 1935 herausgebracht hat (Ich war verblüfft, daß Ernst Reinhard Piper, der Enkel von Reinhard Piper, mir neulich sofort sagte: »Benz war unser Autor«).

Was ich an Benz bewundere, außer dem weiten Bogen seines Interesses, ist sein großartiger, unkorrumpierbarer Charakter, den er in der Freundschaft mit Alfred Mombert bewies. Als dieser am Klingenteich, unweit meiner jetzigen Wohnung, am 22. Oktober 1940 frühmorgens von der SS abgeholt und nach Gurs verschleppt wurde, packte Benz sofort Momberts Bücher ein, fast 5000 Bände, und rettete sie ins Kurpfälzische Museum. Ich möchte hier die unglaublichen Zeilen von Mombert zitieren, den wir ja alle viel zu wenig kennen: »Von der Deutschland-Erde scheiden! Oh wie sanft tritt letztmals sie sein Fuß«, schreibt er zu dieser Art Abtransport, bei dem auch Manuskripte im herrlichen Garten hoch über dem Neckar verbrannt wurden.

Die Postkarte, in der Mombert Benz über die Verschleppung Mitteilung machte, ist – aus Sorge um den Empfänger, wie der Herausgeber schreibt – unterschrieben mit »Dr. A. Mombert, z. Zt. auf Reise« und endet mit »Fern aber doch immer nah«.

Benz gehörte zu dem kleinen Kreis von Menschen, die es gemeinsam fertigbrachten, daß Mombert im April 1941 entlassen wurde, zunächst nach Südfrankreich. Im Oktober konnte er dann in die Schweiz fahren, zu seinem alten Freund und Mäzen Hans Reinhart, dem ja auch Rilke und Musil so viel verdanken. Am zweiten Tag nach seiner Ankunft in Winterthur nahm Mombert die Verbindung zu Richard Benz wieder auf, dankte für die Rettung der Bücher und bat ihn, die Überführung seiner Arbeitsbibliothek und seiner Manuskripte in die Schweiz zu erwirken, was Benz trotz intensiver Bemühungen nicht gelang. Diese Bücher waren die Hauptsorge von Mombert, der fast nur noch zum Sterben nach Winterthur gekommen war: schwer erkrankt in Gurs.

Ich bin hierüber so ausführlich, weil es wenige Menschen wie Richard Benz gegeben hat, aber doch einige, und das ist tröstlich. Und auch wenige Menschen, die mit solcher Sanftmut und Würde soviel Brutalität hingenommen haben wie Mombert. Und weil beide, wie auch ihr und unser Freund Gustav Wolf, unbemerkt doch auch durch unser Leben gegangen sind: als Mitbewohner oder Vorbewohner unserer letzten Heidelberger Wohnungen, vor unserer Flucht 1932, und dann sogar noch in Rom. 1932, also gerade zur Zeit, als Palm und ich bereits unseren Weggang planten, wurde Mombert in der Alten Aula zu seinem 60. Geburtstag groß gefeiert. Die Festrede hielt Richard Benz.

Lieber Manès Sperber, ich danke Ihnen von Herzen für die Zuneigung und die Arbeit, die Sie mir gewidmet haben. Und ich danke Ihnen, lieber, verehrter Herr

Zundel, der Sie mir seit vielen Jahren ein Freund und ein Berater sind, daß Sie durch diese Ehrung im Namen von Richard Benz (gleichfalls einem Wahl-Heidelberger, denn geboren ist er ja in Dresden) mir das Gefühl, in Heidelberg daheim zu sein und hier meine »patria chica«, meine engere Heimat zu haben, offiziell und demonstrativ beglaubigen.

Meine Wohnungen – »*Mis moradas*«

I

»Meine Wohnungen«, »mis moradas« (genau übersetzt: meine Aufenthalte, meine Stationen), das ist fast etwas Paradigmatisches für mich. Außer dem Gehen kommt in meinen Gedichten, zumindest den ersten Bänden, vielleicht nichts soviel vor wie das Wohnen oder Wohnen dürfen. Bleiben dürfen. Die meisten Wohnungen in meinem Leben waren Fluchtwohnungen, Zufluchtwohnungen, oder verwandelten sich plötzlich, aus scheinbar ganz normalen Behausungen. Das steckt einem in den Knochen ein Leben lang.

Ich hänge nicht an den Gegenständen, oder ich denke, daß ich nicht an den Gegenständen hänge. Ich möbliere ja auch mit einem Minimum, mit Ausnahme der Bücher. Bei Wohnungen denke ich an die Wände, und daß ich mich an den Wänden festkrallen möchte. Im Notfall. Aber wenn der Notfall kam, waren die Wände immer zu glatt. Die Hände sind keine Krallen, der Mensch ist kein Affe, er setzt sich auf den Fußboden in eine Ecke und weint. Dann geht er gehorsam die Treppe hinab und zu einer Tür hinaus und dreht sich um, oder dreht sich nicht um, und kommt nicht wieder.

»Du, den jede Wand
aufgibt,
und den es oft nach des Zirkuskinds
fahrbahrer Höhle verlangt...«

schrieb ich 1956, in »Apfelbaum und Olive«, dem ersten Gedicht, das ich nach meiner Rückkehr in Deutschland geschrieben habe.

Früher war das natürlich nicht so. Früher wohnte ich bei meinen Eltern in einem Haus auf der Riehlerstraße, um die Ecke herum, wo jetzt Böll wohnt. Wir wohnten im 2. Stock, und mein Bruder und ich wurden ins Erdgeschoß oder ins Hochparterre getragen, wenn Fliegeralarm war, während des Ersten Weltkriegs. Auf dem 3. Stock wohnten Leute, die ihre Söhne zur Strafe zum Fenster hinaushielten, einfach über den Hof: zur Abschreckung. Ich weiß nicht, ob die Söhne so entsetzt waren wie die Mitbewohner. Ich weiß nicht, ob meine Eltern sich eingemischt haben. Es war sonst ein sehr bürgerliches Haus. Das Speisezimmer hatte bunteingelegte Fenster, damit man den Hinterhof und die Brandmauer nicht sah, die man vom Schlafzimmer aus doch gut kannte, und war mit schwarzer Eiche getäfelt. Es hatte eine zusätzliche Heizgelegenheit außer der Zentralheizung, in Form eines Kamins mit Holzscheiten, die aber in Wahrheit Gasröhren waren, auf denen das Feuer dekorativ züngeln konnte. Davor ein dunkles Bronzegitter mit Jugendstilschleifen, wie es der Bauzeit entsprach. Ich erwähne das, weil der Kamin noch da war, als ich an der Haustür mit den fremden Namen klingelte, auf dem gleichen Klingelknopf, die alte verschnörkelte Klinke drückte und die gleiche Marmortreppe zum zweiten Stock stieg, an den bekannten Briefkästen vorbei: als ich 1954 zum erstenmal nach zweiundzwanzig Jahren wieder nach Köln kam. Denn ich bin ja wiedergekommen. Nach zweiundzwanzig Jahren.
Die Wohnung war halbiert. In den vorderen Zim-

mern, den ehemaligen Wohnzimmern, wohnte eine Schneiderin. Unsere Schlafzimmer und den langen Gang, auf dem wir Stelzen gelaufen und Holländer gefahren waren bei schlechtem Wetter oder Rollschuh, wie die Kinder über uns und die Kinder unter uns, schön gehallt muß es haben, und Turngeräte waren auch auf dem Gang, diesen Teil der Wohnung konnte ich nicht sehen, weil die Bewohner übertag nicht zu Hause waren. Durch die halbierte Diele kam ich ins frühere Eßzimmer, das jetzt gewöhnliche Fensterscheiben hatte, durch die man sofort den Hof und die große, graue Mauer und die Rückwand der Häuser der Lupusstraße sieht. Ob das Parkett noch da war oder statt dessen der leicht zu pflegende PVC-Belag, weiß ich nicht mehr genau. Nur daß ich mich auf den Fußboden setzte, vor den Kamin mit den falschen Holzscheiten, meinem einzigen Anhaltspunkt. »Verzeihen Sie«, habe ich hoffentlich gesagt, bei diesem für die Frau wie für mich unerwarteten Akt. Ich hatte ja schon an der Tür erklärt, daß es die Wohnung meiner Eltern war, und die meiner Kinderzeit, und sie mußte gleich ausgehen, hatte aber noch ein paar Minuten für mich. Wie ich auf dem Boden saß, genau wie als Kind, und in den Kamin starrte, und sie vielleicht dachte, diese Emigrierten sind doch wirklich nicht mehr wie unsereiner, da sagte ich plötzlich zu ihr: »Zu Weihnachten bekamen wir Meerschweinchen geschenkt. Ein schwarzweißes und ein rotweißes. Die liefen in den Kamin und kamen dann tagelang nicht zum Vorschein. Hier saßen wir und warteten.« »Gestern ist der Goldhamster meines Sohnes in dem Loch verschwunden, das Kind hatte kaum Lust, zur Schule zu gehen«, sagte sie. »Bestimmt kommt er wieder«, sagte ich. »Die Meerschweinchen sind ja auch zurückgekommen.« Alles war plötzlich wie immer. Der einzige Unterschied, daß die Kinder jetzt Goldhamster bekommen, statt Meerschweinchen. Ganz unten wohnte damals ein Spitz, der Fetzen aus meiner Unterhose riß, als ich aufs Fahrrad stieg. Falls überhaupt, wäre es jetzt ein Pudel. Der täte so etwas nicht. Auch die Unterhosen wären heute ungeeignet.

Das Zimmer nach vorne, zur Riehlerstraße heraus, das durch eine fast wandbreite Schiebetür mit dem Eßzimmer verbunden war, und das jetzt offensichtlich als Nähzimmer diente, war in meiner ganzen Schulzeit sicher das wichtigste für mich: Dort stand der hohe glasverkleidete Bücherschrank, ebenfalls aus schwarzer Eiche, und oben drauf eine Bronzebüste, ein Donatellokopf. Rechts war ein schmaler Seitenschrank, in dem Vater die Liköre und die Zigaretten hatte, links Mutters Schrank, in dem sie das Nähzeug und den Schlüsselkorb verwahrte, und ich weiß nicht, was sonst noch alles. (Sie nähte nie, übrigens, zumindest erinnere ich mich nicht. Sie bestickte unsere Kinderkleider, ehe wir zur Schule kamen.) Aber den Schlüsselkorb hatte sie sicher, und als ich noch klein genug war, sah ich von unten, aus der Babyperspektive, daß sie die Schlüssel im Rock stecken hatte. Vielleicht die Wäscheschrankschlüssel. Damals gab es noch viele-Meter-breite Wäscheschränke. Und vielleicht gibt es ja auch heute noch welche, in denen Bettücher mit bunten Bändchen zu Bündeln verpackt sind. Vermutlich sogar. (»Sie haben nur, was Sie brauchen«, sagte vor einiger Zeit eine Zugehfrau tadelnd zu mir.) Genau überlegt, brauchte man damals, im Vorwaschmaschinenzeitalter, mehr Wäsche. Es wurde vierwöchentlich gewaschen, und dann eine Woche lang: wenn die Mietpartei die Waschküche mit dem großen Kessel und das Waschdach bekam. Auch wir Kinder schickten ja später die Wäsche monatlich nach Hause.

Vielleicht waren die Schlüssel auch die Silberschrankschlüssel. Im Eßzimmer standen riesige schwarze Möbel, aus dem Nürnberger Deutschen Museum kopiert, und darin lagen in rotem Filz die Bestecke, und die Servierbestecke, und was man damals zur Heirat geschenkt bekommen hatte und noch von Eltern und Schwiegereltern dazu erbte. Und das Rosenthalporzellan mit dem goldenen Randstreifen (oder war es Meißen), das außerordentlich modern gewesen sein muß, denn ich stelle es mir heute noch chic vor. Benutzt wurde es nur zwei- oder dreimal im Jahr, bei den förmlichen Einladungen. In diesen Schränken gab es auch die großen Keksbüchsen, was sicher alleine ein Grund war, die Schlüssel abzuziehen. Einen Teil des Silbers und des kostbaren Porzellans, wie auch der Perserteppiche, bekamen wir unsrerseits zur Hochzeit geschenkt, bei unserem Einzug in die Via Monte Tarpeo. Und das war ein Glück, denn wir konnten davon den Transport unserer Bücherkisten und von ein paar Möbelstücken bezahlen, bei unserer zweiten Auswanderung von Italien nach England. Die Teppiche nahmen wir mit und haben sie erst bei der nächsten Etappe eingebüßt. Was aus den elterlichen Möbeln wurde, weiß ich nicht, nur daß sie in Holland, wo sie untergestellt waren, sachte abhanden kamen. Und das bemerkte man kaum inmitten all der Aufregungen.

Den großen Bücherschrank und auch die elterliche Bibliothek habe ich nicht wiedergesehen, sie verschwanden mit dem Rest, Meyers Klassiker, meterweise, darunter unersetzliche Ausgaben, wie Elsters Heine.

Ich las mich durch die Reihen durch, 12 oder 15 Meter (mit Ausnahme von Schlossers Weltgeschichte ganz oben, Freytags »Ahnen« z. B. las ich ganz) und wurde ein in der Schule gefürchtetes Kind, weil ich alles immer schon gelesen hatte, und mehr als verlangt wurde. Damals behielt ich alles in erschreckender Genauigkeit. Im untersten Fach lag, in Stapeln und nicht mehr in Reihen, die neueste Literatur. Weniger komplett, wie ich annehme. Immerhin gab es Hermann Hesse, die beiden Manns, die beiden Hauptmanns, die Colette und auch ein streng verbotenes kleines Buch von dem Soziologen Leopold v. Wiese, Bennos Vater, das viel Aufsehen erregte, und in dem eine nackte Tote in einen engen Brunnen gepfercht wurde, weswegen ich es nicht lesen durfte. Verbote, die mehr der Form wegen ausgesprochen wurden. Niemand zog den Bücherschrankschlüssel ab, höchstens die an den schmalen Seitenschränken. Und die waren für mich uninteressant.

Die eine Seite des Zimmers diente meinem Bruder und mir als Tanzzimmer. Wir rollten die Teppiche zwischen Eßzimmer und »Herrenzimmer«, wie es sich nannte, auf, und tanzten eine Zeitlang täglich. Im Eßzimmer zogen wir den großen Tisch aus, dann war er gut fürs Pingpong. Als ich noch kleiner war, bumste ich mit einem Wagen oder einem fahrbaren Spieltier gegen den großen Schreibtisch der Eltern und zurück, was mir einen solchen Spaß machte, daß ich es noch heute weiß. Dabei war ich sicher noch nicht türklinkenhoch. Wenn ich daran zurückdenke, so haben wir offenbar in allen Räumen spielen dürfen, wenigstens solange mein Vater im Büro war. Das war er praktisch den ganzen Tag, mit Ausnahme der Mittagspause.

Daneben hatten wir noch das Kinderzimmer, das uns

allein gehörte, wo wir Aquarium und Terrarium hielten mit sehr sterblicher Bevölkerung, und wo wir Pferderennen veranstalteten auf unsern Schaukelpferden, die an sich zwar nur schaukelten, auf denen sich aber doch auch schaukelnd vorwärtskommen ließ. Ich hatte den Apfelschimmel Wotan von meinem Vetter geerbt. Wotan hatte richtige Haare und war groß und langsam. Das kleine Holzpferd meines Bruders, eine Art Schaukelstuhl mit Pferdekopf, war weit beweglicher, aber dafür weniger Pferd. Das Kinderzimmer hatte, wie alle Kinderzimmer, einen Schrank mit Spielsachen, und daneben die zwei Seitenschränke, nach dem beliebten Schema. In dem einen waren unsere Kindermäntel. Und ein jähzorniges Kindermädchen schloß mich, als die Eltern verreist waren, in dem engen Schrank ein und schloß die Tür zu, so daß ich beinahe erstickt wäre. Es soll eine auffallend schöne Frau von sanfter Schönheit gewesen sein, Meta mit Namen. In dem andern hatte ich, oder wir beide, Schulbücher und Aufgabenhefte.

In dem Kinderzimmer verbrachte ich viel Zeit am Fenster, besonders im Winter, um die dicken Kohlenpferde nicht zu versäumen, die mit viel Ächzen in die richtige Position gebracht wurden, wo der Wagen umkippen und die Kohle in den Keller geschaufelt werden konnte. Von oben versuchte ich mit Geschrei und Tränen die armen Tiere zu beschützen, die bei der Prozedur oft hinfielen und dann fürchterlich verprügelt wurden, was ihnen angeblich half, auf dem glatten Boden hochzukommen. Ich freute mich, als sie von den ersten Kohlenautos abgelöst wurden.

Von dem Zimmer in der Mitte zwischen dem »Herrenzimmer« und dem Kinderzimmer, dem sogenannten

»Salon«, wo Mutters Flügel stand, benutzten wir praktisch nur die Eckbalkone und auch nur den rechten, zum Deutschen Ring zu, vermutlich, weil er mehr Sonne hatte.

Aber wie ich von dem »sogenannten Salon« und dem »sogenannten Herrenzimmer« schreibe, fällt mir auf, daß ich in einer Wohnung der »temps perdu« zur Welt kam, einer Einrichtung wie bei Proust, ganz nach französischer Sitte. Die Fenster wurden damals auch noch »französische Fenster« genannt, zum Unterschied von den breiten Schiebefenstern im »Herrenzimmer«, die sehr unhandlich und »englische Fenster« waren, aber nur in der Mitte, rechts und links die »französischen« – also die noch heute üblichen –, die bequem aufgingen. Das »Herrenzimmer«, das ich das »sogenannte« nenne, war wohl als Rauchzimmer gedacht, und vor dem Ersten Weltkrieg rauchten ja die Frauen auch nicht, sondern nach dem Essen zogen sie sich vermutlich, wie bei Proust, in den »Salon« zurück, etwas, was, zumindest seit ich groß genug war, um bei Einladungen – in der Küche – aufbleiben zu dürfen, bei uns nicht mehr stattgefunden hat. Zwar stand der Rauchtisch da, aber die großen Klubsessel und die vielen Aschenbecher verschwanden, und die Gäste gingen auch, in Abendkleidern und Smoking oder Frack, gemeinsam in den »Salon«, um Mutter und andern Sängern und Sängerinnen oder Pianisten zuzuhören.

Diese drei Zimmer zur Straße waren völlig verändert, auch die Stuckdecken im Jugendstil waren verschwunden, und ich erinnere mich nicht mehr an das Wiedersehen mit ihnen, das im kommenden Jahr auch schon wieder zwei unvorstellbar lange Jahrzehnte zurückliegt.

Seither bin ich immer nur an dem Haus vorbeigegangen, aber nie wieder hinauf. Ich sehe dann die kleinen Balkone an, mit dem neugotischen Fischblasenmuster aus rotem Sandstein, zwei winzig kleine Balkone, auf denen sich unsere Tiertragödien abspielten. Ich hielt dort Kaninchen, oder versuchte doch, sie dort zu halten, nachdem es im Kinderzimmer und auch im Flur nicht mehr ging, wegen des beißenden Geruchs ihres auf dem Linoleum so hübsch schillernden Urins. Auch ein junger Hund, der jaulendes Heimweh nach seiner Mutter hatte, kam auf den Balkon, von wo er die Polizisten herbeischrie, früh am Morgen, weil es die Nachbarn so wenig ertrugen wie meine Eltern. Alle Tiere, die einmal auf den Balkon kamen, wurden an Kinder verschenkt, die einen Garten hatten. Die Kinder von Vaters Bürovorsteher erbten auf diese Weise viele meiner Tiere und wurden von mir sehr beneidet. Nur der große bunte Ara, der die Filetvorhänge im Wohnzimmer heraufhangelte, und uns damit modernere verschaffte, brachte es nicht einmal zum Balkon, er war ja ein tropisches Tier, und wurde sofort in die Tierhandlung zurückgegeben.

Kürzlich fuhr ich an dem Hause vorbei. Gerade wunderte ich mich noch, daß Böll chauffieren kann, da waren wir schon um die Ecke, und ich vermißte den Mandelbaum am Eingang. »Ja, da steht jetzt die Mülltonne«, sagte er sofort, denn er hatte den Mandelbaum gekannt. (Es ist aber, denke ich, nicht der »Wohlstandsmüll«, oder nicht nur der. Sondern weil heute so selten geleert wird. Damals kam die Müllabfuhr täglich. Und auch die Verpackungen waren kleiner und wurden mehrfach benutzt. Die Milchflaschen zum Beispiel. Der Müll war geradezu zierlich, im Vergleich zu heute. Alles der Mangel an Arbeitskräften, auch das

Einsiegeln statt Abwiegen der Lebensmittel. Und also doch der Wohlstand. Und daß die Löhne menschenwürdiger sind.)

Die riesige Mülltonne würde den Kindern auch nicht mehr erlauben, auf der kleinen Gittertür hin- und herzuschwingen, wie wir es taten, und wie man es noch im Jahre 1954 hätte tun können, genau wie in den 20er Jahren.

Die Balkone flankierten den »Salon«, in dem im Krieg die Würste hingen, die Vater nach Hause schickte, mit bunten Postkarten, auf denen viele Pappelbäume zu sehen waren, und die wir in Alben klebten. Nachdem er Vorratskammer gewesen war, wurde er zusammen mit den andern vorderen Zimmern an die englische Einquartierung abgegeben. Ich erinnere mich nur, daß der englische Unteroffizier, der dort wohnte, in unserer Küche seinem kleinen Fox Ohren und Schwanz kupierte, eine blutige Angelegenheit. Und daß wir dann Keuchhusten und die Wohnung wieder für uns hatten, weil Keuchhusten so ansteckend ist. Damals wurde der »Salon« wieder Musikzimmer.

Meine Mutter war als Sängerin ausgebildet, durfte aber nicht zur Oper. Ein einziges Mal war sie ausgekniffen und als Mignon aufgetreten, noch in Frankfurt. Dann nie wieder. Ich saß unter dem Flügel, während sie übte, und galt als unmusikalisch. Vor Gästen durfte Mutter singen. Irgendwann sang sie ein englisches oder französisches Lied, vermutlich ein englisches, denn sie hatte einen großen Teil ihrer Mädchenjahre in England verbracht. Da gingen die Gäste türeschlagend davon, was nach dem Zweiten Weltkrieg kaum vorstellbar gewesen wäre. (Übrigens fand diese Szene vielleicht in den Ferien und nicht in der Riehlerstraße statt.) Auch die Französisch- und die Englischlehrerin an unserm Gymnasium hatten es schwer, sie wurden von vielen Kindern und vermutlich auch von Kollegen verachtet, und das bis zu meinem Abitur, also noch mehr als ein Jahrzehnt nach Kriegsende. Und beim Abitur wurde ich ja auch für meine Begeisterung für Paneuropa vom Schulrat bestraft. Die Weimarer Republik war weniger demokratisch, als man denkt.

Als ich zu studieren anfing, zog ich daraus die Konsequenzen. Als Mutterkind ging ich von zu Hause fort. Als Mitglied der sozialistischen Studentengruppe kam ich aus dem Semester zurück, ungeheuer selbständig. »Familiensachen interessieren mich nicht mehr«, erklärte ich schon auf dem Bahnhof, mit der auch heute in diesem Alter üblichen Unmenschlichkeit. »Mich interessiert nur noch die Menschheit.« Die Ferien über saß ich auf dem kleinen Balkon, ökonomische Theorie lesend. Keineswegs nur Marx, ich informierte mich gründlich. Später hatte ich eine Arbeitsgemeinschaft mit Arbeitern und Studenten in dem »Herrenzimmer«, das das Wohnzimmer meiner Eltern war. Ich konnte damals nicht ausgehen, ich hatte eine schwere Wunde am Kopf, denn ich war in Brand geraten, als ich mit Zelluloidwickeln in den Haaren die »Weltbühne« vor einer Heizsonne las. Daher gingen meine Eltern fort und überließen mir einmal die Woche ihr Zimmer. Als erster kam ein Vorarbeiter aus meines Onkels Fabrik, der sich zunächst in meines Vaters Ohrenstuhl etwas fremd vorkam, aber dann vergaß er es. Wir lasen »Das Kapital« von Deckel zu Deckel, nicht nur die Schlagworte, wie man es heute gern tut. Als ich gesund war, ging ich in viele Versammlungen, auch die der Nazis in der »Hasenheide« in Berlin. Da entschloß ich mich, vor der Machtübernahme auszuwandern, die ich »kommen sah«, was mir den Vorwurf des »Schwarzsehers« eintrug, wenn auch nicht von meinen Eltern.

Im übrigen sind meine Eltern nicht von diesem Haus aus ausgewandert, sie verließen es, kurz nach meiner Abreise, die für sie eine »Abreise« und für mich die Auswanderung war. Wobei ich nach einem halben Jahr schon recht behielt. Sie zogen in eine kleinere, modernere Wohnung nach Braunsfeld, von der ich nur den Rohbau sah und zu der ich auf einer Leiter hinaufstieg, bevor ich Deutschland verließ. Ich bekam ein Zimmer dort, natürlich. Meine Mutter schickte mir die Stoffmuster für meine Couch und die Vorhänge, und auch die Tapete. In das Zimmer, das ich nie gesehen habe, stellte sie immer frische Blumen, schrieb sie. Die Möbel wurden von einem »Fluchthelfer« nach Holland gebracht, während meine Eltern an ihrem Silbernen Hochzeitstag einfach einen Ausflug über die Grenze machten. Dann wurde mein Vater krank, natürlich, aber ich rede ja von den Wohnungen.

»Was fällt Dir ein zu unserer Wohnung in der Riehlerstraße?« fragte ich meinen Bruder. »Der kleine Balkon«, sagte er. »Mutter stand immer auf dem Balkon und winkte, bis ich an der Domstraße war. Ich hätte mir die Straße manchmal kürzer gewünscht«, sagte er. Ich erinnerte mich nicht, vielleicht, weil ich meist mit dem Rad zur Schule fuhr. »Sicher haben wir ganz andere Erinnerungen«, sagte er. »Die Wohnung war ja auch gar nicht interessant. Interessant waren deine Wohnungen in Florenz und Rom.«

Von unserer florentinischen Wohnung in der Via Camporeggi, wo wir beide den Doktor machten und wo wir ein Jahr unter erzählenswerten Umständen zur Untermiete wohnten, erzähle ich nicht. Dieser Bericht über die »Wohnungen« könnte sonst leicht zu einer regelrechten Biographie, einem eigenen Buch, ausufern. Und das darf er nicht, zumindest nicht heute. Denn dies MS muß am 2. Januar im Verlag sein.

Daher übergehe ich auch, wieso wir, als unser Studienaufenthalt in Italien sich im Frühjahr 33 als das erwies, was er von Anfang an gewesen war, nämlich als Auswanderung, wieso wir da nicht in das intellektuell so verlockende Spanien weiterwanderten, wo wir prompt in den Bürgerkrieg geraten wären. Wir waren schlechte Mathematiker, und Spanien erkannte unser Abitur nicht an, im Gegensatz zu Italien. Überdies war die römische Antike ja das spezielle Arbeitsgebiet des einen von uns. Der andere schlug sich ins Gebüsch der Staatstheorie der Renaissance, was noch den Vorteil hatte, daß sich unsere Arbeitsgebiete näherrückten.

II

Meine römische Wohnung habe ich auch wiedergesehen. Den Rest des Gartens und die Felsen, auf denen das Haus gestanden hatte. Es hatte schon auf dem Piano Regolatorio, dem Urbanisationsplan, gestanden, als wir einzogen, 1936. Und kaum waren wir ausgezogen, unfreiwillig genug, da wurde die Via Monte Tarpeo hinter uns abgerissen.

Es war unsere erste Wohnung überhaupt, etwas, was man leer mietet, wofür man einen Vertrag unterschreibt, und was man dann mit Möbeln vom Flohmarkt, dem »Campo dei Fiori«, und von den umliegenden Althändlern bewohnbar macht. Nach beiderseitigem Doktorexamen hatten wir gerade geheiratet und konnten ordnungsgemäß einen Mietvertrag unterzeichnen, was uns fast so unheimlich war wie die Heirat selbst.

Vorher hatten wir immer zur Untermiete gewohnt: bei den gleichen Vermietern, in Rom und auch in Florenz. Diese bloße Tatsache, die wir nicht unterschlugen, verschloß uns damals die Türen der sogenannten anständigen Kreise, also auch der Romdeutschen, was uns ziemlich gleichgültig war, sonst hätten wir ja den Schein gewahrt.

Wir zogen ein in die Wohnung der Eleonora Duse. Immer habe ich mit Wohnungen ein besonderes Glück gehabt. Ich traue mich kaum, es hinzuschreiben. Die Wohnung war bereits versprochen, als wir davon hörten, aber die vorige Bewohnerin erwartete ein Kind. Das Kind zögerte, es wurde ein Zehn- oder Elfmonatskind, sie mußte sich verrechnet haben. Die andere Partei verlor die Geduld. Wir warteten in einem möblierten Zimmer im Babuino, wir durften unterschreiben und einziehen. Also in den obersten Stock des höchsten Hauses der Via Monte Tarpeo. Im Parterre wohnte der »russische Mallarmé«, Wjatscheslaw Iwanow. Auch Emigrant, Graezist im Germanicum, bei den »Krebsen«, wie sie wegen ihres roten Gewandes genannt werden. »I Gamberi«. Unten im Hausflur war eine Marmortafel, die an die Duse erinnerte. Die Duse hatte den ganzen Oberstock bewohnt, zur Straße hin hatte sie noch den Blick auf St. Peter gehabt. Wir bekamen die schönere Hälfte, dem Palatin gegenüber. Ein hundertjähriger Glyzinienbaum rankte sich hoch bis zu unserer schmalen Terrasse, auf der in einem Stück ausgedienten Ofenrohr Damayanti, die Fledermaus, wohnte, die nachts mit kleinen Orangenstückchen gefüttert wurde. Nach Westen ging die turmartige kleine Vierzimmerwohnung, von der wir zwei Zimmer an einen tagsüber abwesenden Büromenschen vermieteten, auf Tiber und Aventin. Es war so hell von der Nachmittagssonne, daß ich ganz mechanisch den Lichtschalter drehte, aber dann ging die Birne an statt aus, obwohl man es in all der Helligkeit kaum merkte.

Es war eine aufregend schöne und auch sehr treppenreiche Wohnung. Erst die Cordenata hinauf zum Kapitol, wo in Michelangelos Saal, im Konservatorenpalast, die zivilen und also auch unsere Heirat stattfand, und dann bis in den 4. Stock dieses höchsten Hauses der Straße, noch einmal 98 Stufen. Wir hatten dort eine furchtbare Zeit, ganz wie übrigens auch die Duse: unvergeßbar.

»Es riecht nach den Glyzinien
der Via Monte Tarpeo,
Marc Aurel ist wieder unser Portier.
Des Abends vergoldet die Sonne den Tiber,
dann singt uns die Nachtigall auf dem Palatin.«

Das schrieb ich gute zwanzig Jahre später, in Spanien, als ich das »Wunschhaus« zusammensetzte in »Ich lade dich ein«.

Den Kopf des d'Annunzio, allerdings, den uns ein befreundeter Bildhauer als Hochzeits- und Einzugsgeschenk gab, eine kleine Silberbüste mit markanter Kopflinie (der Dichter soll sich, als ihm diese Büste Jahre zuvor präsentiert wurde, aus Begeisterung für die eigene edle Kopfform die Haare abrasiert haben, man erinnert ihn ja auch nur mit nacktem Kopf, was sich unser Freund zugute schrieb), dieses zweifelhafte Geschenk verkrafteten wir ohne weitere Folgen. Vorsichtshalber stellte ich den Kopf hinüber ins Zimmer des Mieters, wo ich nur nachmittags mit ihm zusammenkam, wenn ich dort Sprachunterricht gab.

Es ist bekannt, daß Eleonora Duse dem d'Annunzio das »Fuoco« abkaufte, es kostete sie ihr ganzes Vermögen. Er schrieb den Roman neu. Sie starb in Armut. Dieser Handel hatte, so hieß es, in unserer Wohnung stattgefunden. An die Duse erinnerte die sechsteilige verstellbare Spiegelwand, die unser beider Zimmer trennte, und die man so stellen konnte, daß man den Palatin und die Glyzinien im Zimmer hatte. Und den Bewohner des Nachbarzimmers an seinem Schreibtisch auch. Dies raffinierte Spiegelsystem soll sie zu Proben benutzt haben. In dem von uns abgetretenen Teil der Wohnung lief in dem einen Zimmer ein breiter Spiegelstreifen oben um die eine Zimmerseite. Durch welchen Trick er den Effekt einer Spiegeldecke zu ersetzen oder zu übertreffen gemeint war, wurde uns nie recht klar. Das kleine und kokette Badezimmer hatte sie von oben bis unten mit geschliffenen elfenbeinfarbenen Porzellankacheln auslegen lassen. Badewanne und Badeofen allerdings hatten ausgedient, und der sehr eigenartige Hausherr willigte ein, als wir ihm eine auf dem »Blumenmarkt« angebotene fast neue Wanne vorschlugen. Den von meiner Mutter geschenkten elektrischen Wasserheizer benutzte zu seiner großen Zufriedenheit unser Untermieter, der Frühaufsteher, so daß wir in diesem eleganten Raum meist kalt duschten. Dafür hatten wir »Habakuk«, den tapferen kleinen Dauerbrenner auf dem Flur, der die ganze Wohnung heizte, so daß sich die Wand hinter ihm in Blasen abblätterte, gleichgültig wie starke Asbestplatten wir dort anbrachten. Sicher war es die bestgeheizte Wohnung diesseits des Forums. Und die Ameisen kamen von weither in einer langen Linie heraufgeklettert, um sich im Winter bei uns zu wärmen.

Ganz unten mündete der Glyzinienbaum in einen winzigen Garten, der zur Wohnung Iwanow gehörte. Kaum waren wir eingerichtet, so kamen Iwanows herauf, um uns ihren Antrittsbesuch zu machen. Voran die hohe, leicht gebeugte Gestalt des alten Dichters, mit weißem Haarkranz, eigensinnigem, leicht gerötetem Gesicht, klaren und stechenden Augen, und mit einer Melone alten Schnitts über den herabhängenden Haaren, die er auch im Zimmer nicht absetzte, wie es vielleicht, dachten wir damals, die Russen im Winter tun. Danach kam die Tochter, eine blonde, etwas schlaksige Pianistin, mit einem Gesicht wie aus Holz geschnitzt und einer im Winter immer rot angelaufenen Nase. Ihr folgte die puppenhaft kleine zarte blasse Doktorin der Philosophie, seine lebenslange Assistentin, eine Frau, die alles konnte, alles wußte, und zugleich anwesend, aber vor lauter Unauffälligkeit auch nicht anwesend war. Sie wurde »Flamingo« genannt, »der Flamingo«, warum habe ich vergessen. In ihr konnte man nachschlagen wie in einem Lexikon. Iwanow fragte, wo steht es, Flamingo: bei Aristoteles oder bei Platon oder wovon gerade die Rede war. Und sie gab die Ziffern genau an, nach der maßgebenden Ausgabe, auswendig. Es wäre unmöglich zu beschreiben, was sie bei dieser oder irgendeiner anderen Gelegenheit trug. Es spielte einfach keine Rolle bei ihr, ohne daß sie deshalb schlampig gewesen wäre. Vermutlich war es etwas Dunkles. Als wir sie wiedersahen, nach 25 Jahren, trug sie einen eleganten Pelzmantel, einen Persianer, was mich geradezu aufregte an ihr.

Hintereinander kamen die drei ins Zimmer, im Gänsemarsch, und der Hut auf dem bedeutenden Kopf des alten Mannes, eines der berühmtesten lebenden Dichter, und die Verschiedenartigkeit der Frauen und das Zeremoniöse des Einzugs machten auf uns einen starken Eindruck. Den alten Iwanow dagegen interessierten mehr noch als die neuen Mitbewohner die Bücher, die die Wände füllten, wie immer bei uns. Er hatte die seinen bei der Flucht verloren.

Wir hatten sie uns nachschicken lassen, aus Heidelberg, aus Frankfurt, aus Köln. Unser Einzug wurde damit sofort wichtig für ihn, die Freundschaft zwischen dem obersten und dem untersten Stock ergab sich ganz von selbst. Als wir den Gegenbesuch machten, war es freilich weniger zeremoniös: Ein Pantoffel flog durch die Luft, gerade wie die Tür aufging. Der jähzornige alte Herr hatte ihn nach Flamingos Kopf gezielt. Ich sprang zurück, sonst wäre ich in die Fluglinie gekommen.

Dort unten tranken wir Tee, dort wurden Gedichte gelesen und diskutiert, dort lernte ich in einem Krankheitsfall die russische Hilfsbereitschaft kennen, die mit keiner Hilfsbereitschaft zu vergleichen ist, die ich je im Leben von Fremden erfahren habe. Außer, wieder, von einer Russin.

Auch die Hausherren, die im Stock unter uns wohnten, waren Leute, von denen sich manches erzählen ließe. Sie gingen in ihre Villa in den Albanerbergen, in den Tagen, als wir das Haus verlassen mußten, denn wir taten ihnen zu leid. Und dem Anblick dessen, der einem leid tut, geht der Mensch aus dem Wege. Ich aber saß auf dem Fußboden in der leeren Zimmerecke, wo mein Bett gestanden hatte, und mochte nicht aufstehen.

Und die Packer, die die Möbel hinaustrugen und die schweren Bücherkisten, die nach England geschickt wurden – wofür der Erlös des elterlichen Silbers und Porzellans gerade ausreichte, denn Bücher hatten wir noch dazugekauft, von andern, die gleich uns das Land verlassen mußten und die Bücher hinter sich ließen –, die Packer schüttelten die Köpfe und sagten wieder und wieder: *Il mondo gira, signora, il mondo gira.* Was soviel heißen sollte, wie daß die Erde sich dreht, was sie ja tut, und daß auch wieder andere Zeiten kommen. Was schließlich eine Frage der Lebensdauer ist. Und wie ich da auf dem Fußboden in der Zimmerecke saß und weinte, war ich kaum mehr als halbenwegs zwischen 20 und 30. Und der Diener des Hausherrn sagte: »Gut, daß die Gnädige abgereist ist, sie hätte das nicht sehen mögen.«

Zwischen dem Einzug mitsamt dem Auftritt der drei Iwanows und diesem Abbruch lagen nicht mehr als zwei Jahre, obwohl sie mir schon immer viel länger vorkamen. Es passierte damals sehr viel. Der Einzug Hitlers in Österreich, zum Beispiel. Der Besuch Hitlers in Rom und die Gründung der »Achse« Rom–Berlin, der Einzug Hitlers in die Tschechoslowakei. Jedes dieser Ereignisse hatte für den deutschen Emigranten unmittelbare Wirkungen. Der Spanienkrieg, der abessinische Krieg, das kam alles in Gang in diesen Jahren, die zum Platzen voll waren mit scheußlichen Ereignissen. Dabei gab ich von morgens bis abends, sozusagen von 8 Uhr 30 bis 8 Uhr 30, Deutschunterricht, morgens außer dem Hause, mittags zu Hause. Denn immer mehr Italiener lernten

Deutsch, je übler die politische Lage für uns wurde. Während mein Mann sich seinem Arbeitsgebiet, der römischen Religionsgeschichte, widmete und zwischen den Jahrtausenden pendelte: von den »Augenblicksgöttern« und »Aktgöttern« in die späten 30er Jahre, die immer störender wurden, und zurück. In immer kürzeren Abständen kam die Polizei und ließ sich die Papiere zeigen. Und morgens auf der Piazza Venezia begrüßte der Geheimpolizist meinen Mann mit der Bemerkung: »Professore, Sie haben heute nacht ja wieder lang gearbeitet«, denn unser Haus war sehr exponiert, und bei offiziellen Feiern auf der »Via dell'Impero« wurde der Dachschlüssel eingezogen.

In der Wohnung gab es einen kleinen schlauchartigen Abstellraum, ein bugigattolo, ein Katzenloch, wie das auf italienisch heißt. Dort standen im Schrank die kleinen Handkoffer, gepackt und fertig, mehrere Wochen. Oder war es eine Woche. Endlose Tage. Wir verließen vor 5 das Haus, denn vor 6 kommen sie ja, wenn sie einen abholen, und fuhren mit der »Circolare Rossa« oder der »Nera« rund um Rom. Und trafen um 8 unseren Mieter in der Bar an der Piazza Venezia, wo wir alle drei dann frühstückten: einen cappuccino und einen brioche, wie man es in Italien tut. Dann begannen wir den Tag, als sei alles normal. Eines Abends hielt ich es nicht mehr aus. Wir entschlossen uns in einer Stunde, ließen alles im Stich und fuhren nach Sizilien, spät in der Nacht. Pünktlich am nächsten Morgen kamen sie, um uns ins Gefängnis abzuholen, wohin alle Hitlergegner und Hitleropfer versammelt wurden, während Hitlers Rombesuch. Voll solcher Episoden, eine nach der andern, waren die zwei Jahre, die wir in der Wohnung der Duse verbrachten, die dort gleichfalls eine Hundezeit gehabt haben muß.

»Des Abends vergoldet die Sonne den Tiber,
dann singt uns die Nachtigall auf dem Palatin.«

Ja, es ist wahr, wir haben dort glückliche Augenblicke gehabt. Nein, auch das ist verkehrt. Es war eine glückliche Zeit, aus der wir ununterbrochen aufgeschreckt und aufgejagt wurden. Für uns, die wir jung und zusammen waren, die wir jeden Morgen die Sonne über Forum und Palatin aufgehen sahen, über der großartigen und geliebten Stadt, und die wir abends miteinander lasen, was er tags geschrieben hatte, war es eine anstrengende Zeit, in der wir jeweils nur kurze Strecken lang eine Kontinuität mit uns selber bewahren konnten. Versucht haben wir es immer wieder. Objektiv und von außen gesehen, war es eine Hundezeit. Im Politischen wie im Ökonomischen. Aber nur von außen. Nur objektiv.

Der Hauskomplex, in dem jetzt das Finanzamt ist, und der anschließt an das kleine kapitolinische Postamt, ist das einzige, was steht von der einstigen Via Monte Tarpeo, der Straße, in der Iwanow lebte und die Duse und auch Rilke (Mommsen wohnte gerade um die Ecke), und die 1939, noch vor Kriegsausbruch, abgerissen und vergärtnert wurde. Wer sich mit dem Rücken zum Finanzamt stellt, der erkennt im Arm der Kurve, in der die neuangelegte Straße hinabführt in die einstige »Via della Consolazione« und zum Forum, noch den kleinen Garten der Iwanows mit seiner Zypresse, dort wo das Haus Nr. 69 mehrere Jahrhunderte stand.

Übrigens habe ich von der kleinen alten Portiersfrau von nebenan, Angelinoca (»olle Angelika« kann das übersetzt werden), das Kochen gelernt. Und ich koche nicht schlecht.

III

In dem Haus, das wir mit meinen Eltern bald nach Kriegsausbruch in Minehead, Somerset, am Bristol Channel bezogen, und wo sie die zwei Zimmer unten, wir die zwei Zimmer oben bewohnten, während ich dort Lehrerin am St. Aldwyn's College war und Italienisch, Französisch, vielleicht auch Latein unterrichtete, in meinem noch unvollkommenen Englisch (Deutsch war nicht gefragt, natürlich), wohnten wir sehr kurz, kaum mehr als ein halbes Jahr. Die Glyzinienstöcke, die wir aus Heimweh nach den römischen pflanzten, sahen wir nicht mehr blühen, und auch die anderen Sträucher und Blumen nicht, die wir zum Teil aus den Wäldern mitbrachten, wo ja Rhododendren und Fuchsien wachsen, in diesem Klima, das mild ist wie das Irlands. Wir trugen die Bücher treppauf, eine Kette bildend, zu viert. Denn die Treppe war zu eng für die Kisten. Und wir brachten die Bücher treppab, wo sie unten in der Garage (Platz war da, Auto hatten wir keins) wieder in die Kisten verpackt wurden. Einige mehr, natürlich, es waren ja englische dazugekommen.

Das war das letzte Mal, daß ich meinen Vater gesehen habe, wie er uns half, die Bücher zu verpacken. Wir taten, als sei es etwas Lustiges und zitierten dazu Schillers Glocke. Die Löscharbeiten.

Dazwischen hatten wir in möblierten Zimmern verschiedener Art gewohnt, in Rom noch, in London, in Oxford, und erst auch in Minehead. Alles ganz kurz. In Minehead bei dem Gärtner, der die Weinreben mit Blut düngte, im Herbst. Ich weiß nicht mehr von welchem Tier. Aber es regte mich sehr auf, und es kommt vor in »Wen es trifft«, das ich im Oktober 1953 auf Vinalhaven, einer Insel in Maine, schrieb, vor unserer Rückkehr über den Atlantik:

> »So wird er ausgesucht
> und bestraft
> und muß den Staub essen
> auf allen Landstraßen des Betrugs
> von den Sohlen aller Enttäuschten
> und weil Herbst ist,
> soll sein Blut
> die großen Weinreben düngen
> und gegen den Frost feien.«

Das war das letzte, was ich schrieb, vor unserer Rückkehr nach Europa 1954, nach Deutschland, wie ich damals dachte und weiterhin denke. Also nach Hause, wo ich dann kurz darauf die elterliche Wohnung in Köln wiedersah, und zu meinem Trost hörte, daß das Kind, das jetzt Kind ist, wo ich Kind war, statt des Meerschweinchens einen Goldhamster durchs Zimmer laufen läßt.

IV

Unser Haus in Santo Domingo haben wir auch wiedergesehen. Nach genau 20 Jahren, im Frühjahr 1973. Wir kamen gerade noch rechtzeitig, es war schon geräumt und soll einer Klinik Platz machen, wir lasen das Plakat mit dem Namen der Klinik und der Architekten, als wir vom Flughafen vorbeifuhren, auf dem Weg in das neue Hotel, das steht, wo früher nur Bananen- und Yuccaplantagen und ein paar Hütten waren und wo jetzt eines der neuen Villenviertel ist.

»Vaterland...
auf der Erinnerung geräumigem Tablett
zwei oder drei beinahe-Städte«*

Die beinahe-Stadt ist eine Millionenstadt geworden. Das Haus, das damals weit draußen lag, ist nahe an die Innenstadt gerückt, durch die großen Erweiterungen. Selbst der alte Flughafen, der nach unserer Ankunft gebaut wurde, als auch die letzten Passagierdampfer versenkt und die Antillen nur noch per Flugzeug erreichbar waren, ist heute mit Villen bestellt und zentraler als unser Haus damals. Der jetzige Flughafen ist herrlich gelegen an einer Korallenbucht, die damals der beliebteste Badeort war, der wiederum durch einen noch entfernteren ersetzt ist. Eine regelrechte Autobahn führt dorthin, wo früher ein Auto hopsen mußte, den Palmensaum am Meer hat man stehen lassen und in eine Art Park umgewandelt. Die Ankunft ist verwirrend großartig jetzt. Wir waren 1940 inmitten von Zuckerfeldern an einem kleinen Landesteg angekommen, wie ich es in dem Brief an Günter Eich beschreibe (und auch in dem Bericht von der »Insel und dem einohrigen Kater«).**

Obwohl ja später der »neue« Flugplatz da war, von dem wir abfuhren, 1953, und der eine uns damals aufregende Besonderheit hatte. Gleich wenn man auf das Flugfeld kam, das damals nur von der PANAM

---

* Héctor Incháustegui-Cabral, »Traurige Weise für das Vaterland, das ich liebe«, in: »Rose aus Asche«, hrsg. v. Erwin Walter Palm. München 1955, S. 42; jetzt zweisprachig, Frankfurt 1981.
** Vgl. S. 286 ff.

angeflogen wurde, die die Insel über Puerto Rico mit New York aber auch direkt, oder über Santiago de Cuba, mit Miami verband, stand, wenn man aus dem Zollgebäude herauskam, ein großer Wegweiser mit vielen schräg in die Luft gereckten Armen vor der Piste: Auf diesem Wegweiser in die Luft waren in Kilometern die großen Städte der Welt angegeben, ihre Entfernungen in der Luftlinie: New York, Paris, London, Madrid, Rom, Tokio, Buenos Aires und vermutlich noch Rio und Mexiko. Ja wirklich. Ich habe das auf keinem Flughafen je gesehen, weder vorher noch nachher. Und nirgends hätte es mich auch aufgeregt wie auf der Insel. Es hatte etwas Surrealistisches und doch wieder Handfestes. Wenn ich nicht eigens hingegangen bin an bedrückten Tagen, um mich unter diesen Luftwegweiser zu stellen und seinen Armen nach in die Richtung der Städte zu sehen, die es also gab, anfliegbar, so nur, weil wir unten am Meer wohnten und der Flugplatz weit draußen lag, auf dem Anstieg des Plateaus zum Gebirge hin. Die Städte lagen lange außer Reichweite für uns. Finanziell und in jeder Weise. Irgendwann sahen wir sie auftauchen, einige: Miami als erstes. Den Kontinent.

Wer sich sonst nicht erinnert, der sieht aus den Flugverbindungen schon, daß Santo Domingo zwischen Kuba und Puerto Rico liegt (Enzensberger und Merian haben die Gegend reihum bei uns popularisiert) und daß man nach Westen erst nach Haiti kommt, das auf der gleichen Insel liegt, also der mittleren der drei »Großen Antillen«, und ostwärts nach Puerto Rico, subtropische Inseln im karibischen Meer, welches uns damals von weit stumpferem Blau schien als das Mittelmeer, was aber vielleicht ein Vorurteil war. »Du hast keine Delphine«, warfen wir ihm vor. Es fehlte uns das ganze mythologische Personal, von Arion angefangen. Haie gab es die Menge. Und Schildkröten kann man dort essen wie anderwärts Hühner, und sie schmecken auch ähnlich, nur unappetitlicher. (So labbrig wie Hühner inzwischen bei uns.) Das karibische Meer jedenfalls (jetzt »die Karibik« genannt, siehe Merian) war damals gleich hinter unserem Haus. Oder doch fast gleich. Ich ging im Badeanzug aus der Küchentür. Erst kam ein kleiner gerodeter Platz, fast ein Hof, wo der Kaninchenstall war, auf dessen Dachpappe sich unsere Kater und Katzen in der Sonne räkelten, mehr zu ihrer Freude als zu der der Kaninchen, vermutlich (den einen roch es gut, den andern gefährlich, wie das so ist; wir hätten das nicht erlauben dürfen). »Vivere pericolosamente«, wie Mussolini damals noch forderte, aber sie hatten ja das Gitter. Nein hierüber will ich jetzt nicht weiter reden, jemand sagte, sie hätten sich rascher deswegen vermehrt, aus schierer Angst. Dann war die Feuerstelle zum Kochen der Wäsche da, große Steine, auf denen das Holz geschichtet wurde. Dann war da noch ein nicht mehr benutzter Brunnen, ein einzimmriges Außenhaus, nach Landessitte für das (oder die) Mädchen bestimmt, das aber bei unserm Mieter logierte, und ein als »Garage« bezeichneter Schuppen. Hier, hinter der Küche, wo Kakteen wuchsen und wachsen, pflegte der Wagen des mexikanischen Botschafters zu halten, und der anderer Besucher, die nicht von der Polizei gesehen werden wollten, was sie sicher trotzdem wurden. Hinter dieser Art Hof kamen die Bäume, von denen das Holz gehackt wurde: einfach Äste ab mit einem Buschmesser, es waren rotblühende Robinien darunter, Flamboyants genannt, wie es sie auch in Andalusien gelegentlich gibt, und danach ein knapper halber Kilometer

Steppengras, womit die Kaninchen gefüttert wurden, das aber für ganz andere Tiere gereicht hätte. (Wer Kinder gehabt hätte, der hätte kleine Esel dort gehalten, sie sind auf den Antillen so zierlich wie die Esel der Pantelleria.) Das Steppengras verkam direkt. Das heißt, es wuchs höher und höher, wie es alles Grüne in den Tropen tut, und mußte mehrfach im Jahr für teures Geld geschnitten werden. Wir übernahmen das Ganze unordentlich und im Naturzustand, tadelten die vorigen Mieter und ließen es so. Durch das Gras, das manchmal so hoch war wie ich, hatte ich eine Art »Trampelpfad« hinunter bis zur Avenida Washington (mancher, der dies liest, wird mich an diesem Punkt sogar um meinen Hitler beneiden, obwohl es höchst unbeneidenswert, wenn auch nicht des Trostes bar war). Die Avenida war damals weder befahren noch begangen, zumindest so weit draußen nicht. Ich überquerte sie im Badeanzug und kam in einen etwas verwahrlosten Strandgarten, wo sonntags populäre Tanzfeste abgehalten wurden. An einem riesigen Taubenhaus vorbei ging ich ins Meer. Falls die Nachbarn mich losgehen sahen, sagten sie warnend, und ohne Abänderung die Jahre hindurch: »Señora, und der Haifisch?« Immer im Singular. Aber ich war allein mit den Pelikanen, die über mich wegflogen, morgens nach Osten, abends nach Westen, je nachdem.

Als wir an die Ecke kamen, wo ich die Avenida überquert hatte, da sagte der Freund, der uns abgeholt hatte vom Flugplatz: »Und hier war Ihr Grundstück, erinnern Sie sich?« Alles war natürlich bebaut, denn die Grundstücke waren an die Stadt gerückt. Aber wir fuhren um den Block herum und kamen an unserem Haus vorbei, langsam genug, um das Schild zu lesen, das gleichzeitig mit dem Haus in unser Blickfeld kam. Und um zu sehen, daß das Haus schon leer war. Auch das Nachbarhaus, ein früher stattlicher Bungalow, war verlassen, während auf der andern Straßenseite der damals geplante »Palast der Schönen Künste«, ein großer, neoklassischer Zentralbau mit breiten Treppenaufgängen, zur Verhauptstädterung der Straße beitrug.

Dann fuhren wir zurück auf die Avenida Washington und kamen wieder an die Ecke, wo die Avenida früher zu Ende gewesen war aber jetzt weiterging. Keine Spur war geblieben von dem großen Transparent über dem vorläufigen Ende der Uferstraße, an dem ich täglich vorbeiging und auf dem zu lesen stand: »Trujillo zahlt die Gehälter« (wörtlich: Trujillo zahlt die Schecks). Abends ging die Schrift in Glühbirnen an, aber auch tags war sie gut sichtbar. Die Gehälter wurden pünktlich bezahlt, wenn sie auch meist im voraus verpfändet waren, an die Trujilloregierung, natürlich, und bei den hohen Zinssätzen sehr vermindert zur Auszahlung kamen. Aber in Haiti und in Kuba war eben keine Pünktlichkeit bei der Sache, ein Jahr Verzögerung war dort nichts Besonderes, zumindest damals nicht. Und das war mit dem Transparent allgemein verständlich ausgedrückt.

Kaum setzte man uns im Hotel ab, damit wir uns von der Reise ausruhen könnten, da nahmen wir ein Taxi und fuhren zurück zu unserem Haus. (Ich sage »unser« Haus, weil wir dort so lange gewohnt haben. Zu keiner Zeit haben wir Eigentum an Häusern oder Wohnungen gehabt.)

Etwas über zehn Jahre wohnten wir dort, von den zwölf, die wir in Santo Domingo verbracht haben, genauer gesagt, in Ciudad Trujillo, Trujillo-Stadt, wie sie mit Recht hieß. Das ganze Land hätte nach ihm heißen können. Unterdessen heißt die Stadt wieder Santo Domingo, wie immer seit 1502. »Sie haben Glück«, sagte der Reeder des Schiffes, als wir in Montreal abfuhren, den St. Lawrence hinunter. »Bis vor kurzem herrschte dort ein Tyrann namens Molina. Er soll ein Unmensch gewesen sein. Der jetzige heißt Trujillo und scheint etwas erträglicher.« Der Diktator hieß beides, Trujillo Molina, da die Spanier Vater- und Mutternamen verkoppeln (Rafael mit Vornamen). Viele hat er umgebracht, im großen Haitianerschlachten aber auch laufend. Viele Flüchtlinge verdanken ihm das Leben. Er nahm sie auf, um sein Land aufzuweißen, ohne Ansehen ihres politischen Glaubens oder der Religion und »Rasse«, die spanischen Republikaner und Kommunisten, die sogenannten »Zentroeuropäer«, Verfolgte Hitlers aus Deutschland, Österreich und den reihum besetzten Ländern. Er ließ sie aussteigen. Und das war damals viel. Wer zurückfahren mußte, wurde zu Hause umgebracht. Oder konnte nirgends landen und fuhr von Hafen zu Hafen, bis das Schiff versenkt wurde. Er verlangte keine hohen Geldsummen wie andere Länder, er sortierte nicht nur die Fachleute mit anwendbarem Wissen für sich aus, Elektroingenieure, Brückenbauer, Ärzte etc. Er nahm Intellektuelle wie Handwerker und Bauern, er beschäftigte sie, und er überwachte sie.

Er baute die Universität neu auf mit den Spaniern, eine Kunstakademie, mit den Spaniern, ein Orchester, mit den Spaniern, eine Diplomatenschule, mit den Spaniern. Kaum etwas mit den Zentroeuropäern, die ja zunächst das Sprachproblem hatten, und von denen sich viele in der Landwirtschaft versuchten*, unter ihnen Saul Steinberg, der Karikaturist, der nach dem Krieg in New York weltberühmt wurde. Unsere Intellektuellen waren auch meist früh in die USA gegangen. Wir selber, mit Italienisch und Latein als Brücke, hatten auf der Überfahrt spanische Dichter statt einer Grammatik gelesen und schlossen uns bald den Spaniern an.

Man konnte dem Diktator nicht dankbar sein, man konnte ihm nicht nicht dankbar sein, er war ein furchterregender Lebensretter. Die Bevölkerung war freundlich, und froh, uns zu haben. Besonders die Intellektuellen. Wir brachten »Welt« mit. Wir liebten das Land, in dem wir gefangen waren, was die Unbehaglichkeit nie verliert. Wir verzweifelten dauernd. Wir veränderten viel. Die Verbundenheit, die Freundschaften blieben, als wir nach dem Kriege nach und nach wegzogen, fast alle von uns. Wir begegnen uns, die wir dort waren, als seien wir gemeinsam auf die Schule gegangen. Das sind wir ja auch. Ein »Lernprozeß« von der teuren Sorte. Wir fallen uns um den Hals, wo wir uns treffen, wie Geschwister. Selbst die, die froh waren, einander endlich aus den Augen zu sein.

Daher war dies Haus, vor dem wir jetzt standen, immer nur ein Provisorium gewesen: eine Zuflucht am Rande, wo man nicht weiter weglaufen kann, so weit ist man schon gelaufen, sondern abwartet, ob man weiterleben darf. Ob die Welt wieder aufgeht. Nachträglich hatten sich alle unsere Wohnungen als Provisorien

---

* Über die landwirtschaftliche Kolonie Sosua, ein vertraglich vom Staat konzediertes, von einer amerikanischen Siedlungsgesellschaft finanziertes Projekt an der Nordküste, spreche ich hier nicht, ich sah es erst 1973, als es schon aufgelöst war.

entpuppt, Stationen, immer kürzer. Aber erst nachträglich. Wir waren noch aufs Bleiben eingerichtet. Hier nicht. Aber hier blieben wir länger als irgendwo. Dieser »Rand« wurde eine zweite Heimat, trotz allem, die Menschen, die uns aufnahmen, eine Art zweiter Familie (wie Familie, auf Lebenszeit, wozu es nicht einmal der Korrespondenz bedarf).

»...und in fernen Ländern
schiebt man dir einen Stuhl an den Tisch,
an der Seite der Hausfrau,
und jedes gibt dir von seinem Teller
wenn die Schüssel schon leer ist,
als habe ein Kind sich verspätet...

Und die dunkeln Mangobäume
und die Kastanien
wachsen Seite bei Seite
in deinem Herzen«*

In diesem Hause war es, wo ich im November 1951 plötzlich Gedichte zu schreiben begann: in diesem Zimmer, das auf die Terrasse ging und das einen kleinen runden Erker hatte und immer so grün war, von den Bäumen ringsum und der feuchten Luft, als trete man in ein Aquarium (wo aber neue Mieter unterdes die Bäume mit Sonnenbrechern ausgesperrt hatten. Es waren ja auch wenige übrig geblieben).

---

* 1955 oder 56 in München geschrieben, das erste Gedicht, das ich nach der Rückkehr schrieb. Es erschien zuerst in spanischer Übersetzung, Juni 1957 in Caracola, Málaga, unseren dominikanischen Freunden Manuel A. Amiama und Francisco Prats Ramírez gewidmet.

Unser Garten war nicht mehr gut im Stande, was er ja auch nie sehr gewesen war. Alles war jetzt kahl, eine unfreundliche kleine Wüste. Die gleichen Nachmieter, die wir prompt kennenlernten, waren stolz, hier eine Tanzfläche angelegt zu haben. Wir mißbilligten, innen wie außen, ihre Europäisierungsversuche. Der kleine Gehsteig, die Sträucher, auch die Palmen fehlten und sogar der große pfefferrot-blühende Flamboyant, über dessen Äste abends die Ratten auf unser Dach gelaufen waren. Erst sah man sie, dann hörte man sie springen. Das Zinkdach, auf das sie aufsetzten, war durch eines aus Beton ersetzt, die Holzpfeiler der Terrasse durch solide Säulen aus Zement. Die Agavenhecke, die das Grundstück nach außen abgrenzte und deretwegen Trujillos Offiziere so oft bei uns vorstellig geworden waren, weil das Terrain von der Straße aus unübersichtlich sei, die wir aber hartnäckig verteidigt hatten (»Bringen Sie uns erst einen schriftlichen Befehl des Präsidenten«, sagten wir), sie war verschwunden. (Ob vor oder nach ihm, wer weiß es. Nicht hier hatte ihn die Kugel getroffen.)

Wir gingen um unser Haus herum. Richtig, die Küchentür war nur zugeklemmt. So konnten wir nach 20 Jahren unser Haus ohne Zeugen begehen: wir, seine intensiven Bewohner, und nun seine letzten Besucher, vor den Bulldozern. Wir nahmen es richtig wieder in Besitz, ehe wir gingen. Wir machten überall die Läden auf, an seinen fast unzählbaren Fenstern (mindestens 25 oder 30, es war richtig durchlöchert). Fensterscheiben hatte es auch jetzt keine. Die Risse im Treppenhaus von dem Erdbeben von 1949 waren noch zu sehen. Die Treppe war wie immer mit »Katzenkopffarbe« gestrichen, einem glanzlosen Rotbraun. Wir hatten oben gewohnt, in drei Zimmern, wie auch jetzt, das Erdgeschoß hatten wir vermietet, nur unsere Küche war unten. Wir gingen durch sein Zimmer, öffneten das Fenster neben seinem Schreibtisch, ja, die hellbelaubten Bäume mit den blaßrosa Blüten waren noch da, sie blühen den ganzen Winter. Diese zarten Bäume, das war fast Europa für uns, die dicken ungegliederten Bananenblätter machten uns damals nervös, man versteht das nicht, hinterher. Dann standen wir auf der großen Terrasse, die unsere beiden Zimmer verband, wie das fast immer bei uns ist. Fast immer kann man dem andern ins Fenster gucken, seit der Via Monte Tarpeo. Auf dieser Terrasse fingen wir den Tag an, selten ohne Kaninchen oder Katzen. Lange Zeit leistete uns unser Lieblingskaninchen beim Frühstück Gesellschaft. Es wurde die Treppe heraufgetragen, strampelnd, und manchmal eine Pyjamajacke mit den Hinterbeinen zerfetzend, und saß dann auf dem dritten Stuhl.

Die Kaninchen wurden von unserm Nachbarn angeblich überfahren, aber ganz sicher gegessen, als wir im Sommer im Gebirge waren. Kummer und Ärger dieser Art (auch eine Ente wurde »überfahren«) konnten wir nicht an den Mann bringen. Denn dieser Mann war ein guter und auch reicher Nachbar, und in schwierigen Augenblicken durften wir uns auf ihn verlassen: Er bürgte für uns bei seiner Bank, der New York City Bank, die zwar auch Trujillo gehörte oder mitgehörte, aber als internationale Bank normale Geschäftsgepflogenheiten hatte, so daß das Universitätsgehalt zur allgemeinen Verwunderung – fast zum allgemeinen Ärger – Jahr um Jahr unverpfändet blieb. Ein Einzelfall in der philosophischen Fakultät.

Das Lieblingskaninchen war kein alltägliches und ein Geschenk des deutschen Zoodirektors, des gleichen, der hinterrücks an ein dem Käfig und auch dem Zoo entkommenes kleines Krokodil herantrat, als es auf der – man sieht, nicht übermäßig befahrenen – Avenida Bolivar fast schon bis zum Palast von Trujillo gelangt war, draußen vor der Stadt: ein festes Haus gegenüber der Trujillo-eigenen Brauerei »Präsidentenbier«, alles gut ummauert. Er trat hinter das Krokodil, drückte ihm mit beiden Daumen die Augen zu, dann nahm er es auf den Arm und hob es auf den Lastwagen. Wieso das Krokodil, als er es hochnahm, die Augen nicht wieder öffnete, habe ich nie verstanden. Der Zoodirektor war der einzige Überlebende mehrerer Orinocoexpeditionen gewesen, wie man einander flüsternd mitteilte. Vielleicht hatte sich das Krokodil geängstigt. Der Akt als solcher gehörte für mich zu den Weltwundern, und kommt noch in meinem letzten Gedichtband vor. Unter dem Titel »Vorsichtshalber«:

»Wer den Hund zurückbeißt
wer auf den Kopf der Schlange tritt
wer dem Kaiman die Augen zuhält
den schießt keiner zum Mond...«

Alle diese Dinge sind wirklich getan worden, ich sagte ja, das Gedicht benennt die Wirklichkeit, es erfindet nichts. Die Schlange, darüber äußerte sich der Zoodirektor, als von dem Ausflug des Krokodils zum Landesherrn die Rede war. Den Hund allerdings biß eine ganz alltägliche Amerikanerin in Washington DC zurück. Beide sollen gute Zähne gehabt haben. Der Mond als mögliches Depot politisch Mißliebiger ist, seit ich dies schrieb*, bedenklich in Reichweite gerückt, an politisch Mißliebigen wäre kein Mangel, aber vorläufig ist auf und unter der Erde noch Platz, und die Kosten wären extravagant. Daher muß diese Metapher noch eine Weile uneingelöst bleiben.

Nach dem Frühstück wurde es auf der großen Terrasse zu heiß, erst nach Sonnenuntergang, wenn der Wind gedreht hatte, kam sie wieder zu Ehren, wir saßen dort so lange, allein oder mit Freunden, bis man im Winter sogar eine leichte Jacke oder ein Tuch umhängen mußte. Denn bei der hohen Luftfeuchtigkeit friert man bei 20 oder 22°. Unten im Hausflur, wo die Kofferburg stand, die braunen großen Rohrplattenkoffer aus den 20er Jahren, die wir von unsern Familien mitbekommen hatten, und die auf Balken handbreit über dem Steinboden lagerten, kamoufliert von einem stoffbezogenen Gestell, vermoderten unterdes die Wintermäntel und Jackenkleider und was man in Europa den größeren Teil des Jahres trägt. Mein geliebtes Samtjackenkleid aus Rom, das blaue Hauskleid, manches davon rettbar, manches später gestohlen, alles täglich – eingekampfert oder nicht – feuchter und stinkender. Vorläufig, jedenfalls, von gar keinem Interesse für uns.

Den Tag verbrachte man im Halbdunkel wie immer im Süden. Nachmittags tippte ich im Badezimmer, einem großen Raum mit einer alten Wanne, zu der das heiße Wasser in Kübeln treppauf geschleppt werden mußte, wenn einer krank war. Sonst badeten wir kalt. Im gleichen Riesenraum war auch das Klo, häufig mit einer schönäugigen Kröte darin. Und dort oder auch auf der schmalen Terrasse davor, die den Meerwind hatte,

---

* Erste Fassung 1956, San Rafael de la Sierra.

tippte ich die Nachmittage lang, nur mit einem Unterrock bekleidet. Spät nachts, wenn das Wasser zum Nachspülen kühl genug war, entwickelte ich dort meine Negative (auf Eis) und machte die Vergrößerungen der Architekturaufnahmen für die Veröffentlichungen meines Mannes. An einem Gasrohr wurde ein Eimer, mit einer Kamera mit doppeltem Auszug darunter, mühsam herauf- oder heruntergeschoben. Jeweils ein Kraftakt. (Die Feineinstellung funktionierte normal.) Viele Nächte arbeitete ich dort, bei geschlossenen Läden, der Mond war viel zu hell für eine Dunkelkammer.

Für gewöhnlich aber saßen wir abends auf der vorderen Terrasse, die jetzt den Landwind hatte: auf den geflochtenen Schaukelstühlen, mit ihren Sitzen aus »Sisal«, dem Agavenbast, um den niederen Holztisch mit der großen Stehlampe, alles von einem spanischen Revolutionär, einem guten Schreiner, angefertigt. Das Ganze, außer der Lampe, sein Standardmodell und vielfach verkauft, anstelle der buntgestrichenen Holzschaukelstühle aus dem »Cibao«*, die landauf landab dort üblich waren und sind.

Dort hatten wir auch sehr merkwürdige auswärtige Besuche, von André Breton bis Emil Ludwig, wer gerade durchkam auf dem Wege nach Mexiko oder den US oder, nach dem Kriege, auf dem Heimweg nach Europa. Die Gäste bekamen kalten Tee mit dominikanischem Rum und Tropenzitronen, oder auch den gegorenen, leicht moussierenden Ananassaft. Falls jemand den Whisky oder den Cognac bei uns vermißte, so hat er es zumindest nicht geäußert. (Als ich später in New York die tropischen Getränke in einem Plastikpa-

---

* Nördliche Provinz. Kolumbus' Traumland Cipango.

pierkorb servierte, war es ein Riesenerfolg, alle betranken sich enorm. Ein gerade ziemlich berühmter spanischer Maler zeichnete mich mit einem der eben neu erfundenen Filzstifte auf einen Würstchenteller, ich selber stand auf einer Möbelpyramide hoch an der Decke, warum, weiß ich nicht mehr. Die Zeichnung diente zehn Jahre danach als Umschlag für »Hier«. Auf unserer Terrasse betrank sich eigentlich keiner.)

Meine gedeckten Ananastorten nach der Art deutscher Apfeltorten aber mangels Äpfel mit Ananas (Ananasstücke ziehen mehr Wasser, wenn man sie zuckert, und müssen gut abgetropft werden) waren berühmt. Und ebenso die Sachertorten, die man seinen Freunden zu Weihnachten ins Haus bringen ließ, denn Konditor gab es damals keinen. (Nur einen österreichischen Emigranten. Nicht schlecht.) Diese Kuchen, auch das Brot und die Brötchen, wurden in einer eigenartigen Kochkiste aus Aluminium gebacken, die von einem Kohlenfeuer aufs nächste gehoben wurde, mehrfach während des Vorgangs. Die Glut wurde mit Palmwedeln angefacht, der Herd war so eingerichtet, daß jede Feuerstelle nach unten offen war. Natürlich hat es damals schon viele gegeben, die nicht mehr so kochten sondern elektrisch. Ich weiß nicht, ob auch auf Butan, wie es heute fast alle tun außer den Frauen auf entlegenen Dörfern, und fast auch diese. Es wurde zu uns auch noch das Eis in Blöcken gebracht, wie in Köln zur Kinderzeit, und dann in Säcke oder Zeitungen eingewickelt, während die sehr teuren elektrischen Eisschränke, doppelt so teuer wie im Herstellungsland, schon in jeder Botschaft und auch bei den Im- und Exporteuren standen, meist im guten Zimmer, als eine Art Hausgott, wie es in den Tropen einem Kühlgerät gebührt. Die Intellektuellen, seien es nun hohe spanische Staatspersonen im Exil, die als Professoren an Universität oder Schule tätig waren, oder Maler oder Musiker, taten alles auf altgewohnte antillanische Art, die die billigste war. Nur bei der Wäsche unterschieden wir uns: Die Spanier ließen die ihre in scharfer Lauge weiß werden, wir ließen sie in alten Benzin-Fünfliterkanistern auf Holzscheiten im Hof kochen und mit Stöcken umrühren. Auf Stacheldraht, wie es dort und in ganz Lateinamerika üblich war oder auch ist, hängten sie weder die Spanier noch wir. (Wie wir auch das Fleisch nicht auf Stacheldraht und überhaupt nicht in der Sonne trockneten.) Landesüblicherweise wird oder wurde die Wäsche, wie in den meisten Ländern der »Dritten Welt«, in kaltem Wasser auf Steinen geschlagen, wie man es noch vielfach auch in Südeuropa an den Flüssen sehen kann. Und zwar ohne Rücksicht auf die Person des Eigentümers, die Wäsche der Armen ganz wie die der Gäste von Luxushotels, soweit diese die Wäsche ausgeben. Erst die Waschmaschinentrommel hat diese »demokratischen« Steine abgelöst und die Rücken der Wäscherinnen entkrümmt.

Wie wir also unser Haus begingen, am Nachmittag, aber noch bei gutem Licht, denn wenn es dort dunkel wird, gibt es nichts Schummriges, so nah am Äquator, und sofort ist Nacht, kamen wir auch zu dem historischen Flecken auf dem Fußboden unseres Eßzimmers. Da war er. Die zwanzig Jahre hatten ihm kaum mehr angehabt als die Salzsäure, mit der wir es versucht hatten. Gewöhnlich werden oder wurden solch einfache Holzböden dort mit Sand und Bürste gescheuert, wie früher in Europa auch. Der Flecken unter unserem Eßtisch, der seither ja mit dem Fußboden selbst beseitigt ist, war ein memorabler, und ich wundere mich heute, wieso wir überhaupt versuchten, ihn loszuwerden.

Unser Eßtisch und die Stühle waren fast wie unsere heutigen, nur rustikaler, beide ja von spanischen Handwerkern gemacht. Statt des spanischen Nußbaums benutzten sie Mahagoni (wie ich die Äpfel im Kuchen durch Ananas ersetzte). Ungeglänzten, gewachsten Mahagoni (nicht den polierten wie bei deutschen Ehebetten). Die Stühle waren gerade und hoch und streng spanisch, mit sisalgeflochtenem Sitz. Einer unserer extravagantesten Gäste, Emil Ludwig, schob den strengen spanischen Stuhl zurück und legte sich der Länge nach auf den Fußboden, um Kopf an Kopf die beiden Kater mit gebratenem Perlhuhn zu füttern. Das kommt nicht alle Tage vor. Sonst hätte der Fußboden ja auch ganz anders ausgesehen. Es war Ludwigs erster Abend bei uns. Gerade war die Schrecksekunde, in der er unsere deutsche Bibliothek ansah – die deutschen Bücher standen im Eßzimmer, und, wie alle unsere Bücher, waren sie chronologisch und unmißverständlich geordnet –, von uns allen schweigend ausgehalten worden. Wir begannen, ihn zu mögen, wie er da vor dem Regal stand und wortlos feststellte, daß er fehlte. »Die Biographien bekommen wir nachgeliefert, eine Kiste voll«, dachten wir. Aber er schickte uns ein einziges schmales Buch, »das unverkäuflichste meiner Bücher«, wie er schrieb, »Tom und Sylvester«, ein intimes und liebenswertes Versepos.

Als wir ihn, eine Woche nach diesem Abend, auf den Flugplatz brachten, wo der Wegweiser, shiwa-gleich, die vielen Arme in die Luft hob, sahen wir ihn beklommen abfahren, und keineswegs der Bücher halber. Fassadenkletternde Studenten waren nachts in seinem Hotelzimmer erschienen – er wohnte in dem Appartement des Präsidenten –, um ihm die überraschende Mitteilung zu machen, das Land werde undemokratisch regiert, wozu sie Einzelheiten beibrachten. Das war einer von mehreren Vorfällen, weswegen wir dem Flugzeug kleinlaut nachgesehen hatten. Wir waren ihm beigeordnet gewesen, es gab keinen zweiten deutschen Professor an der Universität, wir waren in einem Wagen mit der Nummer 1 mit ihm durch Stadt und Land gefahren, die Biographie des Diktators, deretwegen er eingeladen war, würde er auch nicht schreiben, und nie würden wir nachweisen können, daß wir unser Bestes versucht hätten.

So standen wir neben dem Luftwegweiser, er fuhr nach New York, das es wirklich gab, wir blieben auf dem Boden der Insel, paßlose Menschen, so gut wie eingemauert.

Sein kleinster Witz in Washington über die Fassadenkletterer im Luxushotel der ausgezeichnet bewachten Stadt, die Emil Ludwig baten, ihr Befreier zu sein, oder auch ein Gespräch über die Biographie hätten uns das Leben kosten können. – An einem neugebauten Hospital bald hinter der Stelle, wo früher das Transparent gewesen war, sahen wir bei der Einfahrt 1973 groß den Namen eines Freundes, eines jungen Arztes, dessen nordamerikanische Gäste weniger diskret gewesen waren: eine späte Ehrung für den Ermordeten. Ich lernte damals, daß Ertrunkene angeschwollen sein müssen, sonst sind es Tote, die man in den Hafen geworfen hat. (Deswegen war es auch meine erste Frage, ob mein Freund Fritz Bauer, der Generalstaatsanwalt, dick oder dünn war, als man ihn in seiner Badewanne fand.

Obwohl es in seinem Fall wenig geklärt hätte.) In dem Labor dieses Arztes durfte ich mit Hilfe der Leicaapparatur, die er für seine biologischen Präparate benutzte, Abbildungen aus Kunstbüchern reproduzieren. Bei einer solchen Gelegenheit lag auch das amputierte Negerbein im Labor, von dem ich in »Bericht von einer Insel« erzähle. Übrigens war es der einzige nahe Freund, der uns auf diese Weise umkam, in den zwölf Jahren.

Daß er eine »Reihe« eröffnet hatte, unter unsern Bekannten, sah man erst viel später, nachdem die meisten von uns schon fortgezogen waren. – Der nächste war ein spanischer Professor, der eine Zeitlang Privatsekretär von Trujillo gewesen war (übrigens nur ein sporadischer Besucher unserer Terrasse). In Mexiko schrieb er ein Buch: »Ich war der Privatsekretär von...« Dies Buch war negativ und wurde von Trujillo gekauft. Daraufhin schrieb er es neu: »Ich war Privatsekretär...« Diesmal positiv. Das zweite Buch wurde gleichfalls von Trujillo gekauft, diesmal auch verteilt. Ich sehe es noch vor mir: in dunkelgrasgrünem Karton, mit einem altmodischen Tintenfaß und zugehöriger Schreibfeder darauf. (Es wurde uns von der Universität nachgeschickt, zwei Exemplare, für jeden eines.) Als wolle er d'Annunzios makabres Spiel mit dem »Feuer« übertreffen, schrieb der Autor das Buch zum drittenmal. Daß er bei diesem Vorhaben einen tödlichen Autounfall erlitt, lag vielleicht in der Natur der Sache. – Weit seriöser lag der Fall des Basken, der in Columbia University seine Lokalkenntnisse als Doktorthese verwertete. In 117th Street und Broadway wurde er das letzte Mal gesehen. Die internationale Presse regte sich auf. Daß auch die Doktorarbeit verschwand, bemerkte keiner. (Sein Tod wurde in Farben ausgemalt, würdig Malraux's »Condition humaine«. Aber niemand hat Sicheres gehört.) – Ein näherer Freund von uns, ein Katalane, wurde auf einer Geschäftsreise auf dem bekannten Flugplatz aus dem Flugzeug geholt, gleichfalls für immer. All dies war nach unserer Zeit, in einem Augenblick erhöhten Widerstands und erhöhter Repressionen. Wir hatten die »ruhigsten« zwölf Jahre erwischt. »Wenn einer einen Revolver auf der Straße liegen sah, zur Zeit von Trujillo, dann ging er auf die andere Straßenseite«, sagte 1973 fast melancholisch ein Taxifahrer zu uns, als das Radio die Mordtaten der letzten 24 Stunden aufzählte. Das Eine wie das Andere eine landesübliche Kalamität; die Encyclopedia Britannica, die wir vor unserer Abreise am Bristol Channel nachgeschlagen hatten, war ohne beruhigende Auskünfte: Das Land hatte durch seine Geschichte hindurch so ausgesehen, wie ein immer größerer Teil der Welt heute.

Auf jeden Fall, Emil Ludwig hielt dicht. Und nach einem halben Jahr hörten wir auf, Angst zu haben.

Heute noch habe ich sein sehr ungewöhnliches Abschiedsgeschenk. Er kaufte in einem »Giftshop« einen eingelegten kleinen Mahagonikasten, dann ließ er zu unserer Verblüffung den Fahrer des Wagens 1 auf dem »Kolumbusplatz« vor der Kathedrale halten, dem Hauptplatz der Stadt, und befahl ihm durch unsern Mund, auf das Diktatorenauto zu steigen und Blütenzweige von den damals dort stehenden Oleanderbäumen zu pflücken. Wir waren jenseits von Schrecken und Bewunderung. Das Zudrücken der Augen des Krokodils mußte daneben als eine vergleichsweise alltägliche Routineverrichtung erscheinen. Später überreichte er mir den kleinen Kasten mit den Oleanderblüten darin. Auf den Blüten ein Kärtchen mit ein paar Gedichtzeilen. Und – wie er das fertig gebracht hatte, weiß keiner – wie ich es öffnete, flog ein Schmetterling heraus. Der kleine Kasten steht neben meiner Couch auf dem Boden und ersetzt mir die Schublade eines imaginären Nachttischs. Immer, wenn er auseinanderfallen möchte, leime ich ihn.

In Santo Domingo gibt es fast keine Mahagonischnitzereien mehr, weil alles abgeholzt ist und die überlebenden Bäume unter Schutz stehen. Damals gab es eine Flut von Mahagoniartikeln, in den Grenzregionen wurde Mahagoni sogar zu Brennholz zerhackt.

Trotz all dieser Herrlichkeiten zankten wir uns mit Ludwig aufs heftigste, zum Beispiel über die zu dieser Zeit noch müßige Frage, ob Deutschland wieder die schwarzrotgoldene oder, wie er es sich vorstellte, eine weiße Dauerfahne haben solle. Hier schlage ich im Rowohlt-Literaturlexikon nach und lese den winzigen Artikel über die Ludwigschen Biographien. Man würde kaum denken, daß bei einem großen Fußballspiel in den USA 1941 der Sprecher verkündete: »Unter Ihnen sitzt Emil Ludwig und sieht sein erstes amerikanisches Fußballspiel«, und daß die Tausende aufstanden zu seiner Begrüßung. Ganz wie sie in Buenos Aires oder in Rio aufgestanden wären, wo er heute noch gelesener ist als bei uns, ähnlich wie der andere internationale Erfolgsautor, Stefan Zweig.

Aber ich berichte hier nicht von Ludwig, sondern von unserem Haus, in dem er oft gesessen hat, abends auf der großen Terrasse, wie alle unsere Gäste, und mittags auf der schmalen hinter dem Badezimmer. Während Frau Ludwig im Hotel Siesta hielt, saß er dort und übertrug mit meinem Mann um die Wette ein Tassogedicht aus dem Italienischen: ein verblüffend kindlicher und spontaner Mensch, dieser Prototyp des »Asphaltliteraten«.

Von der hinteren Terrasse sprangen die Kater in kühnem Sprung in den Garten. Auf der vorderen wartete ich manchmal mit Unbehagen, einem Unbehagen, das glücklicherweise immer unbegründet blieb – Ludwigs Abreise war keineswegs unser einziges Kopfweh –, bis E. zwischen den Palmen an der Avenida auftauchte.

Auf der vorderen Terrasse, nicht auf der hinteren, saß mehrfach André Breton. Das erste Mal, als er aus Frankreich nach New York über Santo Domingo und Haiti gereist kam. (Anna Seghers und Victor Serge, die 1941 durchkamen, auf dem Weg nach Mexiko, versäumte ich leider. Sie hielten einen Tag lang Hof in dem spiegelbedeckten Café unter dem »Ateneo«. Serge füllte die Stadt mit schwarzen Prophezeiungen. Es scheint, er überschätzte die verführerische Wirkung deutscher Nylonstrümpfe auf die russische Bevölkerung. Und 1945 oder 46, als Breton den gleichen Weg sozusagen hinter sich aufrollte, als er nach Paris zurückfuhr. Und viele Spanier natürlich, darunter auch manche aus dem Zirkel García Lorcas. Und Lateinamerikaner, Wissenschaftler, Poeten, Musiker, Bildhauer, Maler. Und schließlich Menschen überallher.) Ich weiß nicht, wieso ich bei dem Betreten der Terrasse als erstes unser Frühstück mit dem Kaninchen erwähnt habe. Wilfredo Lam, der chinesisch-cubanische Maler mit seiner deutschen Frau, der furchtbare Zuckerrohrgötzen malte, das war noch in unserem ersten Haus, das noch steht und vorläufig auch nicht bedroht scheint, obwohl es ein viel schlechteres Haus ist.

Dort hatten wir die am Bristol Channel eingepackten Bücher wieder ausgepackt. Keineswegs sofort, keineswegs alle aus den gleichen Kisten, in die wir sie am Fuß der Treppe gelegt hatten. Die englische Transportfirma hatte einen Teil der Kisteninhalte in einen Lift gepackt, zu den römischen Möbeln, die aber mangels Geld nicht verschickt werden konnten. Vielmehr wurden sie in London auf dem Kai versteigert, samt aller Bettwäsche darin: ein wahres Osterei für den Erwerber. Die Bücher packte meine Mutter alleine, während des »Blitz«, auf dem Dock von London wieder in Kisten. Sie war den Umgang mit Büchern nicht gewohnt und tat es pflichtgetreu aber weinend. Vater war da schon eingelocht, als Deutscher. Sie benutzte viel zu große Kisten, die an den Ecken brachen. Aber das meiste kam an. Das Schiff, das die Bücher über den Atlantik brachte, wurde erst auf der Rückfahrt versenkt, obwohl wir die Ladepapiere und die Mitteilung, daß es versenkt war, gleichzeitig bekamen. Zunächst lagerten wir die Kisten unten zu ebener Erde in einem niederen Souterrain. Keller haben diese Häuser nicht, sie sind noch Abkömmlinge des Stelzenhauses, wie man es im Innern der Insel und auch noch in den Städten sieht. Bei Zyklongefahr wurden die Bücherkisten herauf in die Wohnung geschleppt (das einzige Stockwerk lag wie ein Hochparterre), unter Mithilfe aller Jungen der Nachbarschaft. Und die Türen wurden vernagelt, wie es dort Sitte war und ist.

Unser erstes Haus hatte damals schon ein Zementdach, was bei Zyklonen ein großer Vorteil ist. Nur bei Erdbeben empfiehlt sich ein Zinkdach, weil es so elastisch mitwippt wie eine Konstruktion von Frank Lloyd Wright. Das Zinkdach unseres zweiten Hauses soll in der Tat bei dem großen Zyklon von 1930 weggeflogen sein, das neue, so tröstete man uns, sei mit besonders guten Schrauben angeschraubt. Wir zögerten, der Bücher wegen, denn Zyklone kommen regelmäßiger als Erdbeben, mindestens eine »Warnung« pro Sommer. In den ersten Jahren packten wir die Bücher dann ein, für den Fall, daß das Dach wieder wegflöge. So heroisch bleibt man nicht. Schon gar nicht bei der Hitze.

Auch das Erdbeben von 1949 haben die beiden Häuser überstanden. Das neue, das das leichtere Dach hatte, war dafür dicht am Meer, und die Wellen schwappen bei Erdbeben oft haushoch. Ich floh nicht in die Oberstadt, wie viele Bewohner der Avenida. Im Gegenteil, ich hatte meinen Mann gerade zum Flugplatz gebracht und hatte Mühe, gegen den Menschenstrom nach unten zu kommen, zu dem Haus und den Büchern, eine Loyalität, die niemand anerkannte.

Erdbeben sind übrigens das erste, was dem Deutschen zu »Santo Domingo« einfällt. Oder einfiel, der älteren Generation. Kleists »Erdbeben von St. Domingo«, eine Assoziation, die in doppelter Weise irreführt. Denn Kleists Erzählung heißt »Die Verlobung in St. Domingo« (»Das Erdbeben« war das in »Chili«) und spielt auch nicht in Santo Domingo, sondern in Haiti, dem westlichen Nachbarstaat, einer Negerrepublik französischer Tradition, wo heute noch jeder einwandernde Neger sofort das Bürgerrecht hat, wie jeder Jude in Israel. Während die Dominikanische Republik, mit der Hauptstadt Santo Domingo (deutsch fälschlich *San* Domingo, weil für Deutsche Heilige offenbar Italiener sind), von Mulatten bewohnt und eine Tochterrepublik Spaniens ist. Beide extrem verschiedenen Temperaments: die Dominikaner ernst und bemüht, »mit ihrem ewigen hohen C«. Die Haitianer, bei krasser Armut, lustig und unbekümmert.

Von unserm ersten Haus, das in seiner heutigen Umgebung nur mit Mühe wiederzufinden ist, und in dem wir uns in das Land eingewöhnten, erzähle ich hier nicht. Der »einohrige Kater« hat dort mit uns gelebt. Über unsere Ankunft und den Kater schreibe ich in »Berichte von einer Insel. Kindern erzählt«.* In diesem Haus war es, wo der erste unerwartete Besuch abends an die Haustür klopfte. Ein fremder dunkelhäutiger Mensch in einem Kakitropenanzug schien uns damals doppelt fremd und gefährlich und war vielleicht einer der Polizisten Trujillos. Er lachte, als er unser Mißtrauen sah, und nannte beruhigend seinen Namen. Soundso schicke ihn. Wir lachten, als er den ersten eisgekühlten Kaffee seines Lebens als Zumutung zurückwies. Kaffee war etwas Heißes, das nicht in Gläsern sondern in kleinen Täßchen ohne Untertasse serviert wurde. Beiderseits haben wir es nie vergessen. Er war ein Medizinstudent und dann lange Zeit unser Arzt.

In diesem ersten Hause hatten wir zunächst ein geliehenes Radio, für die Kriegsnachrichten. Dann einen Telefunken Tosca, den wir in einer kümmerlichen Hütte der Oberstadt, die damals die Hüttenstadt war und heute die Wohnstadt, alt erwarben, und der uns zwölf Jahre hindurch treu und ohne eine einzige Reparatur gedient hat. Wir hingen an den Nachrichten aus Europa wie an einer Nabelschnur. Aber die BBC und die amerikanischen Sender brachten auch ausgezeichnete Musikprogramme, wie sie heute undenkbar sind.

Eines der Hauptereignisse, allerdings schon später, in dem neuen, an Ereignissen reichen Haus, war der Erwerb eines in den Tosca einzustöpselnden Platten-

---

* Vgl. unten S. 286 ff.

spielers (wer kümmerte sich damals um HIFI und Verstärker!). Der Plattenspieler war sündhaft teuer wie alle Importe. Ich hatte ihn gekauft, auf die Zusage vieler Freunde, daß wir ihre Platten spielen dürften. Bis zu unserer Abreise dort haben wir nie auch nur eine einzige Platte besessen. Es bildete sich eine Art Gewohnheit heraus: Wer von unseren Freunden und Bekannten – oft Diplomaten und Minister, bei denen das Reisen zum Beruf gehört – nach London oder in die USA fuhr, der rief an und fragte: »Was für Platten soll ich mitbringen?« So trug E. zum Aufbau von Diskotheken bei, deren Nutznießung wir hatten. Erwähnt seien auch die wunderbaren Platten des British Council, die über die englische Botschaft kamen. Der Standard war damals ungemein hoch, und wir feierten Musikorgien, die uns für Konzerte nahezu verdarben.

Daß es nach dem Krieg war, sieht man schon daran, daß wir statt des Laufjungen ein Telefon hatten. Die Anschaffung des Plattenspielers war vermutlich unsere Reaktion auf die Abreise des spanischen Komponisten und Dirigenten Enrique Casal Chapi, eines früheren Mitarbeiters von Lorcas fahrendem Theater, »La Baraca«, der bald nach dem Krieg ein Orchester in Montevideo übernahm. Ich sehe ihn noch zwischen den Palmen auftauchen, niemand nächst den Bewohnern kam so oft in das Haus. Niemand hat so Scarlatti gespielt. Niemand luzider oder rascher mit mir E.'s spanische Texte verabschiedet. Niemand war witziger auf Kosten anderer. Wieviel Kummer haben wir miteinander weggelacht. Er allein hätte ein Madrid ersetzen können. Und doch gehörte er zu jenen, deren Kreativität durch das Exil und die zermürbende Kleinarbeit einen Knick bekam. Zu zweit ist man beschützter.

In diesem Hause wurde auch das Buch über »Die Baudenkmäler der Insel Hispaniola« trotz aller Schwierigkeiten vollendet. Mit einem kulturhistorischen Teil. Als ein Trost und Gegengewicht gegen das 1939 abgebrochene Buch über die römische Architektur auf dem Hintergrund der römischen Religionsgeschichte. Wenn es dann auch nicht gleich gedruckt werden konnte, sondern erst Jahre nach unserem Weggang, 1956/57, in Spanien. In der berühmten Druckerei von Seix y Barral.

In diesem Hause wurde das Denkmalschutzgesetz der Republik entworfen. E. war unterdes Berater der Kommission für Denkmalpflege. Ich bekam bald nach dem Krieg den Lehrstuhl für Deutsch.

In diesem Hause, wo wir von der Hand in den Mund lebten, solange die »Hand« gesund war, ohne einen Cent Rücklagen, ohne Bankkonto und ohne Versicherungsschutz – Sozialversicherung schon gar nicht. Wer eine Unterrichtsstunde ausfallen lassen mußte, krankheitshalber, bekam sie auch nicht bezahlt. Erst nach dem Krieg wurden feste Monatsgehälter eingeführt – allerdings auch ohne Arztrechnung. Nur Medizinen und Analysen und Röntgenaufnahmen kosteten, die ärztliche Hilfe wurde Tag und Nacht herzlich geleistet und uns nie berechnet. Wie überhaupt die Hilfsbereitschaft der Dominikaner beispielhaft war. Notleidenden Emigranten wurde am ersten Weihnachten nach ihrer Ankunft die gezahlte Miete von den Hauseigentümern zurückgebracht. In mehr als einem Fall. Allerdings, verdienende, mitverdienende Emigranten, die teilhatten am kleinen öffentlichen Budget, wurden befehdet. In mehr als einem Fall. Die Intrigen waren oft operettenreif. Aber das passierte nicht nur den Fremden, sondern ebensosehr den Einheimischen: das Gezerre um den kleinen Topf. Und nie, in keinem Falle, wurde man von seinen Freunden im Stich gelassen, sondern getröstet, beraten, verteidigt, als sei man dort geboren und gehöre dazu.

»In diesem Hause, wo« hatte ich den Absatz angefangen. Aber wie könnte ich die Summe des Lebens in dem Hause ziehen, ohne daß mir der Dank an diejenigen dazwischen geriete, ohne die wir nicht durch- und vielleicht nicht, oder doch nicht so, herausgekommen wären.».... *Y sin dinero y sin renta / en el punte que trajo se sustenta*« (»und ohne Geld und ohne feste Bezüge / bewahrt er seinen Lebensstandard«), wie es von den spanischen Ankömmlingen im 16. Jahrhundert gesagt wurde – so einfach war das im 20. Jahrhundert nicht.

»In diesem Hause«, fange ich also wieder an und sehe schon, wie der Satz sich von neuem an Erinnerungen überfrißt. In diesem Hause, wo wir mit einer Rolleiflex und schließlich auch einer Leica (beide noch bei uns, jubiläumsreif. Die Rollei bald 40 Jahre. Die Leica kann ihr 25. feiern), mit der Remington Portable, die ich zum Abitur bekommen hatte (nein, die fiel auf dem Rückweg in Porto Rico aus dem Flugzeug und war sofort tot), mit einem alten Telefunken Tosca und mit einem Plattenspieler, und mit unsern Büchern, Tieren und Freunden lebten und überlebten, da öffnete sich die Welt auf viele Weisen für uns. Materielle und immaterielle.

Von diesem Haus aus fuhr E. durch ganz Süd- und Mittelamerika, immer auf Einladung von Universitäten und Kongressen, damals mit einem (meist offiziellen) dominikanischen Ersatzpaß. (»Geboren in Frankfurt in der Dominikanischen Republik, Vertreter der Universität Sto. Domingo« stand einmal auf einem solchen Papier.) Dort erhielten wir die ersten deutschen Zeitungen, Nummern der »Neuen Deutschen Zeitung« und der »Gegenwart«. Jahnns »Holzschiff«, Benns »Statische Gedichte«, Eichs »Abgelegene Gehöfte« kamen noch dort zu uns. Und es besuchte uns ein Student aus Heidelberg, ein überaus forscher und gewandter junger Mann, der dort Tropenmedizin lernen wollte. Er hatte seine Kranken in der nächsten kleinen Stadt an die Bettfüße angebunden, als er sonntags bei uns auf der hinteren Terrasse erschien. Er stellte den Kontakt zu Deutschland mit der ihm eigenen Fixigkeit her: zu Heidelberg, zu Bonn. Er verbreitete die Nachricht, daß wir noch lebten, bei Freunden und Lehrern aus der Studentenzeit. Und unmittelbar hinter E.'s »Guggenheim Fellowship«, die ein gemeinsames Jahr in den US für uns bedeutete, kam – wir waren schon in New York – die Einladung des Deutschen Akademischen Austauschdienstes.

Ich erzähle hier nicht von dem winzigen Haus auf Vinalhaven in der Penobscot Bay im Staate Maine, wo man so hoch im Norden ist, daß das Meer schon wieder südliche Farben hat, und wo in den Basaltbrüchen der Lorbeer wächst wie in Italien, und die Möwen die Müllabfuhr besorgen. Obwohl ich dort »Wen es trifft« geschrieben habe, das letzte Gedicht, das ich vor der Rückkehr schrieb, und das, wie ich jetzt weiß aber damals nicht wußte, die Rückkehr in ihrer ganzen Ambivalenz vorwegnimmt.

Ich fuhr noch einmal zurück in das Haus, im Februar 54, und packte mit einem jungen rumänischen Dichter, der erst nach dem Kriege gekommen war, die Bücher in Kisten. Nur Voltaire mußte dran glauben, die Kehler Ausgabe, 72 Bände. Ihn und Friedrich den Großen, gleichfalls eine Ausgabe aus der Zeit, verkaufte ich, um

Geld für die Überfahrt zu haben. Die Kisten ließ ich, eingelötet in Zinkkisten, im Eingang des Hauses zurück: eine Art Festung, eine volle Eisenbahnladung. Die uns fast zehn Jahre später von unserem früheren Untermieter, der das Haus übernahm, nach Heidelberg nachgeschickt wurde. (Über ihre Ankunft im Hainsbachweg habe ich in den »Bücher-›Grillen‹« berichtet.*)

Rückblickend sehe ich beim Schreiben, daß heißt jetzt, im Januar 74, daß es dieses Haus war, wo das Leben neu für uns angefangen hat, unser jetziges Leben. Beide wechselten wir dort den Beruf, ich die Existenz. Mein Mann, von der klassischen Antike zur spanischen und spanisch-amerikanischen Kunst- und Kulturgeschichte. Von dort aus wurde er auf dem ganzen amerikanischen Kontinent und dann auch in Europa bekannt. »Man kann es von dem kleinsten Punkt aus tun, vom abgelegensten«, sagten wir uns wieder und wieder, wenn wir das Inselgefühl hatten. Ich fing in diesem Haus zu schreiben an, im November 51, kurz nach dem Tod meiner Mutter.

Vor allem war es das Haus, in dem die Verfolgung aufhörte, und wir uns langsam wieder daran gewöhnten (ich halte den Atem an, wie ich dies schreibe), daß keiner hinter uns her ist.

Vielleicht war es kein schlechtes Zeichen, daß die kleine Schreibmaschine, die mich all diese Jahre begleitet hatte, in Porto Rico aus dem Gepäckabteil des Flugzeugs viel und zersprang. Und daß mein Koffer die Mitteilung der Schreibmaschine wiederholte, bei der Landung des Schiffs in Bremerhaven. »Das Schiff war höher als ein Haus. Der Kran öffnete sich zu früh, einer

---

* Siehe unten S. 139 ff.

der Koffer löste sich und fiel aufs Pflaster. Der meine. Er war aufgeschlitzt, diagonal, von Ecke zu Ecke. Nichts war herausgefallen. Nur der Koffer war demonstrativ ans Ende seiner Reise gelangt. Der Koffer, mit dem ich weggefahren war.«*

V

Vielleicht wäre es mir nie eingefallen, über »meine Wohnungen« zu schreiben, wohnte ich nicht hier in Heidelberg hoch über dem Neckar, im Anblick all meiner Studentenzimmer: als sei ich niemals von hier fortgegangen. Als sei alles nach Vorschrift verlaufen, ich habe dort unten studiert, in diesem Gebäude, über dessen Eingang Gundolfs Worte stehen: »Dem lebendigen Geist« (wieder stehen wie damals. Zwischendurch stand dort »Dem deutschen Geist«). Als habe ich dort unten in der Mensa im Marstallhof, die auch weiter die Mensa ist, vor soundsoviel Jahrzehnten einen Studenten getroffen, mit dem ich dort in der großen Aula, die noch dieselbe ist, in Jaspers' Vorlesungen und Seminaren gesessen habe, Zettelchen austauschend, und den ich dann nach den beiderseitigen Doktorexamen geheiratet habe, und der jetzt in Heidelberg Professor ist (wenn auch in einem anderen Fach), wie er es schon als Student gewünscht hatte.

Als sei dies ein Film, aus dem nur der Mittel- und Hauptteil weggeschnitten zu werden braucht, und die beiden Enden passen nahtlos zusammen. Aus dem

---

* »Das zweite Paradies«, Neuausgabe 1986, S. 138. Text leicht verändert.

Leben wird nichts weggeschnitten. Diximus hesternae die, »Ich fahre fort, wo wir stehen geblieben waren«, sagte Jaspers, wie er es immer am Anfang seiner Stunde tat, als er 1945, nach etwa zehnjähriger Unterbrechung, seine Vorlesung im alten Hörsaal wieder aufnahm.

22 Jahre waren wir weg, als wir in Bremen landeten. Aber bis wir in Heidelberg wieder seßhaft wurden, waren es knapp drei Jahrzehnte, daß wir die Stadt und damit Deutschland verlassen hatten. »Du verläßt das Land deiner Geburt..., der Tag deiner Auswanderung steht fest. Es war ein guter Tag, denn du konntest noch aufrecht fortgehen, du fielst nicht mit dem Gesicht auf den Boden, weil du von rückwärts gestoßen wurdest. Niemand hat dich hinausgeworfen, beinahe bist du von selbst gegangen. Es ist wichtig, nicht öffentlich beschämt zu werden. Du brauchst niemandem zu erzählen von dem Weidenbaum, unter dem du geweint hast, ehe du gingst. Ein kleiner Weidenbaum, er wäre jetzt groß. Wir haben ihn gesucht, aber der Fluß ist eingedämmt, wo er stand.«* Die Wohnung, am Ende von Neuenheim, fast schon in Handschuhsheim, je nachdem wie man es rechnet, das wäre zu meiner Studentenzeit weit draußen gewesen. Heute ist sie ganz nah, die Städte sind zusammengerückt, überall auf der Welt. Neue Vorstädte sind heute am Rande.

Es war im Winter 60/61, als wir in Heidelberg eine Wohnung bekamen, wie die Menschen sie haben, die erste, die keine Fluchtwohnung war seit 1936, wo wir in das alte Heim der Duse zogen auf dem Kapitol. Alle Koffer, alle Bücherkisten kamen aus Santo Domingo, aus Madrid, aus München, aus Frankfurt (nur zunächst

---

* »Das zweite Paradies«, S. 85.

in den Keller, weil es dauerte mit den Regalen). Der Kirschbaum vor dem Fenster, der noch kahl war, stand bald voller Blüten. Und die Forsythien. Und vor dem Badezimmer ein Weißdorn. Und die großen Kastanienbäume bereiteten sich vor. Viele Vögel. Zwei zahme Eichhörnchen. Sogar eine nette Zugehfrau. Wenn es auch keine Wohnung auf dem Kapitol war oder über dem Prado, war es doch vielleicht die netteste, die ich je gehabt habe. Nie hatte ich es so gut und bequem. Eine wunderbare Szene. Nicht immer ist das Stück für die Szene geeignet.

»Wir sind unterdes weitgehend eingerichtet«, schrieb ich im Mai 61 an Eichs. »Manchmal denke ich, wir haben unter Beweis gestellt, daß wir die Halme zu einem ordentlichen Nest zu zupfen verstehen, wie andere Leute, ja mindestens wie andere Leute, ich meine, richtig brütende Vögel. Nun könnten wir uns bei der Hand fassen, und diesen Beweis stehen lassen, und all die angeschaffte Habe, und irgendwohin gehen, wo wir ein Bett und einen Tisch haben (jeder jedes, versteht sich). Vielleicht finden Sie es morbide, vielleicht verstehen Sie es. Die Bäume sind unübertrefflich gut um das Haus gruppiert und innen ist alles heiter. Auch eine Nachtigall ist da.« Über die Rückkehr hatte ich vorher aus Madrid geschrieben: »...dies neue Leben in Heidelberg, zu dem, wie die Dinge liegen, soviel Mut gehört, daß man ihn kaum aufbringen kann. Denken Sie, diese Rückkehr scheint mir mehr Mut zu erfordern als unsere früheren ›Beginne‹, die doch auch kein Jux waren. Santo Domingo, ach Sie glauben nicht, wie es war, als wir an einer trostlosen Küste in strömendem Regen, die Luft zum Schneiden dick, im Sommer 1940 von einem kleinen Wasserflugzeug abgesetzt wurden.* Und doch war alles unbekannt, wenn auch niederdrückend in vieler Hinsicht. Jetzt weiß man, was man fürchtet, und fast finde ich das schlimmer.«

Als ich das erste Mal zu dem Haus kam, mit den Schlüsseln, aber allein, merkwürdigerweise – sicher bin ich sofort hingelaufen, am Morgen nach meiner Ankunft aus Madrid, wir wohnten zunächst noch im Hospiz an der Alten Brücke –, da war das erste, was mich aufregte, der Briefkasten, der außen am Hause war, noch ehe man die Außentreppe hochging, die zu dem turmartigen Treppenhaus führt. Es war der erste eigene Briefkasten in meinem Leben. Erst hatte es den Briefkasten meiner Eltern gegeben: im Hochparterre, ich sehe es noch, waren die Briefkästen des ganzen Hauses. Dann hatte ich immer Studentenzimmer gehabt. In Rom nimmt die Portiersfrau die Post an, was ihr damals auch ermöglichte, für die faschistische Polizei eine Art Kontrolle durchzuführen: keine ergiebige, sie war nicht sehr belesen. In England wird die Post unter die Haustür geschoben oder durch einen Schlitz auf den Flur geworfen. In Santo Domingo kam der Briefträger geradelt und gab die Post unten in der Küche ab. In den US wohnten wir in einem Logierhotel. In Spanien wieder gibt es die Portiersfrau, die aber alles ordentlich in ein Fach tut, als wohne man in einem Hotel. Ich war also fast fünfzig Jahre alt geworden, als ich zum erstenmal einen Briefkasten und einen Briefkastenschlüssel bekam.

Sofort machte ich den Briefkasten auf, obwohl ja nichts darin sein konnte, denn wir wohnten noch gar nicht dort. Es war für mich ein Spiel, einen Briefkasten

---

* Vgl. »Berichte von einer Insel«, unten S. 286 ff.

zu haben. Irgend jemand spielte mit, es lag ein Brief darin. Er war von einem Rosenzüchter in Zweibrücken, der die Adresse vom S. Fischer Verlag bekommen haben mußte. Er habe gerade meinen Band »Nur eine Rose als Stütze« gelesen, und ob er mir Rosenstöcke schicken dürfe. Diesen Brief bekam ich, noch ehe ich die Wohnung, die erste »normale« Wohnung meines Lebens, betreten hatte. Und es war auch das erste Mal, daß ich in der Lage war, etwas so »Solides« wie Rosenstöcke anzunehmen. Ich hatte neun Jahre aus Koffern gelebt, zur Untermiete. Aber jetzt war ein Garten da, wenn er auch zum Erdgeschoß gehörte und ich auf die Rosen nur von der Terrasse heruntergucken konnte. Und noch ehe wir richtig eingerichtet waren, kamen schon die Rosen, Kisten voll Rosenstöcken. (Einen Teil dieser Rosen nahm ich mit, als wir umzogen, und habe sie noch heute, und sie stehen wieder unten. Oder in meinem Zimmer, bis spät in den Herbst.)

Irgendwann in den ersten Tagen stand ich gerade im Kittel auf einer Leiter, als ein kleines Mädchen in der Tür erschien, die Tochter der Nachbarn, und fragte: »Ist es wahr, daß Sie Hilde Domin sind?« Ich weiß nicht, wer von uns beiden verlegener war, es war die erste unbekannte Leserin, die ich mit Augen sah (obwohl ja die Rosenkisten eben angekommen waren). Das Buch war im Herbst 59 erschienen, als ich in Madrid war, und erst nach meiner Rückkehr fing es für mich seine Existenz als »Buch« an. Mitnichten hatte ich bisher gewagt, eine Buchhandlung zu betreten, um es dort zu sehen oder gar danach zu fragen und mich vorzustellen. So etwas kostet mich auch heute Überwindung.

Einen Teil der Möbel hatte ich aus Madrid vom »Rastro« mitgebracht, einem dem römischen »Campo dei Fiori« vergleichbaren Trödelmarkt. Zwei große »mesas de campo«, Tische wie sie auf den Feldzügen mitgenommen wurden, oder auch auf Reisen, und in den Zelten aufgeschlagen: einfache Nußbaumplatten, mit zusammenlegbaren Stützen, zwischen denen Eisenstäbe befestigt wurden, wie man sie auf den Bildern z. B. von Velázquez sieht. Die Platten solcher Tische sind alt, zumindest das Holz, die Stützen und Eisenstangen sind nur »im Stil«. Dazu hell bemalte valenzianische Bauernstühle des 18. Jahrhunderts mit Strohgeflecht, die schwer sind wie Tote und weiße Wunden bekommen, wenn man an sie stößt. Alles andere, aber da ist nicht viel anderes, modern und funktionell, was sich gut mischt. Statt der obligaten Sitzgarnitur, gar aus Teak, weißgestrichene Gartenmöbel, als sei das Wohnzimmer ein Terrassencafé. Das Ganze, immer noch, auch was die Unbequemlichkeit angeht, eine Variante unserer römischen und dann der dominikanischen Wohnung: Szenen für den Dialog, vor der Erfindung der Familie und der bürgerlichen Gesellschaft.

Die Haupteinrichtungsgegenstände – mit Ausnahme der Bücherregale und der Leichtmetalleiter, und natürlich der Bücher selbst – sind vielleicht zwei Vögel, ein großer tönerner Laufvogel, ein iberischer »Urvogel«, eigentlich ein antikes Trinkgefäß, wie sie heute noch nach alten Mustern in Katalonien hergestellt werden: meine erste Anschaffung, als die Rückkehr nach Heidelberg definitiv wurde. Es war sozusagen der erste Gegenstand, an dem ich nach neun Jahren des Herumwanderns ausprobierte, wie es ist, wenn einer ein Zuhause bekommt und etwas wie diesen Vogel einfach kaufen kann. Der zweite Vogel ist die fast noch weiße, mindestens helle Holztaube, die mit ausgebreiteten

Flügeln an einem unsichtbaren Nylonfaden schwebt, und aus einer Ecke ins Zimmer fliegt, aus der sie nicht kommen kann, weder sie noch sonst ein Vogel. Übrigens hätte ich von den ausgebreiteten Flügeln im Singular sprechen müssen, denn der rechte ist fast ganz abgebrochen (was mich immer neu wundert, wenn ich von einer Reise zurückkomme, als sei der Flügel gerade erst beschädigt worden). Es ist eine alte Dorfkirchentaube, eine Pfingsttaube, früh oder provinziell das kommt aufs Gleiche heraus, ganz unverschnörkelt und naturalistisch, die auf einem Althändlertisch des Rasto lag, als ich nach den Möbeln ging. »Sie war einmal ein Heiliger Geist«, sagte ich zu einem Besucher. »Wieso war?« sagte er. Auch in der jetzigen Wohnung haben wir solange Schränke gerückt und sogar eine Wand eingezogen, bis eine Ecke entstand, mitten in meinem Turmzimmer, von wo die Taube nicht kommen kann aber kommt: etwas über Kopfhöhe, man sieht den rosa Schnabel und die kleinen, roten, an den Leib gepreßten Füße.

»...wenn ich alles verliere,
dich nehme ich mit,
Taube aus wurmstichigem Holz,
wegen des sanften Schwungs
deines einzigen ungebrochenen
Flügels«

schrieb ich in den Tagen des Einzugs in den Hainsbachweg.

Eine große Hilfe beim Einrichten war die Bewohnerin des Unterstocks, ich hatte plötzlich eine jüngere Schwester. Erst lieh sie mir Möbel, bis unsere kamen.

Später erbat sie sich meine Manuskripte, denn ich selber werfe sie weg, wenn ich sie abgetippt habe. So daß ich von ihr etwas kriegen kann, wenn ich manchmal um Originale gebeten werde. Allerdings muß ich dann in eine andere Stadt schreiben, wir haben ja alle das Haus verlassen, das wir sehr liebten und in dem ich gut gearbeitet habe, aber mehr krank gewesen bin als irgendwo seit der ersten Hitlerzeit (wo ich in Rom immerzu krank war und mich kaum erholen konnte). Trotz Rosen und Nachtigallen wurde es eine schlimme Wohnung für mich, vielleicht die schlimmste seit Rom. Enttäuschungen und widerwärtige Erfahrungen wie fast nie.

Daß der Schwager Hitlers – sein »Schwippschwager« – über uns in die eine Mansardenwohnung zog, weil er sich hatte scheiden lassen, um just die Frau, die über uns wohnte, zu heiraten, das erwähne ich nur als Konstellation. (Den obligaten Schäferhund hatte er töten lassen müssen, der Hausherr erlaubte keine Tiere.) Das erste, was wir von ihm sahen, war der sogenannte Persilschein, mit guten Unterschriften, den man darauf bestanden hatte uns zu zeigen. Irgendwann kam er. Ich war gerade hinuntergegangen zu meiner Freundin, um mir Eier zu borgen, ich war ja erst halb eingerichtet. Wie ich aus der Parterrewohnung kam, die Eier in ihrem Pappkarton vorsichtig in der Waagerechten haltend, da ging die Haustür auf und ich stand Auge in Auge mit einem alten Herrn, der es sein mußte: der Schwager Hitlers, unser neuer Hausgenosse. Die Eier gingen ganz von selbst zwischen uns zu Boden. Es ist schwer zu sagen, wer erschrockener war. Chaplin persönlich hätte es nicht wirkungsvoller inszenieren können. Im übrigen war die Beziehung korrekt und förmlich, er verließ das

Haus noch vor uns, die Füße voran, er hatte Krebs gehabt. Kaum war er tot, wäre er reich geworden, er wurde als Erbe Hitlers wegen der Tantièmen von »Mein Kampf« gesucht.

Über die Umstände unseres Auszugs rede ich nicht, es wurde auch der Wegzug meiner Freundin. Das Haus erneuerte seine Bewohner und noch den Anstrich von oben bis unten, auch die herrlichen Kastanien, die tief über die Straße hingen, wurden kurz darauf abgehackt. Und demnächst wird die damals so verschwiegene kleine Straße mit modischen Terrassenhäusern bebaut. Ich habe den Protest der Anwohner mit unterschrieben.

Eine Maklerin, die meine Gedichte kennt, fand uns diese Wohnung, in der ich sitze und schreibe. Es ist die schönste, die wir je hatten, seit der Via Monte Tarpeo, was ich nur mit Schüchternheit ausspreche. Ich glaubte nicht, daß es wahr sei, als sie mir die Adresse gab. (Es wohnten Leute hier, die es zu abgelegen fanden, denen besorgte sie etwas anderes.) Nachtigallen gibt es hier nicht, das ist wahr, aber auch drüben sind sie weggezogen. Die Türkentauben mit ihren zarten Hälsen sind da, und Drosseln und Amseln und sogar ein Pirol, und im Winter ein Eisvogel. Ich habe ein Turmzimmer, halbrund wie das Zimmer der Droste und mit vier Fenstern, den Gaisberg gleich gegenüber mit seinen wunderbar dichten Bäumen, zu jeder Jahreszeit schön, noch die zarten Stämme im Winter, die ich fast einzeln kenne. Und unten die Stadt und der Neckar. Ein Hölderlinblick, sagen die Leute. Es ist ein Zimmer, in dem man nie freiwillig auf das Leben verzichten könnte, denn wenn man nur über die Nacht kommt, ist das Aufwachen zu schön. Ein Zimmer wie verordnet für einen Menschen wie mich, der ich seit meiner Rückkehr nach

Heidelberg eher noch mehr auf der Kippe bin als früher. Mannheim und Ludwigshafen, dieser Horizont ist von hier oben wie eine Küste, die Schornsteine werden zu Schiffskaminen, und wir haben Sonnenuntergänge wie an einem südlichen Meer, wenn die Sonne die Abgase rötet.

Der goldene Hahn auf dem Turmknopf der Jesuitenkirche, scheinbar in Augenhöhe, zeigt uns den Wind an. Die Stimmung in der Universität bekommen wir akustisch mit, am Hörhorizont. Immer aber sind wir in Reichweite der drei Glocken: der Jesuiten, der Peterskirche und von Heiliggeist. Und des Glockenspiels unten am Rathaus.

(Übrigens ist in diesem Hause, im Dachgeschoß, »Akzente« gegründet worden. Höllerer wohnte dort bei der alten Konditorsfrau Lene Schwehr in dem Zimmerchen über der Treppe, wo auch jetzt ein Student wohnt. Die Konditorei Schwehr im ersten Stock, auf der Hauptstraße, war früher unsere Lieblingskonditorei.)

Um dieses Haus liegen meine Anfänge wie Vororte gruppiert. Halbkreisförmig. Ich kann mir selber fast in die Fenster sehen. Das selbständige Leben begann für mich hier, in Heidelberg. Von hier sehe ich sogar noch die ehemalige Pension, in der meine Mutter, nach gemeinsamer Zimmersuche, mich noch meiner Cousine ans robuste Herz legte, was diese nicht wenig entsetzte, worauf Mutter dann nach Köln zurückfuhr und die Schwimmleine durchgeschnitten war. Köln war damals viel weiter von Heidelberg als heute, subjektiv und auch objektiv. Aber pünktlich gingen meine Wäschepakete hin und her und kamen nie ohne Extrageldscheine und ein gebratenes Hähnchen, damals noch etwas Besonderes, oder den geliebten Tapiocapudding meiner Kinderzeit oder sonst ein Schutzsignal zurück.

Die »Anlage« sehe ich vom mittleren oder rechten Fenster meines Turms, gleich unterhalb des Gaisbergs. Dreimal habe ich dort gewohnt, zweimal rechts und einmal links, über der Eisenbahn, die damals noch die Straße entlangfuhr, jetzt in den Berg zurückgewichen ist, und der sogenannten »Südtangente« Platz gemacht hat. (Sie müßte noch weiter zurück in den Berg, wir brauchen den Tunnel für den Transitverkehr! Die Tunnels sind hier die große Streitfrage, ich kämpfe mit auf dieser Bürgerfront.) Wo die herrlichen Kastanien standen, ist es bunt von parkenden Autos. Mein Zimmer war in dem Haus, in dem noch vor kurzem eine Hippiekommune wohnte, und hatte etwas von einem Kinderzimmer, mit seiner hellgeblümten Tapete. Ich wohnte dort im 2. Semester, als ich zum erstenmal einen leibhaftigen Emigranten kennenlernte, einen jungen russischen Sozialdemokraten. Ich verliebte mich dort zum erstenmal, vielleicht war es ein Glück, daß ich mir in den Ferien den Kopf verbrannte, weil die Lockenwickel aus Zelluloid Feuer fingen. Ich mußte das Semester abbrechen und in Köln weiterstudieren, bis ich wieder flügge wurde und nach Berlin ging. Zum Sommersemester 31 kam ich wieder nach Heidelberg und zog auf die rechte Seite der »Anlage«, in eine Mansarde mit Aussicht zur Peterskirche, also ganz nah von hier. Wie lang doch all diese Semester damals waren, unendlich lang, es ging viel mehr Zeit hinein als jetzt. Ich erinnere mich noch an die Kleider, die ich trug, an die Tanzabende im Ausländerclub und in dem jetzt gerade abgerissenen Schloßkasino, an die langen Diskussionen im Café Krall, das die Eckseite des heutigen Schafheutle einnahm, den

Eingang zur Ecke hatte, und wo es ein besonderes Gebäck für Studenten gab, das sogenannte »Krallinchen« zu 10 Pfennig, eine Art Eintrittspreis und Tischmiete, für das man bis nach Mitternacht dort sitzen und diskutieren durfte, bis die Stühle auf die Tische gestellt wurden.

Es war der Anfang dieses Sommersemesters, als ich dem schon erwähnten Studenten an einem Tisch der Mensa begegnete, am selben Tag, als er in Heidelberg angekommen war. »Wo wohnen Sie?« fragte er, als wir miteinander in der Schlange zur Essensausgabe gingen. »Anlage, Ecke Schießtorstraße«, sagte ein Junge hinter uns, und ich hörte später, das habe einen fragwürdigen Eindruck gemacht. (Vermutlich war es jemand von unserer »Gruppe«, die eine Art Stammtisch hatte.) In der Mansarde dort lasen wir zusammen Plato, er war ja zünftiger Altphilologe. Die erste einer langen Reihe herrenloser Katzen hörte uns dabei zu und bestand darauf, auf der Treppe zu übernachten, was zum Protest des Hausherrn und schließlich zu meinem Umzug in die Hirschgasse führte, in das bekannte Braus'sche Haus, das von oben bis unten eine einzige Studentenbude war, meist von Zeitungswissenschaftlern bewohnt (das Zeitungswissenschaftliche Institut war damals im Buhlschen Haus). Es wohnten dort sowohl künftige Emigranten, wie künftige Göbbels-Assistenten, aber das war noch eingewickelt.

Das Haus ist gleich das erste quer gegenüber, man sieht es vom Wohnzimmer und der Terrasse, besonders im Winter, wenn die Birken kahl sind. Das ganze Jahr über oben vom Fenster von Frau Schwehr. Ich kochte dort auf einer elektrischen Kochplatte unendlich alte Suppenhühner, meine erste Kochtat. Heute gibt es gar keine so alten Hühner mehr, die nicht gar werden, und deretwegen man Jaspers versäumen könnte. Das war das Semester, wo wir gemeinsam paddelten, bis hinauf nach Neckarsteinach. Es gab keine Schleuse oberhalb der an der Hirschgasse, die bequem für seinen Nachhauseweg in die Altstadt lag. Im Neckar konnte man noch schwimmen, es gab weder Möwen noch Schwäne, aber eine Schwimmanstalt. Ich schwamm von Ufer zu Ufer oder bis an die Alte Brücke hinauf. Oder auch hinter dem Boot her, »Luderchen« hieß es und gehörte dem Fischer Österreicher in Ziegelhausen.

Mein nächstes und letztes Zimmer in Heidelberg liegt in schiefer Linie rechts unter uns, in der Karlstraße. Als ich wiederkam, stand das Haus noch, samt der gipsernen hellenistischen »Muse« im Hausflur. Es war ein berühmtes Haus, das Thibauthaus. Oben wohnte Richard Benz. Ich wohnte im ersten Stock bei dem Flötisten der Oper. Vor mir hatte Christiane von Hofmannsthal dort gewohnt. Und zwischen ihr und mir eine rothaarige Zeitungswissenschaftlerin, die ich nur flüchtig kannte, von der ich aber das Zimmer erbte. 1946 traf ich sie zufällig in New York, in der New York Public Library oder in Columbia University, und »revanchierte« mich so spät noch für das Zimmer: Ich lud sie mit einem brüderlichen Freund von mir ein, einem Exildominikaner. Sie heirateten stehenden Fußes.

Die Wohnung des Flötisten hatte es in sich. Die Ehe Heinrich Zimmer – Christiane von Hofmannsthal war auch dort entstanden, die Präliminarien den Vermietern in unfreundlicher Erinnerung. Wenn ich abends den Schlüssel zum Fenster hinunterwarf, das Haus wurde offenbar früh abgeschlossen, so schimpfte Frau Schmiedl: »Genau wie Frl. v. Hofmannsthal!« Morgens fand ich den Schlüssel dann wieder in einer kleinen Bäckerei auf der Hauptstraße, die immer noch existiert und sich unterdes sehr vergrößert hat. Hinten hatte das Thibauthaus einen parkähnlichen Garten, der bis ans Schloß hinaufging. Dort hatten wir unsere ersten Kaninchen, es war unser erster gemeinsamer Besitz, wir hatten sie auf dem Wredemarkt erworben. Sie hießen Leontion und Chrysostomos und waren ganz zahm, und oft ließen wir sie frei auf dem Rasen herumlaufen. Wir wohnten ja nahe beieinander, auch sein Zimmer, das erste, das ich für ihn gemietet habe, hatte einen ungewöhnlichen Vormieter gehabt, Alfred Mombert. Das Haus besteht heute noch, nur parken jetzt immer Autos davor, wenn ich vom Schloß herunterkomme und durch den Friesenberg zum Karlstor gehe. An die Stelle des Thibauthauses rückte das Germanistische Seminar*, mit einer andern Stockwerkverteilung, mein Bett im damaligen ersten Stock hinge jetzt etwa halbwegs zwischen erstem und zweitem in der Luft. Wo wir die Kaninchen hatten, ist statt des Rasens und der Hecken ein zementierter Parkplatz. Darüber der alte Garten, in den ich nicht mehr gegangen bin.

Damals hatten Studentenzimmer noch kleine Waschschüsseln, kaum größer als zur Goethezeit. Ich hatte immer die sogenannte »Nilpferdwanne« mit, eine große runde Fußwanne aus Guttapercha, in der man sich richtig Wasser übergießen konnte: kaltes, wie ich es von zu Hause gewöhnt war. Das »Zimmer« bestand aus zwei Zimmern hintereinander, ein sehr hübscher Schlauch, der zwei Fenster zur Straße hatte und in der Mitte durch einen Vorhang geteilt war. Hinten das

---

* Seither Neubau des Theologischen Seminars.

Schlafzimmer, vorne das Wohnzimmer mit Biedermeiermöbeln. Die gleiche Einrichtung, nach der sich Heinrich Zimmer sofort mit viel Detailkenntnis erkundigte. Dort hatte ich auch meine ersten antiquarisch gekauften Bücher. Dort lernte er, wie lebenswichtig es ist, die Zeitungen auch über dem Strich zu lesen, nicht nur das Feuilleton. Alles war dort zum erstenmal. Vieles aber auch zum letzten.

Auf der Karlstraße wohnten damals Anhänger beider extremer Parteien. Die Kinder spielten »Umzüge«, Kommunisten oder Naziaufmärsche, je nach den Eltern, die dazu aus den offenen Fenstern die Internationale per Grammophon und das Horst-Wessel-Lied per Harmonium beisteuerten. Es war eine Art Liederkrieg in der schmalen Straße: welche Hymne die klangstärkere war. Das stellte sich bald heraus. Aber da waren wir schon ausgewandert. Die weißen Kaninchen, deretwegen es in vielen Ländern, und noch auf den Antillen, Kaninchen bei uns gab, schenkten wir Zimmers, mit der Auflage, daß sie nie gegessen werden durften. Als wir Heinrich und Christiane Zimmer in den Tagen vor Kriegsausbruch in Oxford auf der Straße trafen, wir kamen aus der entgegengesetzten Richtung die Straße entlang geschlichen, ich sehe uns noch die Fahrbahn überqueren, beiderseits Arm in Arm, und aufeinander zugehen, da öffnete einer von uns den Mund und fragte: »Bitte, was ist aus den Kaninchen geworden?« Und sie gaben Auskunft. Keinem der vier war nach Lachen zumute, wie wir so das Gespräch begannen.

»Leontion« und »Chrysostomos«, »Löwchen« und »Goldmäulchen«, meine Mutter tadelte es, daß wir ihnen so verrückte griechische Namen gegeben hatten, als sie uns in Heidelberg besuchte und ihn als Sohn annahm, lange bevor wir auf dem Kapitol, nach den beiderseitigen Doktorexamen, vor dem römischen Standesbeamten standen, der die Trikolore um den Bauch gewickelt hatte, wie es bei Eheschließungen dort Sitte ist, und wir dann in die Via Monte Tarpeo zogen.

Von wo wir auf einem Umweg über den halben Globus wieder nach Heidelberg gekommen sind. Und zuletzt noch auf den »Jettahügel« über der Stadt. Wo ich von diesen »Wohnungen« schreibe, meinen »Aufenthalten«. Und mich fürchte, wenn ich den Plural setze. Heute, am letzten Abend des Jahres 73. Und ich erinnere mich, wie das Turmzimmer der Droste über dem Bodensee plötzlich ins Schwimmen geriet und sich mit mir zu drehen begann, daß ich fast hinfiel, als ich im Frühjahr dort war, während in Wirklichkeit nur ein Schiff draußen auf dem See von Fenster zu Fenster fuhr. Und das Zimmer dann wieder ins Stehen kam.

Um vier ging der letzte Freund weg. Ich bin allein auf dem letzten Zipfel des Jahres wie auf einem Schiff. Gestern haben wir sechs Minuten von Heidelberg nach Mexiko gesprochen. »Wie geht es Dir in deinem geliebten Turm?«, sagte er. »Ich bin gut an der Arbeit«, sagte ich. »Morgen werde ich fertig. Und bald bin ich reisefertig.« Und wenn ich »Reise« sage, so meine ich Reise. Eine Abfahrt, mit Rückfahrkarte. Wo ich ankommen kann und den Schlüssel umdrehen, meine Türe öffnen und die Treppe heraufgehen und zu Hause sein darf, wie andere Menschen auch. Wie, ich weiß, viele immer von neuem nicht.

1973

Bücher-»Grillen«

Den »bibliographischen Grillen« Th. W. Adornos verdankt

Es macht Freude zu lesen, daß Bücher »Katzen« sind. Natürlich keine Hunde, die angewedelt kommen auf einen Pfiff. Sie entziehen sich nicht nur wie die Katzen, sie sind insistent wie Katzen, hängen sich einem an, wenn man ganz anderes vorhat. (Sie klettern die Wände hoch, sind der Feind jeder Einrichtung, zerkratzen die Möbel. Und sie machen sich überall breit, wo man es ihnen eigentlich nicht erlauben wollte, und mit freundlichem Unbehagen läßt man ihnen ihren Willen.) Man hat sie im Haus, und sie sind keine Haustiere. Mit Ausnahme derer, natürlich, die Haustiere im ausschließlichsten Sinne sind: Ziegen- und Kuhherden mit vollen Eutern. Die Lexika, meine ich. Sie lassen sich aber nicht von jedem melken, obwohl die Euter so voll sind. Sondern nur von dem, der ganz intim damit steht. Denn was soll einer, der nicht schon weiß, was drinsteht, mit einem Lexikon tun? Lexika sind nur für den, der sie eigentlich nicht mehr braucht. Der darf sie melken, den machen sie fett. Das Schönste sind Lexika unter sich: die von Fremdsprache zu Fremdsprache. Man sieht die Wörter sich ausdehnen und zusammenziehen, und obwohl es die gleichen Wörter sind, sind es ganz andere Wörter: größere oder kleinere, Kreise, die sich überschneiden, selten konzentrisch. Solange man nicht gleich mitfühlt, was für ein Mensch in welcher Situation und mit welcher Betonung so ein Wort in den Mund nimmt, schmecken Lexika nach nichts.

»Dünne Bücher, dicke Bücher«: in Lateinamerika unterscheidet man zwei Sorten Bücher: »Un libro que se para«, ein Buch das »stehen bleibt, wenn man's hinstellt« – und die andern. »Un libro que se para« ist erstens von einem gewissen Umfang und überdies kartoniert, für seinen Autor aufregender als jeder Orden.

Zu den »gereisten« Büchern: da sind die Stigmate der Nägel zu erwähnen. Wo kriegt man denn Packer, die die Nägel nicht in mindestens zwei Bücher hineinhauen? Und gar wenn die Kisten bebändert werden für Übersee? Da haben die Packer doch jede Entschuldigung. Bei jeder neuen Wanderung neue Verletzte.

Immer mehr Bücher, immer schlechter gebundene, muß ich sagen. In Südamerika gerieten wir in die Taschenbücher, vor den Taschenbüchern. Die argentinischen »Ostereier«, wie wir sie nannten. Bunt und billig. Außer man hätte lederne mit Goldschnitt erworben. Selbst wenn man Geld gehabt hätte, wer hätte Bücher mit soviel Gold haben mögen: Pfeile, Rauten und die Namen, goldgepreßt, horror vacui. Wie die einfachen teuren Kleider in Lateinamerika zunächst einmal mit Pailletten bestickt werden, so daß man sie nicht kaufen würde, selbst wenn sie bezahlbar wären.

Dann die Bücher, hinter denen Schlangen aufstehen. Man schiebt ein Buch in die Reihe, da ist ein Widerstand. Zisch, fährt eine Schlange hoch. Mit einem Buschmesser, einer geschweiften Klinge, einen halben Meter lang, werden Schlange und Buch erledigt: Man sieht mit Entsetzen zu, wie der Boy das Messer schwingt. Das Entsetzen, mit dem man den Schnitt durch Schlange und Buch mitansieht, das sind zwei verschiedene Entsetzen, obwohl es doch ein Hieb ist. Im Grunde hätte man die Schlange leben lassen können, sie war nicht tödlich, außer für das Buch. Dicke große Schlangen hinter Büchern haben trotzdem etwas Widerliches. Lange hat man keine rechte Lust mehr, ein Buch in ein Regal zu stellen.

Und die tropischen Wespen, Mauerwespen oder wie sie heißen. Sie führen eine Ehe zu dritt und bauen klebrige Nester in den Schnitt der alten Bücher. Oktav- und Duodezformate sind genau richtig. Aldinen oder sonstige Renaissanceausgaben, die Adorno mag, ziehen auch die Wespen an. Neue ersetzbare Bücher locken sie fast nie. Nur die *rara*. Ein vollkommenes Nest ist eine gerundete Lehmwand, in der Mitte hohl: eine Art Kanal für die Maden. Man kratzt es ab, läßt es trocknen und kratzt es nochmal ab. dann kann man das Buch wieder öffnen. Es bleibt verfärbt.

Die Frage der Termiten ist ganz anders. In irgendeinem neueren deutschen Gedicht las ich, daß sie »Zangen« hätten. Nichts ist verkehrter. Die Termiten sind unglückliche weiche Tiere ohne jeden Schutz: ohne Kruste, ohne Waffe, noch dazu in Reih und Glied marschierend, ohne die Freiheit zur Flucht. Nichts ist zerstörbarer als Termiten. Nur daß es so viele sind. Man bringt sie um, und die Hausameisen, die winzigsten der Ameisen, tragen die Toten fort, kleine elyptische Würmer, und fressen sie. Termiten und Ameisen erziehen zur Ordnung. Wenn man sich jede Woche einmal auf den Boden legt und unter die Regale guckt, auch ihre Füße mit dem streicht, was die Franzosen »Schweinfurter Grün« und die Deutschen »Pariser Grün« nennen – so wie Syphilis je nachdem das »englische« oder »gallische Übel« hieß –, dann fressen sie nur die Bettücher, weil man da nicht aufgepaßt hat. Bekannt ist, daß sie kleine gewellte Gänge fressen. Bei einem Buch ist man manchmal im Zweifel: War es ein schief hinein gefahrener Nagel, oder sind es die Termiten? »Nur ein Nagel«, sagt man beruhigt. Und überlegt sich nicht, daß man selber kaum weniger abgekriegt hat.

Dann sind da die Zyklone. Abgesehen von dem Dach, ob es Zink oder Zement ist, sind Zyklone eine Charakterfrage. Packt man z. B. 5000 Bücher in Kisten, wenn ein Zyklon angekündigt ist, weil beim ersten Windstoß das ganze Dach davonflöge? Wäre man nur nie in ein Haus mit einem Zinkdach gezogen. Im ersten Jahr packt man bei Zyklon-Alarm, ganz wie Fenster und Türen mit Balken verbarrikadiert werden. Man hört nur Hämmern. Splitternackt packt man bei fürchterlicher Hitze seine Bücher. Zyklone kommen, wenn es am heißesten ist. (»August: come it must. September: remember. October: all over.«) Bis sie gepackt und vernagelt sind, ist der Zyklon vorbeigesaust, ein paar Kilometer nördlicher, ein paar Kilometer südlicher, wo die Menschen keine Bücher hatten oder sie wegschwemmen ließen. Du darfst sie auspacken. Mehr Nägel als sonst sind in der Aufregung hineingegangen. Ich sagte ja, es sei eine Charakterfrage, ob man es zwei- oder drei- oder viermal tut. Ich kenne niemanden, der im fünften Jahr seine Bücher eingepackt hätte. Auch ist ja die Frage, was man mit den Kisten tun soll, eine müßige. Im Erdgeschoß stünden sie im Wasser. Der Oberstock kracht ein, wenn das Dach weg ist. Der Zyklon nähme ihn auf der Rückfahrt mit. Es ist bekannt, glaube ich, daß Zyklone, eine Ohrfeige rechts, eine Ohrfeige links, erst hin-, dann herfahren. Die Stille in der Mitte soll die stillste Stille sein.

Unempfehlenswert gegen Feuchtigkeit und Insekten ist Pfeffer. In Wochen altern mit Pfeffer behandelte Bücher um Jahrhunderte: Stockflecken. Selbst neue Bücher. Das war vor dem DDT. Man tue Watte in die Nasenlöcher und bestreue Buch nach Buch innen mit DDT, das alte DDT-Mehl ausschüttelnd. Einmal jährlich. Wie Zyklone eine Charakterfrage.

Bevor wir Santo Domingo verließen – nur mit Köfferchen, die Bücher eingesalzen mit Kilos DDT blieben dort zehn Jahre lang –, taten wir etwas Schreckliches: Wir opferten Marx, damit die verlassenen Bücher nie seinetwegen in Gefahr geraten sollten, durch Trujillo oder was auch immer. Marx leistete Widerstand. Er war gut gebunden, in Halbleinen, und es war wie ein sehr langsamer Mord, wo das Opfer immer noch atmet. Den Tätern wurde übel. Immer hatten wir ihn dabei gehabt, er war ja ein Fachbuch für mich. Wir saßen auf dem Fußboden und zerrissen ihn mühsam in kleinste Stückchen. Es war eine Untat, ein Sakrileg, und dauerte lange.

Das »Kapital« erwies sich als das einzig Geborgte, was wir gehabt hatten. Ich hatte längst vergessen, daß es nicht mir war. Kaum kamen wir nach Europa, so wurde es uns abverlangt, von jemandem in London, einem Greis, der es in mittleren Jahren mir, einer Studentin im ersten Semester, geliehen hatte. Noch vor Hitler. Er verlangte es, als sei es gestern gewesen, und als sei es natürlich, daß Marx uns auf unserer Flucht von Land zu

Land begleitet habe, wie er es tatsächlich tat, bis wir ihn dann, im Jahre 52, nach überstandener Gefahr, freiwillig umbrachten.

Am Ende von all diesem gibt es das Eine: die Bücher in Empfang zu nehmen, eine Wagenladung, wenn man z. B. in Heidelberg plötzlich eine Wohnung hat. Die »Katzen« sind Raubtiere geworden, man könnte nicht im selben Käfig leben. Gestank von Verwesung. Man ist ohne sie ausgekommen, im Jahrzehnt des Herumzigeunerns als Untermieter. Man mag nicht sein eigener Erbe sein. Widerwillen gegen Eigentum, selbst wenn es nicht nach Verwesung röche. Wozu all dies, da es doch ohne ging? Nie wieder Bücher, nie wieder Gegenstände. Wie schön, als die Zimmer leer waren. Virginia Woolf erzählt, wie sie mit Heiterkeit ihr zerbombtes Haus sah, auch an die Bücher dachte. »Exhilaration in losing possessions.« Es ist kein Spaß, sie wiederzuhaben. Es ist schlimmer als Eheschließung nach einer Liebschaft. Was soll es uns? Wir werden sie nie lesen. Wir haben die alten Italiener satt, die so komplett sind. Das zerfledderte Zeug, wozu es aufstellen. Und schon hat man den Petrarca in der Hand, er stinkt noch sehr. Und vergleicht d'Annunzio mit Valle Inclán, überhaupt die Futuristen mit den Spaniern. Was da alles gelaufen kommt. Wie man nur darauf verzichtet hat.

(Das Einzige übrigens, was ohne Zögern, ja mit Begeisterung wieder angenommen wurde: die »Haustiere«, die Lexika. Mit Zärtlichkeit und Pomp werden sie in die neuen Gehege geleitet, die geduldigen.)

Die Bücher werden ausgeschüttelt, ausgelegt, gesonnt, sie riechen täglich manierlicher oder wir gewöhnen uns an den Geruch. Wir gewöhnen uns an ihr

Aussehen. Sie sind blaß von der Tropensonne, mitgenommen in jeder Weise. Wir haben alle unsere »Katzen« wieder um uns, unsere »Nicht-Haustiere«. Straßenkatziger denn je, besonders hier, wo alle Katzen gepflegt und geschniegelt sind. Aber sie schnurren wieder.

Und wir beginnen uns zu zanken, weil wir Bücher verkauft haben, um die Überfahrt zu bezahlen: damals, als wir zurückfuhren über den Atlantik.

1964

Rückblick auf die Zeit als Ehrengast in der Villa Massimo

Immer noch sehe ich täglich auf der Wetterkarte als erstes nach, wie das Wetter morgen in Rom wird. Als solle, als dürfe ich am nächsten Morgen in dem Zimmer mit den großen, leuchtend blauen Vorhängen aufwachen, die für mich das Meer bei Ithaka bedeuten, wie es für den heimkehrenden Ulysses in der Salzburger Felsenreitschule zu sehen war. (Blau im Winde wehend in den heißen Septembertagen.) Rückkehr, Heimkehr nach Rom. Die Wunden der Zypressen, die vertrockneten Äste leuchteten kupfern in der Morgensonne, welche natürlich in dieser Jahreszeit – ich will mich nicht als Frühaufsteherin rühmen – erst nach sieben da war. Mir scheint, ich rannte nur so aus dem Bett, um sofort das große Licht zu sehen, etwas was mir in Heidelberg, wo ich nach Westen wohne, selbst an hellen Tagen gar nicht passieren kann.

Vielleicht wäre es eine Möglichkeit gewesen, zwischen den Bäumen auf der großen Terrasse zu sitzen und zu schreiben. Wir aber lebten wie zu unserer Studentenzeit: Wir stürzten uns auf Rom, wollten alles wiedersehen, neu sehen, hatten Pläne für jeden Tag.

Ich weiß nicht, ob vor uns Menschen in den Zimmern (eigentlich war es ein zweigeteiltes riesiges Zimmer, nach Süd und nach Nord, je nach dem Wetter zu benutzen) zu Gast waren, die der Stadt so verbunden gewesen sind, in ihrer frühen Jugend, und die den Aufenthalt derart als Rückkehr feiern konnten.

Dabei war es, als seien nicht knappe fünf Jahrzehnte

vergangen: eine ungeheuerliche Zeit, für ein Menschenleben, ich zögere, es niederzuschreiben, teile die Zeit in Jahrzehnte auf, wo es doch ein halbes Jahrhundert ist. Es war genau ein halbes Jahrhundert, daß wir in Italien promoviert hatten, es fehlte ein Jahr zur 50. Wiederkehr unserer Hochzeit auf dem Kapitol, wo damals kaum jemand heiratete, nur Ausländer, es war die Zeit des Konkordats. Heute geben sich die Bräute die Tür in die Hand, der damals so einsame Kapitolsplatz ist voll von Photographen, Autos, Musikanten. Es war genau 49 Jahre her, daß wir die erste eigene Wohnung bezogen, in der Via Monte Tarpeo, also auch auf dem Kapitol. Und doch war uns, als seien mehr als hundert Jahre vergangen, so verändert war die Stadt, der Umgang mit ihr. Rom, die ewige, bietet mehr als jede andere Stadt, Straße für Straße, Platz nach Platz, ein Maß für Zeit.

Die fast genau zweihundert Jahre, seit Goethe hier gewesen war, teilten sich uns nicht mehr auf in einhundertfünfzig Jahre, zwischen unserer ersten Ankunft in Rom und der seinen, und 50 Jahre zwischen unserem damaligen Aufenthalt und der Villa Massimo, es mußte umgekehrt sein: 50 Jahre höchstens konnten zwischen Goethes (1786) und unserer Ankunft in Rom (1932) vergangen sein. Die langen anderthalb Jahrhunderte lagen zwischen den 30er Jahren und jetzt. Das, was heute »acceleration« heißt. Die Jahre rennen eben nicht gleich. Damals wollten wir, wie Goethe, durch die Via Flaminia im Pferdewagen kommen, wären beinah in Orte ausgestiegen, der letzten »Poststation«, und lachten uns selber aus, als wir das moderne Rom sahen, in dem man aber immer noch weit mehr in der Droschke fuhr als im Taxi. Heute hält der Zug nicht mehr in Orte, aber die meisten dürfen ja im Wagen ankommen, nur daß gewiß wenige diesen Einzug feiern und dabei an Goethe denken, dazu sind die Straßen zu voll, die Autobahnen zu vorprogrammierend.

Gewiß, wir waren in der Zwischenzeit in Rom gewesen, im Hotel. Das ist nicht, wie – und sei es nur auf Monate – dort zuhause sein dürfen. Oder doch das Gefühl haben dürfen, man sei dort wieder zuhause. Die Veränderungen jedenfalls waren in den letzten 20 Jahren im Eiltempo fortgeschritten. Der Rest des Gartens und der Fels, auf dem das Haus in der Via Monte Tarpeo gestanden hatte, das 1939, gleich nach unserer Abreise, der Freilegung des Hügels zum Opfer fiel, waren nun ganz abgeräumt, es führte eine Straße hinunter. Die Wohnung war die der Eleonora Duse gewesen, zumindest die Hälfte ihrer Wohnung. Wir hatten dort eine furchtbare Zeit, ganz wie übrigens auch die Duse, und dennoch voller Glücksmomente.

Die Wohnung beschrieb ich, als ich ein Wunschhaus baute:

»Es riecht nach den Glyzinien
Der Via Monte Tarpeo.
Marc Aurel ist wieder unser Portier.«

Unseren Portier Marc Aurel durften wir ganz aus der Nähe sehen. Er ist abgesessen, neben seinem Pferd, und hielt uns grüßend die Hand entgegen, als wir ihn besuchten, im Ospedale di San Michele, wo er restauriert wird. Er war aufregend schön und großartig, vielleicht das Schönste, was wir in Rom gesehen haben (obwohl man das schwer sagen kann). Seine Locken schimmerten golden in der grünen Bronze. Das war einer unserer letzten Tage in Rom, einer Zeit, die wir gefüllt haben mit Begegnungen mit der Stadt, wie sie weder damals noch jetzt möglich gewesen wären ohne die Romleidenschaft von Erwin Walter Palm. Daß wir beim Anblick des goldschimmernden Marc Aurel für ihn bangten, falls er wieder aufgestellt würde, er, der fast zwei Jahrtausende auf den Plätzen Roms überstanden hat (wortwörtlich über-standen), auch das gehört zu den Begegnungen mit dieser Stadt. Es beginnt schon in der Villa Massimo, wo die antiken Büsten nachts bewacht werden müssen, die, die noch nicht geköpft sind. »I vandali«, die Vandalen, sagen die Römer betrübt, vor ihren zerhackten und verbrannten Statuen. Und damit meinen sie nicht die Zeit der Völkerwanderung, damit meinen sie dies Zeitalter der Gewalt.

1985

Hineingeboren

»Sie sind nie wirklich gedemütigt worden«, schrieb jemand Marie Luise Kaschnitz, wie sie in »Orte« erzählt. »Ich denke aber nicht« – schreibt sie in diesem Zusammenhang –, »was alles ich hätte schreiben können, wenn ich proletarisch oder als Negerkind oder als Judenkind aufgewachsen wäre, sondern was hätte aus mir werden können mit einem Zentnergewicht von Anfang an.«

Sie fragen mich: »Wie ist es mit Ihrem Judentum, das heißt, wie haben Sie gelebt mit einem Zentnergewicht von Anfang an?« Ich bin ein emanzipierter Mensch, ein »befreiter«. Unter normaleren Umständen wäre ich gar kein Adressat für Ihre Frage geworden. Ich bin kein Glaubensjude, mache auf den Fragebögen an dieser Stelle einen Strich. Schon meine Eltern waren keine Glaubensjuden. Soweit mein Vater sich mit einem Juden identifizierte, war es Heine. Auf ihn war er stolz, als sei er ein naher Verwandter, beide ja Düsseldorfer. Auch Rathenau wurde genannt. Buber dagegen nie. Mit Erstaunen lese ich jetzt so oft, er sei für uns repräsentativ gewesen. Aus der Gemeinde waren meine Eltern so wenig ausgetreten, wie es die meisten Christen tun, die von der Religionsgemeinschaft ebenfalls keinen Gebrauch machen. Jüdische Feste und der jüdische Gottesdienst kamen in meiner Kindheit nicht vor, sondern nur Weihnachten, Ostern, Nikolaus: diese Kinderfeste, mit allem Zubehör, das Kinder glücklich macht. Dabei wußten wir von klein auf, daß wir Juden waren. Trotz des

Religionsunterrichts blieb es ein unklarer, eben nicht gelebter Begriff, von dem mein Vater, von mir als Kind befragt, sagte, er bedeute ihm nichts. Er fühle sich nur als Deutscher. »Wieso«, sagte ich, ich erinnere mich noch, das Gespräch fand eines Abends statt, als er mir »Gute Nacht« gesagt hatte, er stand in der Tür meines Schlafzimmers. »Was bedeutet es denn dann?« Er hat es mir nicht erklären können, er wehrte meine Fragen – und ich war als Kind ein großer Frager – als für ihn unwichtig ab. Ich weiß noch heute, daß ich leer ausging.

Und war es denn leicht zu beantworten? Seither gibt es die harte Minimaldefinition: »Jude ist, wen Hitler dazu erklärt hat«: wem er, 1933, das durch die Jahrhunderte geschleppte Zentnergewicht, von dem ein solcher Mensch endlich zum Menschsein wie andere erlöst schien, erneut – und als sei es für immer und noch über den Tod hinaus – um den Hals gehängt hat.

Daß meine Eltern, entgegen dem Verhalten fast aller, schon 1933 mit Tapferkeit die Wahl trafen zwischen Armut im Exil und den Erniedrigungen zuhause – ich selber war bereits 1932 gegangen, aber bei einem Studenten bedarf es dazu keiner Tapferkeit –, das ist mir noch heute ein Trost.

Ich lasse es aber nicht bei dieser Minimaldefinition des Juden bewenden, die mich zum bloßen Objekt machen würde in ihrer entmenschenden Sinnlosigkeit. Ich kann es nicht besser sagen, als wie ich es in einem »Offenen Brief an Nelly Sachs« vor Jahren formuliert habe. »Was ist ein Jude? Du Glückliche, Du glaubst«, schrieb ich ihr. »Aber wenn einer nicht den Glauben hätte? Du hast es für uns alle definiert: ›An uns übt Gott Zerbrechen‹, hast Du gesagt. ›Ein Jude ist genau wie die Anderen, nur alles etwas mehr‹, sagte Shaw sehr witzig, eine Definition, die sich ebensogut wohl auf die Deutschen anwenden ließe, aber doch nur in Grenzen richtig ist. (Die Dichter sind ›alles ein wenig mehr als andere‹, zum Beispiel ›lebendiger‹, wenn Du willst. Von den Juden läßt sich das doch nicht so sagen.) Nur in dem also stimmt es: An uns wird etwas mehr ›Zerbrechen‹ geübt als an anderen. Exemplarischer wird es geübt, wieder und wieder, soweit das Gedächtnis des Abendlandes reicht. Bitte, mißverstehe mich nicht, ich glaube nicht, daß wir da sind, damit die conditio humana an uns auf offener Bühne wieder und wieder vollstreckt werde, stellvertretend und ohne Milderung, Lehrbeispiel eines Weltenlenkers, der unser als Demonstrationsobjekt bedürfte. Die Theologen sehen da manchmal eine Art höheres Programm. Ich sehe nur die Tatsache, die sehr irdische Tatsache, ich stelle sie fest: und mit Grauen. Wie man vieles mit Grauen ansieht, was geschehen ist und geschieht. Was einfach ›wirklich‹ ist. Den Juden ist häufiger und krasser die Rolle des *Ecce homo* zugefallen, aufgedrängt worden, als anderen. Historisch war es ihnen einfach nicht vergönnt, sich von diesem ihrem Sonderstatus zu befreien.«

Judesein ist, um es ganz deutlich zu sagen, keine Glaubensgemeinschaft für mich, keine Volkszugehörigkeit – »Ihr Volk«, sagt man manchmal zu mir –, natürlich keine Rassenfrage. Es ist eine Schicksalsgemeinschaft. Ich habe sie nicht gewählt wie andere Gemeinschaften, die dann zu Schicksalsgemeinschaften werden. Ich bin hineingestoßen worden, ungefragt wie in das Leben selbst. In das Leben hier in Deutschland, in diesem Jahrhundert, und als Kind meiner Eltern.

Von einer Schicksalsgemeinschaft aber, wie immer sie auch zustande gekommen sei, kann sich der emanzipierte Mensch, der »befreite«, nicht drücken, die menschliche Solidarität gehört unabdingbar zu seinem Credo, ohne sie wäre er nichts als ein Objekt der Umstände. Je bewußter emanzipiert einer ist, um so weniger kann er sich drücken. Wenn es hart auf hart geht, macht seine »Freiheit« ihn um so schutzloser, seine Rückzugslinien sind abgeschnitten, seine Feinde haben ein leichtes Spiel mit ihm. Seine Selbstidentifikation ist unablässig bedroht, muß dauernd ausbalanciert werden. Der emanzipierte Mensch muß daher seinen erwählten Grundsätzen treuer sein als andere, er schielt nicht nach Lohn oder Tadel wie der Jenseitsgläubige, wie der einer festen Religion, auch einer politischen Religion, Verbundene. Wenn er die Selbstachtung verliert, ist es ganz aus mit ihm. Mit seiner Zwangs- und Schicksalslage solidarisch zu sein (ohne sie wegzulügen, was eine andere Möglichkeit wäre), darin besteht das, was andere Zeiten die Menschenwürde nannten und was auch ich so nenne: das Unverlierbare, ohne das Leben sinnlos ist.

Deswegen beantworte ich die widerspruchsvolle Frage nach »meinem« Judentum und drücke mich nicht. Aber schon meldet sich in mir ein schlechtes Gewissen, weil ich sagte: »Sie haben mich nach diesem Zentnergewicht gefragt«, als sei es etwas nur Negatives. Im Augenblick, wo ich bereit bin, es zu stemmen und damit zu leben, wird es auch zu einer Quelle der Kraft. Ich verdanke diesem aufgezwungenen Schicksal Erfahrungen, die mir sonst fremd geblieben wären. Extremerfahrungen. Ich bejahe sie. Allerdings: »Ich habe Glück gehabt. / Deshalb bin ich noch da. / Aber in die Zukunft schauend erkenne ich schaudernd / wieviel Glück ich noch brauche«, sage ich hier mit Brecht. Die

Mangelerscheinungen der Epoche, Erfahrungsdefizit, Gefühlsarmut, die große innere Leere, über die alle klagen, dagegen ist jemand wie ich gefeit. Nie kann er auch der Versuchung erliegen, für sich einen Logenplatz von der Historie zu fordern, er weiß sich mitbedroht im jeweiligen geschichtlichen Opfer, in jedem, dem Unrecht geschieht. Sich nur mit dem Täter zu identifizieren – dem oft als Richter auftretenden Täter, makabre Personalunion –, sich selbst aber nie als mögliches Opfer von anderer Tun zu begreifen, das führt zu dem Typ von Unmenschlichkeit, der heute Mode ist, gar nicht so unähnlich dem gehabten. Zweierlei Maß, schon wieder. Kehrseite: die Wehleidigkeit beim kleinsten Schlag, der zurückgeschlagen wird. – Als Jude weiß einer, daß er zum Lehrbeispiel des Menschen in seiner Hilflosigkeit gemacht werden kann, von einem Atemzug zum nächsten. Darin ist er der direkte Erbe Jesu, ganz ohne Kirche und ohne Dogma: »von je gekreuzigt und verbrannt«.

Es ist ja auch nicht irgendeine Gemeinschaft, mit der zusammen dies exemplarische Schicksal zu tragen ist: Weinend fast sieht man den tragischen Kopf von Spinoza in der Reihe der Berufsphilosophen. Diese wissenden Augen sehen einen an durch die Jahrhunderte, immer wieder. Spätestens seit den Bildern von Rembrandt, und bis hin zu Einstein. Als sei man in einen merkwürdigen Orden hineingeboren, aus dem man nicht austreten kann, und in dem einem eine besondere Art Bewährung abverlangt wird. Und in dem man jederzeit demonstriert bekommen kann, daß – ich zitiere das beängstigende Wort von Spinoza – der Mensch dem Menschen ein Gott ist. (Der Mensch dem Menschen ein Wolf, dies antike Diktum, das sein Zeitgenosse Hobbes wiederaufnahm, klingt daneben geradezu beruhigend.)

Der emanzipierte Mensch wird also fast erdrückt von etwas, dessen sich zu schämen er doch keinen Grund hat. Und wie er zu dem Ganzen kommt, dafür bietet sich dem Nichtgläubigen keine Erklärung. Sicher ist, daß die Vertreibung die Emanzipation vom Judentum, auf das man doch schicksalsmäßig zurückgeworfen wurde, bei manchen praktisch noch beschleunigt hat. Im Exil suchten junge Menschen wie wir unsere Freunde frei aus: nach Neigung, nach Glück und Zufall. Die Familie, das Milieu, das dem Heranwachsenden ein Angebot von Altersgenossen macht, war ja zerstört.

Ich kann hier nicht verschweigen, daß meine Bereitschaft, die Frage öffentlich zu beantworten, unversehens Schiffbruch erlitt. Plötzlich stellte ich fest, daß in den siebzehn Jahren, die ich wieder in Deutschland lebe, mein Vertrauen zu meinen Mitbürgern gelitten hat. Es handelt sich durchaus nicht darum, ob und wieweit ein neuer oder auch militanter Antisemitismus in diesem Lande denkbar wäre (und er ist ja denkbar), es handelt sich um das Vertrauen und den Mißbrauch des Vertrauens schlechthin: den Dispens von Treu und Glauben, der das hämische Heruntersehen auf den anderen zum Code macht für jeden, der ein bißchen »in« sein will.

An diesem Punkte schon halte ich inne. Wie konnte ich in den schlimmen Jahren des Exils das Vertrauen zu den Menschen bewahren und es auch mit nachhause bringen in dies Land, in dem unsagbare Furchtbarkeiten unter dem Schweigen und Wegsehen aller geschehen waren? Es ist eine Frage, die ich mir selbst nicht beantworten kann. Vielleicht hat mich das Glück der Rückkehr in das Land meiner Sprache, meiner Kindheit, also mein Land, blind gemacht. Ich war ja wie betrunken von so viel Wiedersehen. (Ich kann mir nicht vorwerfen, daß es der Empfang meiner Gedichte gewesen wäre, ich veröffentlichte nichts die ersten Jahre, es war kein literarisches Erfolgserlebnis, das mich bestochen hätte.) Sicher hat dabei eine Rolle gespielt, daß in der Rückkehr Freiheit war; im Gegensatz zu all den Fluchten und Exilen, Freiwilligkeit der Entscheidung. Die Rückkehr, nicht die Verfolgung, war das große Erlebnis meines Lebens. Ein Erlebnis von äußerster Zerbrechlichkeit. »Das Zuhause hat einem nicht wehzutun wie ein Hexenschuß oder ein hohler Zahn. Das Zuhause ist da, und man fühlt es nicht. Wenn man es erst fühlt und betastet, wenn man es erst in die Hand nimmt wie eine zerbrechliche Kostbarkeit, die gleich hinfallen kann – die auch vielleicht schon einmal geleimt wurde –, ist es mit dem Zuhause vorbei. Es ist etwas, was man abgenommen bekommt. Wenn man Glück hat, bekommt man es wieder, aber es ist zuviel Erstaunen dabei. Man freut sich zuviel, als daß es ganz wirklich wäre. Als müsse man dauernd ›ich atme‹ denken. Das Atmen wäre dann ein Genuß. Eine schreckliche Vorstellung. Das Trauma macht überempfindlich für die Freude«, schrieb ich hierzu in meinem Roman »Das zweite Paradies«, einem Rückkehrerbuch.

Das irrationalste Kriterium für das Zuhause ist vermutlich das Gefühl: Hier könnte ich sterben. Gerade wurde es mir in einer fast grotesken Weise wieder deutlich, als ich las, daß manche der nach Westdeutschland übersiedelten DDR-Bewohner ihre Asche vor der Küste der DDR ins Meer versenken ließen: eine Wasserbestattung, nahe der heimatlichen Erde. Hierzu läßt sich nichts Vernünftiges sagen, außer daß es so ist. »Warm wie an dem Flackerherde / Liegt man in der deutschen Erde«, sagte Heine. »Hier könnte ich sterben. Das ist sicher. Am Main, Am Rhein. Auch in Bayern. Ohne Widerstreben. Daran merkt man, daß man hier zuhause ist. Daran mehr als an allem«, schrieb ich in dem schon zitierten Rückkehrerbuch. Wie ich es mir vorgestellt habe, das lese ich am Schluß des ersten Gedichts, das ich, nach meiner Rückkehr, 1955 in Deutschland geschrieben habe:

».. . eine kleine Kirche auf einem Hügel
mit einem einsamen Kirchhof
winkt dir zu.
Du wägst ihren Gruß
wie eine Einladung,
die man eines Tages
– noch ungewiß, wann –
vielleicht gerne
annehmen möchte.

Und daran erkennst du,
daß du
hier ein wenig mehr
als an andern Stätten
zuhaus bist.«

Ohne die bewegende Nachricht über das Seebegräbnis der DDR-Deutschen hätte ich dies Gedicht vermutlich hier nicht zitiert. Ich lerne daraus über mich, was mir bisher nie aufgefallen war: daß ich nicht an einen jüdischen Friedhof dachte oder vielleicht auch denke. Die Identifikation mit dem Judentum, so aufrichtig ich sie versucht habe, ist brüchiger geblieben, als ich es wußte. Dabei war doch die Frage, ob die jüdischen

Toten in Ruhe liegen dürfen, eine entscheidende Frage bei meiner Rückkehr. Der unbehauste Tote, das nahm ich mir – unvernünftigerweise, wir bewegen uns hier außerhalb der Ratio – noch radikaler zu Herzen als die unbehausten Lebenden.

»Wenn nur die Friedhöfe in Ordnung sind, dachte ich auf dem Schiff bei der Rückkehr. Immer dasselbe, wie in einer Narkose. Wenn ich mich an einen Grabstein anlehnen kann, dann kann ich bleiben. Sonst werde ich nie wieder heimisch werden. Immer dachte ich an die Gräber auf der Überfahrt. Der einsame Friedhof. Frieden. Die Toten haben wenig Besuch. Ihre Kinder sind alle ausgewandert. Oder selber tot. Als wir kamen, früh im Frühjahr, und die Steine von denen sahen, die da lagen, und von denen, die nicht da lagen, die nirgends liegen, aber doch da liegen, und über allem, über den Wegen und über den Gräbern, ein Gespinst, ein dichtes Gewebe von grünen Ranken voll winziger blauer Blütensterne, da sah ich, daß alle wohl aufgehoben waren, so natürlich aufgehoben, so zuhause, daß ich die Angst verlor. Als ich die blaue Blütendecke sah, die niemand ausgebreitet hatte, aber die niemand wegnehmen würde, eine natürliche Decke, da begann ich die Menschen daraufhin anzusehen, ob ich wieder mit ihnen leben und wieder bei ihnen zu Hause sein könnte. Und dann konnte ich es. Es war ganz leicht, es kam ganz von selbst, als ich die Angst verloren hatte.« So schrieb ich über den Besuch des jüdischen Friedhofs in Frankfurt, 1954.

Ich gebe Ihnen ein konkretes Beispiel dessen, was ich meine, wenn ich von Vertrauensverlust seit meiner Rückkehr rede. Ich bleibe gleich beim Thema, aber es könnte jedes sein. Im Winter 1959/60, ich war damals in

Madrid, trugen sich die ersten Friedhofsschändungen des Nachkriegs zu: jüdische Friedhöfe im Rheinland. Ich schrieb damals an Günter Eich und schlug vor, er und die Gleichgesinnten, also das neue Deutschland, mögen zum Protest sich den gelben Stern anstecken, und möglichst viele sollten, so stellte ich mir vor, mit dem gelben Stern gehen, zum Zeichen der Solidarisierung mit den geschändeten Toten. Eigentlich überlegte ich nur, wie man mit möglichst wenig Geld sofort diese Sterne herstellen könnte und wie man sie in Umlauf setzen würde. Eich schrieb zurück, ganz geteilt zwischen der Begeisterung für diesen Vorschlag und der praktischen Unmöglichkeit, dergleichen auszuführen. Er sei unglücklich, nicht selber die Idee gehabt zu haben, schrieb er, und doch, es sei total unmachbar.

War ich ein Kind etwa, als ich nach Deutschland zurückkam? Ich nahm die Bestürzung aller – oder doch derer, denen ich begegnete – ganz, ganz wörtlich. Ich traute es auch den Menschen damals zu, daß sie sich exponieren würden. Eich war realistischer.

Da alles so widersprüchlich ist in einem Leben wie dem meinen – Widersprüche, die sich nicht auflösen, sondern die bewußt ausgehalten werden müssen –, so hatte ich zwar ein solches Zutrauen zu dem neuen Deutschland, gleichzeitig aber fühlte ich mich in diesen Toten so verfolgt, daß ich unfähig war, auch nur den kleinsten Gegenstand für die möblierten Zimmer zu kaufen, die wir damals in Madrid bezogen hatten.

»Sag dem Schoßhund Gegenstand ab
der dich anwedelt aus den Schaufenstern
er irrt
du riechst nicht nach Bleiben«,

das schrieb ich in jenen Wochen. Sicher, ich war gleichzeitig krank vor Aufregung und doch voller Vertrauen, daß dies nicht einfach hingenommen werden würde. Ein sehr labiler Zustand.

Das liegt zurück, als läge es ein Jahrhundert hinter mir. Ich weiß, in diesem Lande regt sich niemand über das, was andern passiert, mehr als bis zum Abendessen auf. Um es einmal hart zu sagen, Aufregung existiert nur da, wo sie kanalisiert und als Prestige nutzbar gemacht wird: abstrakt. Ich weiß, ich tue dem und dem Unrecht, im ganzen aber ist es so. Nicht nur hier, aber hier sicher. Aufregung ist ein politisches Mittel, gilt nur dem Gesinnungsgenossen. Die Welt zerfällt in »Gerechte« und »Ungerechte«. Von beiden weiß man meist wenig außer diesem Etikett mit seiner Signalwirkung. Die »Polarisierung« hat Unmenschlichkeit wie eine Pest mitgebracht.

Friedhöfe werden jetzt allgemein geschändet, besonders die jüdischen. Täglich Gewalttätigkeiten, diese eine unter anderen. Man nennt das »Dumme-Jungen-Streiche«, selbst ich rege mich nur noch kurz auf. Ich habe es erlebt, daß eine Heidelberger Studentengruppe die Ermordung der israelischen Sportler in München auf einem Flugblatt feierte: eine sozialistische Gruppe. Ich hätte das für unmöglich gehalten, wenn es diese Vokabel in meinem Vokabular noch gäbe. Ich weiß, das sind Minderheiten, verschwindende sogar. Trotzdem wurde ich krank, ich bekam ein Fieber, und es ging nicht weg, ich nahm den nächsten Zug, legte mich hin, weil ich nicht stehen konnte, und verließ Deutschland für ein paar Wochen. Ich weiß nicht, ob es das ist, was Sie hier hören wollen. Niemand wird so etwas sagen außer mir. Sie haben mich aber gefragt, wie es ist, mit dieser Zentnerlast zu leben. Ich brachte dies nur zur Verdeutlichung, wie weit ich weg bin von dem Vorschlag an Günter Eich.

Ich nehme etwas ganz anderes. Soll ich Ihnen etwa erzählen, wie dem Kinde zumute war, das in einer katholischen Kirche im Hunsrück den Karfreitag erlebte? In Kirchen kam ich ja gelegentlich mit unserem Mädchen. In Synagogen nie. In dieser Dorfkirche erfuhr ich, daß Judas oder die Juden, aber es war dasselbe, Jesus verraten hatten. Das war ein furchtbarer Schmerz für mich, eine unakzeptable Mitteilung. Schreiend stand ich auf und lief, laut heulend, wie kleine Kinder es tun, den Mittelgang hinaus aus der Kirche, das entsetzte Mädchen hinter mir. Es muß ein merkwürdiger Anblick für die Bauern gewesen sein, denen ich wohl bekannt war, unser Mädchen war die Tochter des Dorfschmieds, zur Zeit der Pferde ein wichtiger Mann in dem Dorf. Ich habe Bedenken, Ihnen das zu erzählen, weil der gute Glaube bei uns so rar geworden ist, dieser gute Glaube, auf den jedes Bekenntnis – übrigens auch in hohem Maße die Poesie – angewiesen ist. Dabei, es ist ganz klar, wende ich mich an Sie und erneuere Ihnen das Vertrauen, jedem einzelnen, weil ohne Vertrauen der Mensch verstummen müßte, egal was er sagt.

Widersprüchlich wie alles ist, ich teilte auch Freunden mit, mein Vertrauen habe gelitten, und das hindere mich bei diesem Thema und vermutlich nicht nur bei diesem. Zu meinem Entsetzen sagten die Befragten sofort: »Ich kann Sie verstehen«, während ich noch den Atem anhielt, um das Gegenteil zu hören. Allenfalls sagte der oder der: »Tun Sie es trotzdem!«

Nur einmal noch habe ich übrigens ein solch verzweifeltes Protest-Exit gemacht, ich war schon auf dem

Gymnasium: als ich Tollers »Hoppla, wir leben!« sah und es nicht ertrug, Zeitgenosse zu sein – Kinder müssen heute ganz anderes verkraften, fast täglich, schrecklich die dicke Haut, die das macht. Führt diese Erinnerung vom Thema weg? Nur scheinbar. Ein Leben unter Abgebrühten, das Leben heute. Und unter Ausflippern, die um sich schlagen. Die einen wie die andern wollen es leichthaben, für sich selbst. Nicht zu hart auf die Probe gestellt zu werden, darauf ist der Mensch unserer Tage, der Mensch der Industriegesellschaft mit ihrer fatalen Medienherrschaft, noch mehr angewiesen als es der Mensch ohnehin ist. So viel Stehkraft kann gar nicht aufgebracht werden, wie einer sie heute braucht. »Auf die Probe stellen, auf die Probe gestellt werden«: das ist aber ein Stichwort für jeden, der »das Zentnergewicht von Anfang an« trägt. Er wird auf die Probe gestellt, unablässig, und er ist Prüfstein, und das ist noch weit anstrengender. Eben wegen des Vertrauens, das dabei strapaziert wird.

Ich gehöre gleich drei Menschengruppen an, die, jede auf ihre Weise, nur auf Widerruf freigesprochen sind und daher eine fatale Neigung zur Selbstrechtfertigung haben.

Ich bin Deutscher. Das ist mir streitig gemacht worden, das ist mir wiedergegeben worden, das habe ich in Wahrheit nie eingebüßt, ich bin ein Teil dessen, was man »das andere Deutschland« genannt hat, was aber mit der Rückkehr doch wieder eingemündet ist in das Land seiner Herkunft. Wenn ich aber diesen schäbigen Refrain: »Was sagt das Ausland von uns« zu hören bekomme, wie seit 1977 dauernd (»hält man uns wieder für autoritär«, »hält man uns noch für demokratisch« etc.), dann werde ich wütend gegen diese Sklavenmentalität. »Fragen Sie sich selber«, fahre ich den Sprechenden an, wer er auch sei. »Fragen Sie Ihr eigenes Gewissen, auf uns selbst kommt es an«, sage ich, und alle sind verlegen. Dabei ist es auch für mich kompliziert, oft bin ich gespalten, wenn ich »wir« sage. »Ihr seid die alten Nazis«, sagen die Italiener, die Franzosen jetzt oft – zu Unrecht – zu den Bundesdeutschen. Ich stehe für die Bundesrepublik gerade, ich distanziere mich nicht. Sage ich: »Die sind keine Nazis mehr«, sage ich: »Bei uns…«? Vermutlich sage ich: »Bei uns« und füge hinzu: »Ich war Verfolgter, Sie können mir glauben.«

Die zweite Gruppe, die virtuell auf der Anklagebank sitzt und zu der ich gehöre, sind die geistig tätigen Frauen.* »Frauen sind wie Juden unter Nazis«, hat Virginia Woolf gesagt. »Frauen sind jüdische Neger«, formulierte es Sartre. Die Frau hat dagegen anzukämpfen, daß sie »the angel of the house«, »der Engel des Heims« zu sein hat, sagt Virginia Woolf. Das hindere die Frau am Schreiben. Gleichzeitig, neuerdings, hat sich die Frau gegen den Vorwurf der sexuellen Rächerin zu verteidigen. Kaum eine widerwärtige und unmenschliche Aktion, bei der nicht Frauen führend beteiligt sind. Kein Terrorakt ohne Terroristinnen. Das Wort »Emanzipation« bleibt einem im Halse stecken, es wäre verkehrt angewandt. Auf jeden Fall ist das Mitglied dieser beiden Gruppen, der Deutsche nach Hitler, die Frau im Zeitalter versuchter Selbstrealisierung, suspekt: auf Widerruf akzeptiert.

In noch höherem Maße gilt das für den Juden. Ist er

---

* Vgl. »Über die Schwierigkeiten, eine berufstätige Frau zu sein«; in: H. Domin, »Gesammelte Essays«, München 1992.

anders als die andern, und wenn ja, wieso? Es ist viel für einen Menschen, gleich allen drei Gruppen anzugehören: Deutscher, Autorin, Jude. Es sind Gruppen, in denen jedes Mitglied sich fürchtet, wenn ein anderer seiner Gruppe einen falschen Schritt tut: Alle werden kollektiv haftbar gemacht.

Ob der, der mit dem Rücken zur Wand sich zu verteidigen gezwungen ist, es immer richtig macht? Schlimm ist es, immer nur auf Widerruf, auf Bewährung akzeptiert zu sein. Sich dabei die geistige Freiheit zu bewahren, die jeder andere hat oder haben kann, das ist die eigentliche Aufgabe.

Als ich in dies Land zurückkam, um hier zu leben, da schrieben mir die ersten Leser meiner Gedichte: »Sie haben es nicht nötig, diesen Nachteil auf sich zu nehmen. Halten Sie geheim, daß Sie Jüdin sind. Ihre Gedichte spiegeln das Schicksal jedes Heimatvertriebenen wider, man wird Sie für einen Ostflüchtling halten.« Was ja in der Tat meine Leser vielfach tun. Ich habe das abgelehnt, diese Lebenslüge. Es ist wahr, ich sehe in dem jüdischen Schicksal nur den Extremfall des Allgemeinen. Das Besondere, der Grenzfall, wird ins Schicksalhafte sublimiert, vor allem beim Dichter. Er schreibt für alle. Auch für die Nichtgrenzbewohner. Er erlebt das Schicksal um einige Nuancen härter. Um so besser kann er die conditio humana, das, was alle trifft, verdeutlichen.

Ende der sechziger Jahre passierte mir dies: Ein Student war per Anhalter aus Freiburg nach Heidelberg gekommen, er wollte mir seine Gedichte zeigen. Wenige Tage zuvor hatte ich in Freiburg gelesen. Wir sprachen davon, daß gerade eine Freiburger Studentenzeitung eingezogen und vernichtet worden war, die von der damals recht aktiven NPD mit rassistischen Einsprengseln gespickt worden war. »Diese armen Juden«, sagte mein Besucher, »sie tun mir so leid. Ich habe ja nie einen gesehen.« Ich fuhr mir durchs Haar, bewußt, wie unperfekt ich mich präsentierte. »Jetzt sehen Sie einen«, sagte ich. Was sah er da?

Ein paar Jahre früher – und beide Ereignisse sind für mich untrennbar – war ich mit dem deutschen PEN in New York. Jüdische Schriftsteller dort erklärten, sie seien nicht bereit, einem deutschen Autor die Hand zu geben. Ich erinnere mich, wie ich eine deutsche Autorin herbeizog, Ingeborg Drewitz, damals ein Neuling auf unserer literarischen Szene: »Hier haben Sie das unschuldige Deutschland. Sie ging mit achtzehn aus dem BDM. Sie hat an nichts mitgemacht. Was werfen Sie ihr vor?« Ingeborg Drewitz wurde über und über rot. Diese New Yorker Juden strahlten, glücklich reichten sie dem unschuldigen Deutschland die Hand: ganz erlöst von dem selbstauferlegten Zwang. Hernach ging ich zu Ingeborg Drewitz und bat um Verzeihung, wie konnte ich ihr das antun, ein Land zu sein statt ein Mensch. Daran dachte ich, als ich dem Freiburger Studenten sagte: »Jetzt sehen Sie einen«, das war vergleichbar.

Will ich heute noch in Deutschland beerdigt werden? Ich bin unsicher geworden. Vielleicht gar nicht beerdigt. Vielleicht will ich meine Asche verstreut sehen. Irgendwo in einem Wald über dem Neckar.* »Sie sind verrückt«, sagte jemand, den ich in einer Krise darum bat. Ich habe ihn also doch gebeten.

---

* Diese Frage ist 1992 entschieden: Mein Grab ist im Heidelberger Bergfriedhof vorgesehen. Auf der Grabplatte steht: »Wir setzten den Fuß in die Luft, und sie trug«.

»Vertrauen, dieses schwerste
A B C«

schrieb ich 1960 in Madrid, vor der endgültigen Rückkehr nach Heidelberg, nannte es »Lied zur Ermutigung«!* Solange wir atmen, müssen wir dies schwierige ABC neu buchstabieren. Täglich. Jeder von uns. Es ist der Atem selbst.

1978

* Vgl. die Selbstinterpretation in »Doppelinterpretationen«, Frankfurt 1969, und in »Gesammelte Essays«, München 1992.

Offener Brief an Nelly Sachs

Zur Frage der Exildichtung

Liebe Nelly,
 ich schreibe Dir diesen Brief, publice.* Ich will öffentlich aussprechen, was Du für mich getan hast, denn ich denke, Du hast es für viele getan und kannst es für viele tun. Für alle, die in der einen oder andern Weise an dem gleichen Trauma leiden. Das will ich feststellen, und danach will ich es auch zu analysieren versuchen.
 Bei Kriegsende sah ich zum erstenmal Bilder aus den Konzentrationslagern. Viele haben sie damals zum erstenmal gesehen: außerhalb Deutschlands und vor allem auch in Deutschland. Auch in Deutschland, ich wiederhole dies ausdrücklich. (Ich selber war weit weg, auf einer Insel im Karibischen Meer.) Am schlimmsten waren mir die Leichenhaufen: all diese nackten hilflosen Körper, wie ein Lager von verrenkten Puppen übereinander gestapelt. Ich konnte keine nackten Körper mehr sehen, besonders keinen Schlafenden – in den Tropen schläft man ja oft nackt oder fast nackt –, ohne mich zu ängstigen vor den Leichenpuppen, diesen hilf-

---

* Die ursprüngliche Fassung dieses Briefs, vom 20. und 21. Januar 1960 (zitiert in meiner Dankrede für den Nelly-Sachs-Preis der Stadt Dortmund, 1983, hier nicht abgedruckt) war die Antwort auf »Und niemand weiß weiter«, das wie mein »Nur eine Rose als Stütze« in seinem ersten Satz von der Wurzel spricht. »Man muß weggehen können / und doch sein wie ein Baum / als bliebe die Wurzel im Boden...« beginne ich. »Wurzeln schlagen / die verlassenen Dinge / in den Augen Fliehender« beginnt sie. Keine Woche später – die Post zwischen Madrid und Stockholm funktionierte vorzüglich – kam dann ihr »Flucht und Verwandlung« und »Der magische Tänzer« in »Hortulus«.

losen Objekten von Anderer Tun. Jeder Liegende wurde mir sofort zur Leiche, zog Trauben von Leichen an. Das habe ich damals nie ausgesprochen, das hätte ich niemandem sagen können, mein Entsetzen war nicht mitteilbar. Sollte ich vielleicht sagen: »Schlafe nicht. Sofort liegen lauter Leichen da«?

Als ich Deine Gedichte las, im Winter 59/60, also fast 15 Jahre später, da hast Du meine Toten bestattet, all diese fremden furchtbaren Toten, die mir ins Zimmer kamen. Sie stiegen auf in einem weißen wirbelnden Schaum, sie verloren diese Puppenhaftigkeit der Menschen, denen nur angetan worden war, dies umgekehrte Robotertum, und gingen ein in das Gedächtnis aller Gestorbenen. In Schmerz aber ohne Bitterkeit lösten sie sich in Deinen Worten und stiegen auf wie ein milchiger Dunst, ich sah es sich auflösen, fortziehen. Sie kamen nicht mehr in dieser Form zu mir zurück. Ich breche in Tränen aus, wie ich dies schreibe, aber ich will es trotzdem aussprechen, und auch öffentlich.

Diese große Katharsis, diese Erlösung haben Deine Gedichte bewirkt, alle wie *ein* Gedicht: während doch das einzelne Deiner Gedichte den Leser preßt und nur selten am Ende freigibt. Deshalb also habe ich Deine Gedichte mit Leidenschaft gelesen. Ich sehe kein zweites Werk, das diese Toten, diese so besonders unglücklichen Toten unter den vielen schlecht gestorbenen, der Erinnerung der Menschheit einfügt wie das Deine. Das müssen wir alle Dir danken: wir, die Überlebenden. Wir, die verschont wurden als Opfer, und in gleicher Weise die, die überlebt haben auf der Seite der Mitschuldigen. Und die junge Generation, die diese ganze Last erben muß und für die Du sie leichter gemacht hast.

Der Dichter trägt mehr zum »Weiterleben«, zum gemeinsamen Weiterleben bei (um diese fatale ›Bewältigung‹ einmal menschlich zu benennen) als alle Politiker zusammen. Du hast diesen Toten die Stimme gegeben. Mit Deinen Worten sind sie – klagend aber doch – gegangen, den Weg, den die Toten gehen. Das konnte nur einer tun, der ein Opfer und ein Ausgestoßener war und zugleich ein deutscher Dichter. Einer, dem die deutsche Sprache zu eigen ist und der also ganz ein Deutscher ist. Und der zugleich ganz zu den Opfern gehört.

Ich kann über all dies mit Unbefangenheit sprechen, mehr als jeder andere. Und ich will es auch tun. In der Paulskirche hörte man, Du seiest ein jüdischer Dichter. Stimmt das? Bist Du, Nelly Sachs, ein »jüdischer Dichter«?

Thematisch gesehen bist Du's. Aber was ist ein Jude? Besonders wenn er nicht den Glauben hätte. Du, Glückliche, du glaubst. Aber wenn er nicht den Glauben hätte? Du hast es für uns alle definiert: »An uns übt Gott Zerbrechen«, hast Du gesagt. »Ein Jude ist genau wie die Andern, nur alles etwas mehr«, sagte Shaw sehr witzig, eine Definition, die sich ebensogut wohl auf die Deutschen anwenden ließe, aber doch nur in Grenzen richtig ist. (Die Dichter sind »alles ein wenig mehr als andere«, zum Beispiel. »Lebendiger«, wenn Du willst. Von den Juden läßt sich das doch nicht so sagen.) Nur in dem also stimmt es: An uns wird etwas mehr »Zerbrechen« geübt als an anderen. Exemplarischer wird es geübt, wieder und wieder, soweit das Gedächtnis des Abendlandes reicht. Bitte, mißverstehe mich nicht, ich glaube nicht, daß wir da sind, damit die conditio humana an uns auf offener Bühne wieder und wieder vollstreckt werde, stellvertretend und ohne Milderung, Lehrbeispiel eines Weltenlenkers, der unser als Demonstrationsobjekt bedürfte. Die Theologen sehen da manchmal eine Art höheres Programm. Ich sehe nur die Tatsache, die sehr irdische, geschichtliche Tatsache, ich stelle sie fest: und mit Grauen. Wie man vieles mit Grauen ansieht, was geschehen ist und geschieht. Was einfach »wirklich« ist. Den Juden ist häufiger und krasser die Rolle des *Ecce homo* zugefallen, aufgedrängt worden, als anderen. Historisch war es ihnen einfach nicht vergönnt, sich von diesem ihrem Sonderstatus zu befreien.

Du also, in Deinen Gedichten, sprichst von diesem Prügelknaben der Menschheit, von den Juden, und fast nur von ihnen. Und fast nur von diesen, die vernichtet worden sind, vor bald einem Vierteljahrhundert. Und von Dir, dem Dichter, der ihnen nachstirbt. Diesen, die ins Äußerste getrieben wurden, an die Grenze des Menschseins. Und die für die andern zu einem Probierstein gemacht wurden, an dem Nicht-zu-versagen ein Äußerstes an Menschlichkeit verlangte. In einem äußersten, in einem extremen Sinne bist Du daher die Stimme des Menschen. Und Deine Stimme spricht deutsch. Zu Deutschen.

Das gute Buch, las ich kürzlich, sei das Buch des Lesers. Das schlechte dagegen das Buch seines Autors und nur das. Das gleiche gilt – und in erhöhtem Maße – für das Gedicht. Das gute Gedicht gehört seinem Leser, jedem einzelnen Leser, gleichgültig wann und wo er es liest oder lesen wird. Es erneuert sich mit jedem Leser, wird das Gedicht sehr verschiedener Leser sein, wenn auch nicht alle das gleiche lesen werden: sondern jeder nur die feinste Nuance, die es zu »seinem« Gedicht macht.

In diesem Sinne schon, also grundsätzlich, tritt Deine Person hinter Deinem Werk zurück. Wie die Person eines jeden Dichters hinter dem Werk zurücktritt. Es würde in einem gewissen Maße gleichgültig, ob Du ein Jude bist, ein assimilierter oder nicht, ob Du eine Frau bist, auch, was Du erlebt hast. Wichtig ist nur das Werk, und was Du ins Werk getan hast. Und das wäre nur vom Leser her zu sehen. Man könnte also den Autor wegdefinieren aus seinem Werk, ihn zum Verschwinden bringen in der dünnen Luft der Abstraktion. Hier »konsequent« zu sein, das wäre jedoch ein Taschenspielertrick des Intellekts. Vielmehr frißt das Werk den Autor auf, es nährt sich von seinen Erfahrungen, von seiner ganz besonderen Begegnung mit der Wirklichkeit, dieser unwiederholbaren Verbindung von historischen, sozialen und persönlichen Faktoren. Das Gedicht ist die Essenz des Gelebten: exemplarisch und vollziehbar gemacht. Das Schicksalhafte am Privaten. Suspendierte Zeit, auf einen Punkt gebracht, eingefrorene Augenblicke. Kann der Leser sie für sich wieder ins Fließen bringen? Auch die Augenblicke eines Sonderschicksals wie des Deinen? Denn es ist ein Sonderschicksal. Oder das der Lasker-Schüler oder der Kolmar? Wozu hier von Frauen reden? Das gleiche gilt für Heine und die, die nach ihm kamen, bis hin zu Goll und zu Celan. Ich rechne nicht nach, wer abstammungsmäßig »dazugehört«, wir bewegen uns hier in einem geistigen Raum, es geht um die konkrete *Realität*, die der Dichter zu leben und in Sprache zu verwandeln hat. Das »Sonderschicksal« ist vielleicht der besonderen Erfahrung von Grenzbewohnern vergleichbar, um nur ein Beispiel zu nennen: Je nach den historischen Gegebenheiten, je nach der Veranlagung, wird beim Einzelnen der Anteil der Sondererfahrung am Gesamt seiner Erfahrung variieren (auch auf verschiedene Ebenen transponiert werden), wobei auf jeden Fall auch das Besondere noch ins Schicksalhafte sublimiert wird. Zumindest beim Dichter von Rang. Er schreibt für alle. Der Dichter, der ein »Grenzbewohner« wäre, auch für die Nichtgrenzbewohner. Niemand weiß ja auch, an welche Grenze es ihn verschlagen könnte. Das ist etwas Exemplarisches. Alle sind wir antastbar. Unter dem einen oder dem andern Vorzeichen.

Daher also schreibst Du für alle. Ganz wie die Droste, ganz wie die Lasker. Oder wie Mombert oder wie Trakl oder wer immer. Und natürlich in erster Linie für die, deren Muttersprache deutsch ist. Und deren Muttersprache deutsch sein wird (oder die doch deutsch wie eine eigene Sprache lesen). Und bist daher ein deutscher Dichter und kannst gar nichts anderes sein. Du, die Du von den Opfern redest und selber mit knapper Not entkamst. Und die Du immer wieder davon krank bist. Davon lebt Deine Lyrik, von dieser großen Spannung, dieser »Vereinigung des Unvereinbaren«, die Poesie immer war und heute nur mehr ist, weil die Realität uns äußerste Spannungen zu leben gibt. Dies Merkmal moderner Dichtung, das Paradox, das in aller Munde ist, das wird ja nicht von irgendwo in die Kunstform gebracht, das wird zuerst und vor allem doch *gelebt*, aufs heikelste gelebt. Da wird einer verstoßen und verfolgt, ausgeschlossen von einer Gemeinschaft, und in der Verzweiflung ergreift er das Wort und erneuert es, macht das Wort lebendig, das Wort, das zugleich das Seine ist und das der Verfolger. Der vor dem Rassenhaß Flüchtende ist nur der Unglücklichste, der am meisten Verneinte unter den Exildichtern überhaupt.

Und während er noch flieht und verfolgt wird, vielleicht sogar umgebracht, rüstet sich sein Wort schon für den Rückweg, um einzuziehen in das Lebenszentrum der Verfolger, ihre Sprache. Und so erwirbt er ein unverlierbareres Bürgerrecht, als wenn er friedlich hätte zu Hause bleiben dürfen und vielleicht sein Wort nicht diese Kraft einer äußersten Erfahrung hätte, die es so stark macht (oder auch gar nicht erst entstanden wäre). Und er kann nicht anders als die Sprache lieben, durch die er lebt und die ihm Leben gibt. In der ihm doch sein Leben beschädigt wurde. Das äußerste Vertrauen und die Panik fallen hier zusammen, das Ja und das Nein sind nie mehr zu trennen. Entscheidung ist hier vorweggenommen, Versöhnung des Unversöhnlichen generiert sich selbst, ein – wenn auch kleiner, gemessen am Ausmaß des Unheils – Beweis, ein Abglanz noch von »jener Kraft, die stets das Böse will und stets das Gute schafft«. Wenn daher alle Dichter das Paradox leben (schon in der zunehmenden Unvereinbarkeit des Innen und des Außen, und auf viele Weisen), so leben die deutschen Dichter jüdischen Schicksals, um sie so zu nennen, in diesem historischen Augenblick, es eben um einige – unwägbare – Grade härter.

Mögen die Gutmeinenden uns kein falsches und sentimentales Etikett umhängen. Die Stimme wird gehört, weil sie eine *deutsche* Stimme ist. Wie würde sie sonst die Menschen in diesem Lande erregen.

Aber wozu bestehe ich eigentlich so darauf, da es doch vorentschieden ist, wie ich sagte, und also der Wille nichts hinzufügen und das Sträuben nichts wegnehmen kann? Nicht das eigene und auch nicht das fremde. Nur durch die physische Ermordung des lebenden Worts, nur durch eine neue Bücherverbrennung ließe sich das so Vereinte trennen. Und selbst dadurch nicht, denn das Wort hat schon gewirkt, fließt schon in anderen Worten weiter. Ich glaube aber, daß es notwendig ist, daß der Tatbestand als solcher in seiner heiklen Widersprüchlichkeit endlich einmal klar analysiert und eingeordnet wird. *Sine ira et studio.* Das versuche ich. Dazu eignet sich diese Feier zu Deinen Ehren vor allem andern.

Es ist auch kein falscher Nationalismus dabei, wenn ich »deutsch« sage. Wie klänge er gerade auch in unserem Munde. Die deutschen Dichter sind keine »Fußballmannschaft«, die mit andern in Wettbewerb träte zu Ehren einer Nationalflagge. Es handelt sich ganz einfach um Gegebenheiten. Die Sprache ist das Gedächtnis der Menschheit. Je mehr Sprachen man lernt, um so mehr nimmt man teil an der Erinnerung der Menschen, die aus allen Sprachen besteht. Die Dichter, vor anderen, halten diese Erinnerung lebendig und bunt. Ich meine: Sie erhalten sie virulent, indem sie die Sprache immer wieder spitz und verwundend machen, die sich dauernd abschleift und entschärft. Das kann jeder nur mit seiner Sprache tun. Die unsere ist eben deutsch. Daß der Ausgestoßene überdies ein besonders waches Verhältnis zum Wort hat, gerade wegen seiner Intimität mit fremden Sprachen, daß er ganz von selbst zum »Botschafter« wird, in die fremden Sprachen die eigene hineintragend, und umgekehrt der Muttersprache »Welt« anverwandelnd, ist nur ein weiteres der Paradoxe, die sein Leben ausmachen.

Die Dichter tragen ja auch nicht nur die Fakten hinzu, zu dem Gedächtnis, wie es die Wissenschaft tut. Sie tragen sie auf eine eigentümliche Weise hinzu. Dafür bist Du ein gutes Beispiel: Deine Dichtung erhält das Unheil lebendig, denn Du bist die Stimme dieser unseligen Toten. Und zugleich erlöst Du von dem Unheil. Wie die Dichter von jeher und für die Zeiten den Schrecken und zugleich die Katharsis des Schreckens mit sich brachten.

Lyrik ist wie ein großes Glockenläuten: damit alle aufhorchen. Damit in einem jeden das aufhorcht, das nicht einem Zweck dient, das nicht verfälscht ist durch die Kompromisse. Und das gilt für das verzweifelte Gedicht, und noch für das negative und das »ärgerliche« Gedicht: Es ist ein Glockenläuten. In Wahrheit gibt es kein Gedicht »gegen«, das nicht zugleich, und weit mehr, auch ein Gedicht »für« wäre: Anrufung von Helfern, um gemeinsam etwas Unlebbares zu überkommen. Und darin besteht auch die Katharsis: in einem letzten Glauben an den Menschen, ohne den Lyrik nicht ist. Lyrik wendet sich an die Unschuld eines jeden, an das Beste in ihm: seine Freiheit, er selber zu sein. Das kann kein Elektronengehirn leisten, kein noch so gut funktionierender Apparat. Und auch kein »funktionierender« Mensch. Nur das Ich kann das »Du« des Nächsten sein und seines Bruders Hüter. Seines Bruders Hüter. Dies große Versäumnis!

Nelly, Du bist so sehr weit weg. Nein, nicht in Schweden. Auf dem Wege, »wo die Neuentdeckungen für die Seelenfahrer harren«. Verzeih, daß ich Dich auf diese Weise rufe. Drehe Dich um und sage Deinen jungen Lesern in Deutschland, daß jeder Einzelne gebraucht wird, damit Du die Toten nicht umsonst bestattet hast: im deutschen Wort. Einem Wort der Liebe. Der *»Liebe, die die Sonne bewegt und die andern Sterne«*, wie der Vater aller Exildichter sagt.

1966, Feier zum 75. Geburtstag von Nelly Sachs.

Ich schreibe, weil ich schreibe

(Warum einer tut, was er tut)

Warum ich schreibe?
Das war nicht vorgesehen. Es hätte nie passieren brauchen. Man lebt nicht alle Leben, die man leben könnte. Es passierte. Nichts läßt sich je rückgängig machen. Es ist mein zweites Leben, alle lächeln, wenn sie es hören, als sei es eine Metapher. Wenn sie meine Photos sehen, werden sie sofort ernst. Weil ich zwei Menschen bin. Der vorher, und der seitdem.

Ich hatte mir nichts vorgenommen, es passierte, wie wenn einer überfahren wird. Oder wie Liebe. Man handelt nicht, es passiert.

»Ich habe ein Gedicht geschrieben«, sagte ich zu ihm. Morgens vielleicht. Vermutlich morgens. »Du schreibst keine Gedichte«, sagte er mißbilligend. »Bis gestern«, sagte ich vorsichtig. »Wie wenn die Katze plötzlich zu reden begänne«, sagte er. »So leicht ist das also«, sagte er empört, als er nach vielem Sträuben es sich angesehen hatte. »Wieso?« sagte ich. »Was ist leicht?« »Gedichte schreiben«, sagte er. »Du hast es nie getan. Es ist ein Gedicht.« Damit knallte er die Tür hinter sich zu. Als ich die Türe knallen hörte, wußte ich, daß es ein Gedicht war.

Ich hatte das Gedicht abgetippt, sofort nach dem Aufstehen. Noch am gleichen Tag übersetzte ich es ins Spanische. Nur so. Ohne andere Absicht, als um es auszuprobieren, um zu sehen, ob der Text standhielte. Wie man ein Gewebe prüft, wie es von der andern Seite ist. Es war plötzlich da, ich wollte sehen, was mit ihm los war. Mein Handwerk war ja das Übersetzen von anderer Leute Texten in (und aus) vielerlei Sprachen. Dabei war das Gedicht fast eine Nebensache. Ich war nicht stolz darauf, ich nahm es zur Kenntnis. Das Gedicht trennte sich gar nicht von mir, damals. Ich weiß nicht, ob ich es richtig zu Gesicht bekam. (Normalerweise trennen sich Gedichte, machen sich selbständig, immer schneller. *»Worte drehen nicht den Kopf / sie stehen auf / sofort / und gehn«*, wie ich diesen erstaunlichen Prozeß, die Objektivierung, beschrieben habe.) Ich schrieb weiter Gedichte. Ich war ein Sterbender, der gegen das Sterben anschrieb. Solange ich schrieb, lebte ich. Das Handwerk hatte ich längst. Ich hatte es nicht gebraucht. Nun brauchte ich es.

Es ist eine Selbstverdoppelung. Das Innen wird Außen und umgekehrt. Ein Objektivierungsprozeß, der Glücksfall schöpferischer Arbeit (wie sie sogar Marx definiert). Das unerhörte Fremdgefühl wird überwunden, ohne daß man stürbe oder sich umbrächte.

Lorca sagt, das Quecksilber soll hinter den Spiegeln zerreißen. Ich dachte das. Das Gedicht sollte die Wirklichkeit verändern, die unlebbar war. Sie veränderte sich. Darüber kann ich nicht reden und soll ich auch nicht reden. Ich soll hier über mich reden, das ist das Thema. Ich schreibe also, weil ich schreibe, seit ich zu schreiben angefangen habe. Jede andere Begründung ist eine nachträgliche. Es ist die Sprache. Seit ich diese Art Umgang mit ihr habe, seit sie mir zum Partner geworden ist, kann ich es nicht lassen. Es ist eine Leidenschaft, ihr diese ganz kleinen Schubse zu geben und den Anprall zu fühlen. Die Zeit hört völlig auf, wie beim Liebesakt. Es ist ein schizophrener Vorgang, zugleich aktiv und passiv. Eine Art Zauberkunst, ein Akt der Befreiung durch Sprache. Die Worte meinen ja

Dinge. Die Dinge werden verändert oder anders geordnet je nach der Wortkombination. Sie ordnen sich neu. In einer ganz anderen Sphäre, in der man zugleich drinnen, aber mehr noch draußen ist, und eben deshalb frei von ihnen, die jetzt in den Worten und ansehbar, anhörbar, gelöst vom Ich sind.

Mein erstes Gedicht, das war schon mein Leben. Das, was ich mein zweites Leben nenne. Es ist fast zwanzig Jahre her.* So lang wie mein erstes also, Kindheit nicht mitgerechnet. Eine Auswahl meiner frühesten Gedichte, geschrieben 1951/1952, veröffentlichte ich ganz kürzlich. Es ist nur ein kleiner Zyklus. Heinz Mack entwarf zirka 50 Blätter dafür, von denen ich drei auswählen durfte. Und eines für den Umschlag. Das war 1968.** Sie waren noch ganz neu. Und vielleicht waren sie jünger, als ich jetzt bin. So jung, wie Mack heute ist. Es sind Liebes- und Bettgedichte, und also »tun« sie etwas, was die Wirklichkeit der Liebe angeht. Ganz wie Lorca es verlangt. (Merkwürdig oft kommt es vor, daß Gedichte von mir in das Leben fremder Menschen eingreifen, rein durch Zufall erfährt man es bisweilen, daß sie etwas »getan« haben für den oder den.)

Aber nicht deswegen schreibe ich, obwohl es mich freut. Auch daß der Jurist Fritz Bauer mein Gedicht »Wen es trifft« brauchen konnte, in seinen Vorträgen über den Befehlsnotstand, freute mich, als ich es, viel später, von ihm hörte. Dazu sind Gedichte da: daß sie benutzt werden können, für die Modellsituation. In diesem Fall, für die aktive Enthaltung von Unrecht.

---

* Und inzwischen, 1992, zweimal 20 Jahre.
** »Höhlenbilder, Gedichte 1951/52«. Hundertdruck mit Graphiken von Heinz Mack.

Dazu sind sie da. Aber man schreibt sie, weil man sie schreibt. Weil man sie schreiben muß. Nachher haben sie Folgen, das ist nur natürlich, insofern sie ja aus zwingenden Gründen entstanden sind und Modellcharakter haben, entkleidet sind vom Zufall der Einzelerfahrung, die sie ausgelöst hat.

Manchmal hatte ich selbst Gelegenheit, Gedichte von mir »anzuwenden«. Von einem solchen Fall will ich noch berichten.

Ich fuhr von Ulm, wo ich als Gast von Inge Aicher Scholl gelesen hatte, zurück nach Seefeld, unserem Ferienaufenthalt. Es war schon sehr spät, außer mir war nur noch eine Person in dem Zweiterklassewagen. Ich glaube, ich las Fahnen. An der österreichischen Grenze kam der Zoll. Der übliche Ritus. »Haben Sie?« »Nein, ich habe nicht.« Eine Formsache heutzutage. Der Beamte ging weiter. Plötzlich war es keine Formsache. Die Frau hinten im Wagen mußte ihr Köfferchen öffnen und befingern lassen, wurde strengstens befragt. Ich war aufmerksam geworden bei dieser ungleichen Behandlung. Sie sah sehr armselig aus. Sind die Schlechtangezogenen besonders der Konterbande verdächtig? »Auch keine Geschenke?« hörte ich ihn fragen. »Wem sollte ich denn etwas mitbringen!« Das klang trostlos überzeugend, der Zollbeamte ließ von ihr ab. Ich stand auf und setzte mich auf die Holzbank ihr gegenüber. »Sie sind Flüchtling?« sagte ich. »Lassen Sie mich in Ruhe«, sagte sie. »Ich war auch Flüchtling, ich kenne das.« »Lassen Sie mich, ich mag nicht reden.« »Wir waren zu zweit, wissen Sie. Und sehr, sehr jung. Das war etwas besser. Aber wir mußten weiter fliehen, immer weiter. Wir flohen vor Hitler. Das war schlimmer. Sind Sie ganz allein?« »Ich habe niemanden.« Sie war zuhause Schneiderin gewesen, war als Milchmädchen untergekommen, fühlte sich sehr verloren. Eine Frau Ende Dreißig vielleicht, ein Gesicht, das man nicht wiedererkennen würde. Blaß und mürrisch vor lauter Verlorenheit.

»Ich will Ihnen etwas vorlesen«, sagte ich. »Ich habe es beschrieben, wie es ist. Ich bin, was man früher einen Dichter nannte.«

»Ich bin nur eine Schneiderin«, sagte sie, »und jetzt ein Milchmädchen. Ich lese keine Bücher.«

»Es ist ganz einfach«, sagte ich. »Und wenn Sie es hören wollen, dann lese ich es auch öfter. Sie verstehen es dann schon.«

Ich las es ihr dreimal vor. Sonst lese ich gewöhnlich zweimal. Gedichte natürlich, Prosa sonst nicht. Ich las ihr das erste Gedicht meines ersten Bandes.

»Man muß weggehen können
und doch sein wie ein Baum.
Als bliebe die Wurzel im Boden,
als zöge die Landschaft und wir stünden fest...«

Und dann las ich ihr ein Stück aus dem »Zweiten Paradies«, aus der ersten Fassung, aber dies Stück ist gleichgeblieben. Dies Stück las ich ihr vor, und obwohl es Prosa war, las ich es dreimal hintereinander, denn sie wollte es mehrfach hören, ganz wie meine Zuhörer in Ulm ja auch.

Das war, was ich ihr vorlas:

»Sie selber erinnerte sich noch deutlich, mit welchem Mitgefühl sie in der Schule von den Vertriebenen und Verfolgten früherer Jahrhunderte gelernt hatte, unmenschliche Geschehen, aus den Tagen wo es noch Krankheiten wie Pest und Lepra gab. Man war davon durch einen tiefen Graben getrennt, wie von den Raubtieren im Zoo ... Sie wie die andern Kinder der Klasse. Sie waren in Sicherheit, kleine Mädchen mit Locken oder Zöpfen, und lernten alles das, was so weit zurücklag, daß es kaum wahr gewesen sein konnte. Sie dachten nicht, daß sie in Sicherheit waren. Sie waren in Sicherheit. Daß eines oder zwei von ihnen schon bestimmt waren, den Raubtieren vorgeworfen zu werden, daß schon ausgelost war, wer von ihnen um sein Leben rennen müsse und wer Zuschauer bleiben dürfe, und daß in Wahrheit von einem schützenden Graben keine Rede sein konnte, das wäre ein unnatürlicher Gedanke gewesen. Nicht einmal, als sie später, schon als Studentin, einen jungen Russen beim Anblick blühenden Flieders vor Heimweh weinen sah, hatte sie etwas anderes als Mitgefühl mit einem fremden, peripheren Geschick. Nichts, wovon man selbst bedroht sein könnte. ›Merkwürdig‹, hatte sie gedacht, ›genau wie diese unglücklichen Verfolgten, die ich mir als Kind so zu Herzen nahm. Und jetzt sehe ich einen.‹ Sie erinnerte sich noch genau an die Schulbank, an ihren Platz, den zweiten rechts neben dem Fenster, das schwarzbraune Holz des Pults, und was sie empfunden hatte, als sie zum ersten Mal im Leben von Verfolgungen gehört hatte. Menschen waren lebendig verbrannt worden, in Scheunen und anderen Gebäuden, wo man sie zusammengetrieben hatte. Einige flohen, alles zurücklassend, erfuhren viel später, irgendwo, durch Zufall, von dem Tod der Ihren. Sie machte schüchterne Versuche, den Russen zu trösten, aber er schüttelte den Kopf und sprach von etwas anderem, und sie verstand, daß es keinen Trost für ihn geben konnte.

Sie hatte eine fast ehrfürchtige Scheu vor diesem unheilbaren Unglück. Seit er wegen des Flieders geweint hatte, war ihr immer zumute, als gehe sie neben einem Blinden, den man nicht am Arm zu fassen wagt, um ihn nicht an sein Blindsein zu erinnern. Und doch geht man nebenher, für den Fall, daß er eine Stütze braucht. Dabei rechnet doch keiner selbst mit dem Erblinden. Man kann es fürchten wie ein Äußerstes, allenfalls. Der nie Verstoßene fürchtet das Verstoßenwerden nicht. Der nie Verfolgte nicht die Verfolgung. Heute ist das vielleicht anders, heute ist eine große Brüderlichkeit unter den Menschen. Jeder weiß, daß es ihm widerfahren kann. Weiß es jeder? Es ist an so vielen Beispielen vorgeführt worden, dies Spiel vom Jedermann.

›Wenn man deinen Nachbarn rasiert, seife dein Kinn ein‹, sagen die Spanier, die das Unglück Auge zu Auge kennen. ›Etwas, was Ihnen geschehen ist und Ihnen wieder geschehen könnte‹, sagen bei uns die Leute vielleicht noch immer und fühlen sich unantastbar. Wie sie selber sich unantastbar gefühlt hatte bis zu dem Tage, wo sie dazugehörte, zu der immer größer werdenden Bruderschaft der Verfolgten. Sind sie nicht – heute – die Mehrheit?«

»Da bin ich mit drin«, sagte die Frau. Das war nicht mehr dieselbe Frau, mürrisch vor Heimweh und Einsamkeit, ein totes Gesicht, ohne Alter, aber ohne Jugend. Sie strahlte. »Da bin ich mit drin!« Der Zug hielt. Sie sagte weiter nichts, vielleicht sagte sie nicht einmal »danke«, vielleicht nickte sie nur, strahlend vor Freude. Dann lief sie ins Dunkel in eine Richtung, ich in die andere.

Früher nannte man das den »Trost der Kunst«. Heute ist der »Trost«, fast so sehr wie das »Schöne«, in Verruf geraten, wir sind allergisch gegen die Verschönung der

Realität. Diese Frau aber war keinesfalls ein Konsument schöner Literatur. Nicht der ästhetische Genuß hatte sie erheitert. Sondern, daß sie sich wiedererkannt hatte in dem Erfahrungsmuster, daß sie erlöst war aus ihrer Isolierung, eingefügt war in ein gesellschaftliches und politisches »Muster«. In andern Worten, daß sie ihre Situation von außen sah und verstand. Das, was man Objektivierung nennt. War diese Frau jetzt eher fähig, ihre Situation zu »verändern« als vorher, als sie dumpf an ihr litt? Wer ehrlich ist, weiß, daß sie weder vorher noch nachher »ändern« konnte, was die Politiker seit Jahrzehnten verdorben haben. Ich sehe sie zur Wahlurne gehen als eine Frau, die die Situation verstanden hat, und intelligenter wählen als im dumpfen Schmerz des nur Leidenden, der auf jede Parole hereinfällt. Aber das ist nicht einmal die Hauptsache. Die Hauptsache ist, daß sie sich eingegliedert fühlen konnte in das große Muster, von dem wir alle nur Teil sind. Und das wir als Modell, vielleicht, durch rationale Anstrengung verbessern werden.

Das machte meine Lesung nachts in dem leeren Zweiterklasseabteil zu etwas Sinnvollem. Und deswegen hatte ich mehr Freude dabei als bei Leseabenden vor einem großen, literaturverständigen Publikum.

Nachträglich also bekommt, was man geschrieben hat, weil man es schreiben mußte, das heißt, um sich die eigenen Erfahrungen zu objektivieren und sie auf ihr Exemplarisches zu bringen, eine Art gesellschaftlicher Funktion. Schreiben ist ohne »Zweck«. Die »Zwecke« wachsen dem Geschriebenen zu: auf seinem Weg vom Autor zum Leser.

1971

Was einem mit seinen Gedichten passieren kann

Lese-Erfahrungen

I

Im Frühjahr 62 erhielt ich einen Brief aus Bochum, wo ich in der Volkshochschule gelesen hatte. Ein Lehrerehepaar teilte mir gemeinsam mit: »Wir bauen das Haus ... *ein kleines Haus mit einer weißen Wand für die Abendsonne*«. Und sie seien Emigranten aus Thüringen.

Vielfach wurde ja mein erstes Buch von Ostflüchtlingen gelesen, weil es doch vom Weggehen überhaupt handelt. Wer es nicht genauer wußte, dachte, ich sei einer von ihnen. Im übrigen ist es auch gleich, vor was der Autor fliehen mußte, solange nur die Erfahrung eine allgemeingültige ist. Das mit dem Haus aber ging ins Konkrete. »Die weiße Wand für die Abendsonne, das wird hier schwierig sein«, schrieb ich zurück. »Ich habe das in Spanien geschrieben.« Genau gesagt schrieb ich es in der »Verdad«, am Honigbach, 1957, wo die »andalusische Katze«* mit uns lebte. Diese Landschaft zwischen Fuengirola und Torremolinos, die unauffindbarer ist heute als Hölderlins Heidelberg. Ich erinnere diese Landschaft auch in einem der »Träume«**. Ich dachte an ein andalusisches Bauernhaus, etwas ganz Solides, mit dicken gekalkten Wänden, viel bäuerlicher als das Haus, in dem die »Katze« bei uns lebte.

---

* Vgl. unten S. 305 ff.
** »Das zweite Paradies«, S. 179.

Die vielen spitzen Hügel am Meer, das ist meine Sehnsuchtslandschaft, jede Woche einmal will ich hinfahren an diese Küste, die untergewalzt wurde unter die Betonmassen eines Strand-Chicago. Erst neuerlich, aber nicht rücknehmbar. Auch die andalusischen Exildichter haben ein lebenslanges Heimweh nach dieser Landschaft gehabt. »Ein Wunder, wie es in jedem Leben nur selten passiert«, schrieb mir Luis Cernuda über seinen Aufenthalt dort.

»Doch«, antworteten mir die Thüringer in Bochum. »Wir bauen das Haus ganz genau.« Im Jahr darauf ließen sie mich einladen, von der dortigen Literarischen Gesellschaft, die damals eine der aktivsten war. Ich wurde auf dem Bahnhof abgeholt, wie übrigens meistens bei Lesungen. Sie warteten schon und hielten einen Blumenstrauß und mein Buch hoch, als Erkennungszeichen. Für mich, sie kannten mich ja. Ich hatte sie mir anders vorgestellt, denn man signiert ja viele Bücher, und ich hatte bei dem Namen an einen hageren konventionellen Lehrer gedacht, der auch dagewesen war. So waren sie nicht, sie waren jung und lebhaft und eher rundlich. Und sofort wurde ich zu meinem Haus gefahren.

»Laß uns landeinwärts gehn
und bau mir ein Haus.
Ein kleines Haus
mit einer weißen Wand
für die Abendsonne...
Ein Haus
neben einem Apfelbaum
oder einem Ölbaum,
an dem der Wind

vorbeigeht
wie ein Jäger, dessen Jagd
uns
nicht gilt.«

Ich hatte mich vor dieser Ankunft gegrault, vor meinem Ungeschick zur Lüge. Aber da steht es am Rande von Bochum: ein andalusisches Haus. Oder doch fast eines. Die Leute waren nie dort gewesen. Das Haus ist außen und innen geweißt wie es die Häuser in Andalusien sind, einfach und großzügig. Ein Arbeitsraum. Flaches Dach, dicke Wände. Ich traute meinen Augen nicht. Als habe ich eine Bauvorschrift geschickt. Innen ist eine der Wände unter dem Fenster schieferfarben gestrichen und dient als Gästebuch. Neben der Kaffeetasse lag schon die Kreide. Jeder Gast, und bekannte Namen standen schon da, trug sich einfach ein, auf die Wand, unter dem Fenster.

Am nächsten Tag kaufte ich einen dicken Filzstift und suchte nach einem unauffälligen Platz. Oben, sagten sie, über den Querbalken solle der Spruch laufen. Ich dachte an die »Urworte«, die bei einem Bekannten auf den Balken der Eingangshalle stehen. »Nie«, sagte ich, »eher noch im Badezimmer. Privatest.« Aber dann fand ich, was ich suchte. Und ich schrieb kursiv, in meiner alltäglichen Schrift, im rechten Winkel zum Boden diese Art Schutzspruch: *Ein Haus an dem der Wind vorbeigeht wie ein Jäger, dessen Jagd uns nicht gilt.* Bei *gilt* war ich genau am Fußboden angekommen, ich hatte unter der Decke begonnen. Ich schrieb es auf einen gleichfalls weißgekalkten Balken, der zwischen den Ziegeln eine Zeile bildet, weiß in weiß. Als ich fertig war, sah ich, daß es der Tragbalken des Hauses war. Der

Spruch ist da und doch nicht da, wie es sich für eine magische Formel gehört. Man erkennt ihn nur, wenn man den Kopf schief legt. Sonst ist es nichts als ein Mäander, irgend ein Ornament. »Jeden Morgen, wenn ich aufstehe, stelle ich mich vor den Balken und halte den Kopf schräg«, schrieb mir die Lehrersfrau nach meiner Abreise. Aber das versteht nur, wer die Angst um das Bleibendürfen kennt.

1962/63

II

Nicht weniger merkwürdig war der Zusammenstoß zwischen Gedicht und Wirklichkeit, den ich 1964, anläßlich einer Lesung im Cantatesaal in Frankfurt, erlebte: nur umgekehrt, die Wirklichkeit ging in diesem Fall dem Gedicht voraus, der Autor erfuhr nachträglich, was sein Gedicht immer schon gewußt hatte.

Vor der Lesung also gab mir der S. Fischer Verlag den Brief einer alten Dame, Insassin eines jüdischen Altersheims, die bedauerte, daß ihre schwache Gesundheit sie am Kommen hindere. Sie habe nämlich diesen »einen« Löffel gehabt, von dem ich in meinem Gedicht schreibe:

». . . . . Du
riechst nicht nach Bleiben.
Ein Löffel ist besser als zwei.
Häng ihn dir um den Hals,
du darfst einen haben,
denn mit der Hand
schöpft sich das Heiße zu schwer.«

Und sie habe ihn auch an einer Schnur um den Hals getragen, im KZ. Das war mir neu, obwohl es gut paßte. Denn zu diesen Zeilen war ich aus dem Entsetzen über die Friedhofsschändungen im Rheinland und in meiner Vaterstadt Köln gekommen, im Winter 60/61, die ersten Schändungen jüdischer Gräber seit der Nazizeit. Gerade hatten wir uns zur Rückkehr auf Dauer, nach Heidelberg, entschlossen. Ich war damals in Madrid in eine winzige möblierte Wohnung gezogen, der Schock machte mich physisch unfähig, den kleinsten fehlenden Gegenstand hinzuzukaufen.

>»Gewöhn dich nicht.
Du darfst dich nicht gewöhnen.
Eine Rose ist eine Rose.
Aber ein Heim
ist kein Heim.
Sag dem Schoßhund Gegenstand ab
der dich anwedelt
aus den Schaufenstern.
Er irrt. Du
riechst nicht nach Bleiben.«

Der Löffel schien mir der Mindestbesitz des auf immer Verfolgten, ich hielt ihn für eine Angstmetapher, aber doch Metapher. Während sich plötzlich herausstellte, daß ich in meiner extremen Verstörtheit ganz automatisch ein konkretes Zubehör aus dem Vorrat der abscheulichen Realität herausgefischt und benannt hatte. Das Gedicht erfindet nicht, es benennt nur.

Wenn ich im übrigen daran denke, was für eine Aufregung diese Friedhofsschändungen 1960 und 1961 erregten. Ich erinnere mich, wie Günter Eich und

Ilse Aichinger mir hierüber schrieben, und wie wir diskutierten, ob die neuen Schriftsteller, und alle, die fühlten wie sie, aus Protest mit dem gelben Stern gehen sollten. Und das ist nur dreizehn Jahre her.

Wie dick die Haut, wie gut der Magen seither wieder geworden sind: Man frißt fast alles. Nicht nur bei uns.

1964

III

Im gleichen Jahr las ich bei den Jungbuchhändlern in Düsseldorf. Nach der Lesung kam ein Mädchen und verlangte, ich solle ihr eine bestimmte Zeile in das Buch schreiben, das sie schon mitgebracht hatte.

Zwei, drei Wochen darauf erhielt ich den Brief eines jungen Buchhändlers aus Stuttgart: »Gudrun war bei der Jungbuchhändlertagung in Düsseldorf. Und da haben Sie ihr mit eigener Hand die Zeile in ihr Buch geschrieben, mit der ich sie gewonnen habe. Ganz wie ich es mir gewünscht hatte. Ihr Gedicht hat mir bei ihr geholfen«, so oder ähnlich schrieb er.

Ich erinnere mich, daß ich damals fast ärgerlich war, mir hatte das Gedicht nicht »geholfen«. Gedichte »tun« ja manchmal etwas, warum nicht auch für den Autor. (Seither habe ich vergessen, welche Zeile so tüchtig war, und auch, was sie für mich hätte »tun« sollen.)

Aber wie ich eben die Korrespondenz mit Eichs noch einmal durchsehe, wegen des »Sterns«, stoße ich auf den Brief des Buchhändlers, weil sein Name zufällig mit »D« begann. Und da finde ich auch die Zeile wieder.

»Eigentlich waren es mehrere Zeilen aus *Es kommen keine nach uns*«, schrieb er, und zitierte dies:

»Es ist gleichgültig
was wir schreiben oder sagen
außer für dich oder für mich...
Wir sind ganz für den Tag gemacht,
nur für diesen, den unsern...
Nichts achtlos.
Jedes Mal ist das letzte
oder könnte es sein.«

Nichts achtlos habe ich dieser Gudrun damals offenbar in mein Buch geschrieben. Und ganz vage entsinne ich mich jetzt auch wieder der Umstände, unter denen das Gedicht entstanden war. Heute lese ich das Gedicht ganz anders. Zuletzt las ich es vor deutschen Zuhörern in der »Internationalen Buchhandlung« in Mexiko, 1971. Gerade hatte ich, nach mehreren Wochen, einen Stoß deutscher Zeitungen nachgeschickt bekommen. So massiert, wirkten sie furchtbar auf mich: Das Hämische, die Verachtung des Andern, das ganze Möchtegern-Funktionärstum einer inhumaneren Zukunft. Vielleicht bin ich besonders anfällig dagegen. Wie ich las:

»Unsere Schatten fallen
ins Leere...
So wie wir dahingehn
sind wenige dahingegangen...«

da konnte ich nicht weiterlesen, erklärte den betroffenen Zuhörern, darunter der Deutsche Botschafter, die deutschen Zeitungen, die ich nach Wochen zum erstenmal wieder gesehen habe, seien schlechthin »unmenschlich« gewesen, und las statt dessen ein Stück Prosa vor, vermutlich etwas über den »einohrigen Kater«.

Ja, ich erinnere mich, das Gedicht war ursprünglich einmal ein Liebesgedicht. Jetzt ist es akut politisch geworden. Denn Gedichte ändern sich, verwandeln sich laufend Wirklichkeit an. Deswegen bleiben Gedichte lebendig und können immer neu und immer anders gelesen werden, Jahrzehnte lang und manchmal sogar Jahrhunderte lang, je nach Zeit und Ort.

Im übrigen halte ich es ganz mit Jean Paul: »Der Dichter muß sich kalt genug gemacht haben, um andere warm zu machen.« »Wärme des Mundes«, sagte er, sei bedenklich: »so wie an Hunden eine warme Schnauze Unpäßlichkeit bedeutet«*. (Und im übrigen darf umgekehrt ein Clown ja auch nicht selber lachen.)

Der Autor ist immer auf der Kippe zwischen Nähe und Distanz. Das halte ich nicht für etwas Persönliches, sondern für eine Eigenschaft der Poesie, etwas Paradoxes, das sie von sich aus hat. Ich selber lese am liebsten aus dem Gedicht heraus, als wohne ich in ihm. Aber wie etwas ganz Alltägliches.

Ein einziges Mal ist mir etwas so Peinliches passiert wie in der Buchhandlung in Mexiko: Das war in Hamburg. Mir stockte die Stimme. Da standen die Zuhörer in den ersten Reihen auf und liefen auf mich zu, offenbar in der Absicht, mich zu trösten. Hinter mir war die Wand, ich hatte keine Ausweichmöglichkeit. Ich wäre vor den Tröstern davongelaufen. Der Autor soll nur

---

* »Vorschule der Ästhetik«, 3, II.

seine Stimme den Gedichten geben, während er liest. Als Person soll er sich vergessen. Zumindest geht es mir so. Obwohl ich ja nicht weiß, ob es den Zuhörern so geht. Vielleicht doch. Im Anfang, als ich noch zwischen einem Gedicht und dem andern schüchtern fragte: »Soll ich aufhören?«, ich glaube, es war in Stuttgart, und ich erinnere mich noch an die sehr besondere Zuhörerschaft, da war einer, vielleicht war es Goes, so vernünftig mir zu sagen: »Lassen Sie das, Sie stören uns ja nur.« Da wurde mir ein für alle Male klar, daß es das Publikum nichts angeht, ob einer verlegen ist oder nicht. Und daß er, soweit er es fertigbringt, nur der Interpret der Gedichte zu sein hat, wobei er doch ganz gegenwärtig ist, und auch seine Zuhörer, während er liest, ihm einzeln gegenwärtig sind, gleichgültig wieviele vor ihm sitzen. Ich, zumindest, unterscheide genau und lese oft für den oder den, einen oder mehrere, Bekannte oder Unbekannte, die aus dem Publikum auftauchen als gingen Lichter an. (Der verstorbene Peter Szondi und der alte Eppelsheimer konnten einen Saal ausradieren durch die Intensität ihres Zuhörens. Szondi hatte geradezu etwas von einem großen Saugapparat, er zog den Sprechenden fast vom Podium, als solle man kopfüber von ihm verschlungen werden.)

Als Folge einer Lesung, auch das wird einem selbstverständlich, können Vertrauensverhältnisse entstehen, die ins Allerpersönlichste reichen. Gedichte sind einer der kürzesten Wege von Mensch zu Mensch, ersetzen jahrelange Bekanntschaft auf der Stelle. Der durchreisende Lyriker, der niemand am Orte kennt, ist fast so gut wie ein Beichtvater oder sonst ein professioneller Entgegennehmer intimer Probleme. Sein Beruf ist es ja, sich vor den eigenen Erfahrungen, also vor der Wirklichkeit, nicht zu drücken, sondern sie zu formulieren. Anders gesagt, sein Beruf ist die Wahrhaftigkeit, was ihn wiederum zu einem unbequemen Zeitgenossen macht, ganz von selbst. Und je nach der Zeit, in der er lebt. Also sicher heute.

Die hier berichteten, rein zufällig zu meiner Kenntnis gebrachten Zusammenstöße des Gedichts mit der Wirklichkeit – einer Wirklichkeit, die im Text ja enthalten ist und eben nur »herauskommt«, auf Anruf, wie jeder es bei einem elektronischen Gerät komischerweise selbstverständlich findet, nur bei einem Gedicht nicht – standen fast immer mit Lesungen in Verbindung, dadurch wurde der Autor ohne weiteres Zeuge seines Gedichts.

Die Briefe hätten natürlich auch ohne vorherige Lesung geschrieben werden können, und sie werden es ja oft. Meine ersten Leserbriefe kamen, auch rein zufällig, aus meiner Vaterstadt, aus Köln. Der erste aufregende Empfang in einem fremden Hause, das war in Köln. Die ersten Studenten, die mir schrieben, schrieben mir vom Germanistischen Seminar in Köln. Und natürlich habe ich dann in Köln auch mehrfach gelesen und die Briefschreiber getroffen. Daß Leser, die einem schreiben, einem irgendwann auch begegnen, das ist normal. Zum Beispiel eine Schülerin, die für eine gescheite Textinterpretation eine dumme Note im Deutschunterricht bekommen hat. (In solchen Fällen mische ich mich sogar ein.)

Das Gedicht ist aber auf die persönliche Begegnung zu dritt, die den Autor einschließt, nicht angewiesen, es kommt ohne ihn aus. Der Hauptunterschied ist der, daß erzählbar wird, was man gewöhnlich nicht weiß.

1964

IV

»Ich kenne Ihre Gedichte«, sagte mir bei einem Studentenfest ein junger Amerikaner, der Guitarrist des Abends. »Ich werde deutsch lernen, und dann werde ich Ihre Gedichte lesen.«

»Woher kennen Sie sie denn? Und woher wissen Sie, daß Sie sie lesen wollen?«

»Klaus hat ein Gedicht von Ihnen an die Wand gepinnt. *Rufe nicht* heißt es. Er hat es mir übersetzt. Denken Sie, er hat das Gedicht gleich zweimal angepinnt, auch auf die Wand gegenüber. Zweimal das gleiche Gedicht, können Sie sich dabei etwas denken?«

»Ich kann es mir vorstellen«, sagte ich. Aber weiter sagte ich nichts. Klaus wohnt im Dachgeschoß über mir und hat ganz offensichtlich Liebeskummer. Das Gedicht ist ein Gedicht, in dem sich einer zuredet, eine Trennung hinzunehmen. Klaus wollte diese Worte vor sich und auch hinter sich sehen, sozusagen diese Mahnung an sich selbst, wenn er sich in seinem Zimmer umdreht: damit er gar nicht davon weg- oder auch absehen kann. Eine Art Autosuggestion. Klaus ist unter 30. Da sage einer, Gedichte hätten keine Funktion.

Ich habe Klaus nicht gesagt, daß ich weiß, daß er ein Gedicht von mir als Exorzitium benutzt.

etwa 1980

V

Eine der merkwürdigsten Erfahrungen, die ich je bei einer Lesung gemacht habe, ereignete sich in einer norddeutschen Universitätsstadt. Der Saal war lang und schmal, eine Aula im obersten Stockwerk eines Gymnasiums. Das Podium war ein wenig zu hoch. Ich mag hohe Podien nicht, 20 cm zu viel und schon ist man fast außer Kontakt mit den Zuhörern. Dafür übersieht man einen so langen Raum sehr gut. Es war der übliche kleine Holztisch da, ohne Blumen und ohne Wasserflasche. Ich lese im Stehen, brauche den Tisch nur für die Bücher.

Der Saal faßte etwa 200 Personen, hinten an der Wand standen noch welche. In den ersten Reihen ein paar bekannte Gesichter, Freunde von der Universität. Sonst Jugendliche, meist Studenten. Man lernt die Gesichter kennen, während man liest.

Kaum hatte ich zu lesen begonnen, Gedichte, so bildete sich ein kleiner Sprechchor. Junge Männer, die hinter den Sitzreihen an der Wand lehnten, formten die Hände zu Sprechtüten und schrien wiederholt: »Estrella de México, Marcela.« »Stern von Mexico, Marcela.« Das riefen sie auf spanisch, laut und demonstrativ. Vermutlich war ich die einzige, die sie sehen konnte, so weit hinten in dem schlauchartigen Saal. Vielleicht auch die einzige, die Spanisch verstand. Was der Ruf meinte, weiß ich bis heute nicht. Und auch mexikanische Freunde haben mir nicht erklären können, wer diese Marcela, Stern von Mexico, war. Nur daß diese Lesung unterbrochen werden sollte, das war sofort außer Zweifel. Danach lief alles ab wie im Film: Ich sah einen Mann aufspringen, in einer der Reihen unmittelbar vor den Schreiern. Sofort ertönte der Ruf: »Polizei«. Nicht nur die Störer, auch ich hielt den Aufspringenden für einen Polizisten, zumal gerade Unruhen stattgefunden hatten. Häuserbesetzungen, Räumungen, Zusammenstöße. Wir leben nicht in einer Idylle. »Keine Polizei, bitte«, rief ich, so laut ich konnte. »Bleiben Sie bitte sitzen. Alle können hier bleiben.« Der »Polizist« aber verhielt sich so unerwartet und unerklärlich wie die Störer, mindestens. Er setzte sich nicht wieder, er wandte sich auch nicht den Rufern zu, sondern als säße ihm der Leibhaftige im Nacken, raste er in gebeugter Haltung, den Körper fast waagerecht und die Arme bis auf den Boden hängend, wie ein gejagtes Tier den Gang herab, mehr einem Affen als einem Menschen ähnlich. So sauste er auf mich zu, sprang mit einem Satz auf das Podium, richtete sich dann auf und umkreiste mich, immer mir zugekehrt. Dabei zischte er im Diskant, zugleich zischend und schrill, vielleicht sogar leise und nur für mich zu hören: »Schöne Dinge machst Du, Mädchen. Schöne Dinge machst Du, Mädchen.« Ich weiß nicht wie oft. Alles ging sehr rasch, eine Sache von Sekunden vielleicht. Ich stand starr hinter dem kleinen Tisch. Ich fürchtete mich nicht, es war überhaupt kein Gefühl in mir. Vor mir, also unter mir, sah ich das blasse Gesicht des jungen Buchhändlers, der mich eingeladen hatte.

Mehrere der Zuhörer waren aufgestanden. Sicher war es für sie unheimlicher als für mich, die Betroffene. Vom Publikum her sah es offenbar so aus, als solle ich gleich erwürgt werden. Aber da sprang der Mann schon, so plötzlich wie er heraufgesprungen war, hinunter und zur Tür und mit dem gellenden

Schrei: »Die Nazis! Die SS! Sie kommen!« verschwand er im Treppenhaus, das von seinen Schreien widerhallte.

Da trat auch schon eine junge Frau zu mir und mit sanfter Stimme bat sie mich um Verzeihung, es sei ihre Schuld. Es handle sich um einen ihrer Schützlinge, aus einem öffentlichen Pflegeheim. Er sei in einem KZ aufgewachsen und sei gestört. Sie habe geglaubt, er werde sich heute ruhig verhalten, sonst hätte sie ihn nicht mitgebracht.

Das war der dritte Teil und vielleicht, sogar sicher, für mich der schlimmste dieses Abends. Obwohl er für das Publikum am vernünftigsten ausgesehen haben muß. Was kann der Autor tun, wenn er plötzlich in eine Krise kommt. Bei der ersten hilflosen Bewegung werden die Menschen vor ihm alle auf ihn zustürzen, um ihn zu trösten. Die Lage ist ausweglos. Es gibt nur eine Zuflucht für ihn, die in seinen Text.

Ich gab sofort die Gedichte auf, denn wer Gedichte liest, eigene aber auch fremde, geht einen Rand entlang: den Rand, den er entlangging, als diese Gedichte Wort wurden. Ich rettete mich und die Zuhörer auf den Boden der Prosa.

Mit meiner Stimme gingen wir alle zurück in etwas Helleres, die ursprünglichen Störer miteingeschlossen. Gewiß war ihnen die Lust zum Rufen vergangen. Sogar Gedichte konnte ich wieder lesen. Alles Dumpfe löste sich auf. Es wurde ein Abend, fast wie andere. Wir hatten einen sehr engen Kontakt, ich fühlte mich nicht alleingelassen, in keinem Augenblick. Nur daß ich am Ende kaum stehen konnte, so anstrengend war es gewesen.

Die Heimleiterin erzählte mir dann noch, daß der

Unglückliche keinen Menschen mehr erkennen könne. Nur Gegenstände. Fahrräder zum Beispiel. Wir gingen an Fahrrädern vorbei, als sie das sagte. Wenn aber Schicksalsgenossen kämen, sei er sehr empfindlich. Was sie ihm über mich gesagt hatte, danach vergaß ich zu fragen. Gerne wäre ich am nächsten Morgen hingegangen, aber ich mußte weiterreisen. Jurek Becker habe es versucht, sagte sie, es sei aussichtslos.

Aus seiner Lethargie sei er aufgefahren, als er die drohenden Stimmen dicht hinter sich hörte. Wollte er mich beschützen, als er hochfuhr und mich umkreiste? Wollte er mich angreifen? Darüber hörte ich ganz entgegengesetzte Urteile, als ich die Psychiater befragte. Die Menschenaffen legen »Schlingen« um ihre Beute, sagte der eine. Das Umkreisen sei das Typische. Am Tag zuvor war ich in Münster im Zoo gewesen, daher hatte ich auch ohne Psychiater die ungewöhnliche Haltung des Verzweifelten als Primatenlauf richtig eingeordnet.

Sicher scheint nur, daß er außer sich war, sei es über die Lesung, falls er sie als Lesung wahrgenommen hatte, oder einfach, weil ich da oben stand, was er offenbar als Gefährdung gedeutet hatte. Die Demonstranten müssen die Ängste vor der SS in ihm mobilisiert haben. Wuchs vor seinen Augen ein KZ um uns auf? »Schöne Dinge machst Du, Mädchen«, sagte er mit seiner vor Entsetzen überschnappenden Stimme.

Ohne ihn, wie wäre der Abend weitergegangen, der mit den rätselhaften Rufern begann?

Der Zeitungsbericht erwähnte die Aufregungen des Abends mit keinem Wort.

1980

VI

Fast noch merkwürdiger auf seine Art war der Sonntagmorgen in der Kirche in Harlem. Janheinz Jahn hatte uns hingebracht, elf PENmitglieder. Da saßen wir, elf weiße Hühner, ziemlich weit vorne in der riesigen Gebetshalle. Rings um uns die sonntäglich geputzten Neger, wie es bei den Angelsachsen üblich ist: mit Handtaschen und Handschuhen und Strohhüten, auch die Kinder, wie in der amerikanischen Provinz oder auf alten Photos. Als garantiere der genaue bürgerliche Aufzug etwas mehr von den bürgerlichen Rechten. Ein *revival* Gottesdienst. Erst die Laienprediger, jeder, der sich berufen fühlt. Meist Frauen, mit hohen klagenden Stimmen. Sehr wort- und tränenreich. Dann kam der Pfarrer, auch im weltlichen Sinne der Herr der Kirche, die mit den nach seinen Predigten gesammelten Geldern gebaut worden war: domgroß und neugotisch, natürlich.

Wir waren bei ihm angemeldet, er wußte, daß wir Deutsche und Schriftsteller waren. Und er hatte die Gelegenheit benutzt, uns zum Demonstrationsobjekt zu machen, wie sich bald zeigte.

In bewegenden Worten, denn er war ein Redner von Rang, was ja schon das Ausmaß seiner Kirche zeigte, ermahnte er die Gemeinde zu einem ordentlichen, Gott und den Mitmenschen gefälligen Lebenswandel. Dann würde ihnen die Gleichberechtigung und die Rettung vor ihren Verächtern noch auf Erden zuteil. Ganz wie der Herr auch das jüdische Volk vor den deutschen Herrenmenschen gerettet und die Männer des Rassenhasses niedergeworfen habe, dem jüdischen Volke aber die ihm verheißene Heimstatt, ein neues Jerusalem gegeben habe, noch auf Erden, so werde er auch ihnen, den hier Anwesenden, das Versprechen halten, und ihnen ein freies und menschenwürdiges Dasein gewähren. In der Zeit, wie in der Ewigkeit. Wenn sie nur arbeiten und sich nicht betrinken und nicht Frau und Kinder prügeln würden. Wollt Ihr? (*Oh yes, we will, we will, Our Lord.* Sie versprachen es schluchzend.) Damit Gott Euch rettet und Ihr, wie die Juden, ein neues Zion bekommt.

Es war entsetzlich, wie alle an den konkreten Lohn der Tugend glaubten, zumindest die halbe Stunde oder die Stunde, die die Predigt dauerte. Als liege es nur an ihrem Wohlverhalten, daß alles alles anders würde. Vielleicht würden sie sogar weiß. (Es war 1966, also vor *Black is beautiful.*) Ich erinnerte mich, mit welcher Angst, welcher Hoffnung, Mulatten auf den Antillen ihre Neugeborenen mustern: Wie das Kind herausgekommen ist aus dem Mutterleib, *cómo salió*. War es einen Grad heller oder dunkler ausgefallen. Und wie würden die Haare sein, glatt oder kräuselig. (Die Mendelschen Gesetze, eine abscheuliche Lotterie für die Betroffenen.) Auch ich begann zu weinen, eine der PENfrauen weinte, während die Männer sich minütlich unbehaglicher fühlten. Dabei war der Prediger unsretwegen zurückhaltend gewesen und brachte die Gemeinde nicht bis zu den üblichen Visionen, Krämpfen und Ohnmachten, wie Jahn uns hinterher erklärte. Als nach der Predigt viele nach vorne gingen, um den Pfarrer zu sprechen, und sich eine Schlange bildete, da schrieb ich ein paar Zeilen auf, die mir eingefallen waren, aus dem Gedicht »Irgendwann«.

»Wie die Tränen gleich sind
auf den Gesichtern
aller Hautfarben
durch die Kontinente, die Jahrhunderte...«

Ich schrieb es auf einen Zettel, auf deutsch und auf englisch, und gab den Zettel einer Frau in der Reihe vor uns. Aber sie sagte, ich solle ihn doch selber hinbringen. Und ehe ich es überlegen konnte, wurde ich aus der Reihe auf den Gang geschoben und ging langsam mit den andern nach vorn. Für alle Anwesenden mag das erstaunlich gewesen sein, nur für mich war es sofort etwas Natürliches, weil ich ja zwölf Jahre auf den Antillen gelebt habe. Und was doch überhaupt kein Wunder war, war für ihn ein Zeichen besonderer Art. Das Unerwartete.

Alles hätte ich zerstört, wenn ich ihm gesagt hätte, daß ich selber nur ein Geretteter bin. Ich kam zu ihm als deutscher PENautor. vielleicht ursprünglich ein Rassist, und brachte ihm diese Botschaft der Geschwisterlichkeit. Ein Zeichen.

Im übrigen war mir nicht nach Erklärungen zumute. Und was hätte ich sagen können, über diese Zeilen hinaus, die ja mitteilen, daß zoologische Unterscheidungen unmenschlich sind und Weinen menschlich. Darin war ich, wie er, mitgemeint. Ich kam ja auch, das lag in der Natur der Sache, im Namen von uns allen, die wir Gegenstand seiner Predigt gewesen waren, weil ich diese Zeilen hatte. Und weil solche Zeilen abgegeben werden müssen, wenn der Adressat so deutlich erscheint. Wenn sie »gebraucht« werden, wie das in den Diskussionen heute heißt. Die PENkollegen, die vor der Kirche auf mich warteten, waren wohl anderer Meinung, nervös, wie der ganze Vormittag sie gemacht hatte. Sie zeigten, daß sie mich für exzentrisch hielten. Mit einer Ausnahme. Ich sagte ja schon, daß wir zu zweit geweint hatten, die Frau, die neben mir saß, und ich. Wir weinten aus den umgekehrten Gründen wie um uns die Gläubigen: Wir weinten als Realisten.

Und während ich diesen Satz schreibe: »Wir weinten als Realisten«, da fällt mir plötzlich auf, zum erstenmal, daß Joy Weisenborn (der Name tut jetzt etwas zur Sache) die Frau eines »Geretteten« war, eines Widerständlers, der Moabit von innen gesehen hatte, unter den Nazis.

(»Der die Lampe andreht, weiß / seine Hand wird kalt / wie die Klinke sein / eh der Nächste die Lampe ausdreht...« Moabit, 1942.)

VII

Irgendwann riefen mich nach einem Todesfall die Hinterbliebenen an und baten mich, nach der Rede des Pfarrers noch ein Gedicht zu lesen, der Tote habe meine Gedichte geliebt. Falls er noch höre, solle meine die letzte Stimme sein, für ihn. Ich hatte ihn flüchtig gekannt, ich war wenige Male in dem Haus gewesen. Ich erschrak bei der Bitte, aber ablehnen konnte ich sie nicht. Also saß ich in der Kirche neben der Familie, unter den meist Betroffenen. Und der Pfarrer, der verständigt war, wartete einen Augenblick, damit niemand aufstand und ich die Möglichkeit hatte, an den Sarg zu treten, ehe er versank (der Tote wurde verbrannt). In diesen Tagen hatte ich ein sehr kurzes Gedicht geschrieben, das sprach ich: »Ruf« heißt es und steht in

»Rückkehr der Schiffe« (1962). Also muß es im ersten Jahr nach meiner Rückkehr nach Heidelberg gewesen sein.

»Ruf

Mich ruft der Gärtner.

Unter der Erde seine Blumen
sind blau.

Tief unter der Erde
seine Blumen
sind blau.«

Das Lesen vor einem Toten, oder zumindest vor seiner Frau und seinen Kindern, als letzte Stimme, die diese immer erinnern werden, wenn sie an die Beerdigung denken, das hat überhaupt keine Ähnlichkeit mit einer Lesung in einem Saal oder einem Eisenbahnabteil oder sonstwo. Ich kann nicht davon sprechen, und auch ein Pfarrer würde es nicht verstehen, denn er bekommt ja Routine, leider. – Am nächsten Tag schickte mir die Witwe das Trinkglas des Toten, mit Maiglöckchen darin. Es ist ein ganz zartes Glas aus dem 18. Jahrhundert. »Beaucoup vous connoitre / C'est beaucoup vous aimer« steht in etwas altertümlichem Französisch darauf. Ich benutze es manchmal für Blumen.

1962

VIII

Das Abel-Gesicht ist eine Hauptsache für mich, wie es das letzte vor der Rückkehr aus dem Exil geschriebene »Wen es trifft« war. Beide handeln, jedes auf seine Weise, vom Überleben und Neu-Anfangen und von der Liebe, die das Eine und das Andere möglich macht.

Die Menschheitsgeschichte beginnt mit dem Brudermord aus Neid. »Kain, Bruder ohne Bruder«, wie Nelly Sachs sagt. In meinem Gedicht wird Abel, der Ermordete, aufgefordert, wieder aufzustehen, als handle es sich um eine Theaterprobe: »Bitte, neu spielen.« Und das ist das Besondere an diesem Gedicht: Der Verletzte (nicht jeder Abel ist ja gleich tot) wird aufgefordert, das zerstörte Vertrauen zwischen den Brüdern noch einmal herzustellen, damit es das zweite Mal nicht enttäuscht werde.

> »Abel steh auf
> damit Kain sagt
> damit er es sagen kann
> Ich bin dein Hüter
> Bruder
> wie sollte ich nicht dein Hüter sein.«

Daß Kain die Chance gegeben werde, das nächste Mal, jeden Tag neu, also täglich die Rolle abzulehnen und nicht Kain zu sein, dazu ruft Abel auf. Mit der Verneinung der Kainstat durch beide, Opfer und Täter, würde rückwirkend der Menschheit ein anderer, ein brüderlicher Anfang ermöglicht. In dem Sinne, daß wir täglich vor einen solchen Neuanfang gestellt sind.

Ursprünglich war das Gedicht (wie ja alle Gedichte) für

mich selbst geschrieben. Um eine mich bedrückende Erfahrung zu formulieren und mich von ihr zu befreien. Vielleicht, fast sicher, verteidigte ich darin meine Rückkehr vor mir selbst. Ich bin ja einer der gezählten Verfolgten, die wieder zuhause leben. Das Gedicht ist 1969 geschrieben. Es sollte nicht nur mir, es sollte auch meinen Landsleuten Mut machen:

»Damit es anders anfängt
zwischen uns allen.«

Die Tatsache, daß ein Überlebender der Verfolgung dies Gedicht schreibt, einer der zurückgekommen ist, ist – von außen gesehen und als sei ich ein Dritter – wohl die einzige Möglichkeit, eine solche Interpretation der Abel-Kain-Geschichte überhaupt zu wagen.

Das Gedicht besteht aber aus zwei Gedichten. Als es schon fertig war, daran erinnere ich mich noch, sah ich die erste Mondlandung. Und gleich fürchtete ich mich vor den Raketen.

Heute ist die Rakete als Bezeichnung so festgelegt, im Gegensatz zu 1969, daß manche Zuhörer und Leser, besonders Schüler zum Beispiel, überhaupt nicht mehr verstehen, wieso Raketen auch etwas Gutes hätten sein können und (in mancher Hinsicht) sogar noch sind. Raketen sind mit Menschheitsausrottung identisch geworden. Gerade hiergegen richtete sich das Gedicht, aber der naive Leser hat fast schon Mühe, den Schluß aufzunehmen; dieses Stoßgebet, diese Angst eines jeden. Ob das Gedicht »Abel steh auf«, das neuerdings auch auf Kirchentagen von jungen Leuten, die es vertont haben, gesungen wird, deswegen ein »Widerstandsgedicht« ist (kürzlich erschien es in einer Anthologie unter diesem Titel), das scheint fraglich. Es ist ein Aufruf, sich der Mißhandlung anderer zu enthalten – zu widerstehen zum Beispiel der Wut gegen andere, wie Kain sie hatte, weil Abel ihm vorgezogen wurde –, Geschwisterlichkeit zu praktizieren. (Ich sage das, weil Wut »in« zu sein scheint.) Und danach ist es ein Stoßgebet gegen den Atomkrieg, gegen den Neutronenkrieg und all das, was an Kains-Taten die Raketen zu vollbringen technisch in der Lage wären.

Das Erste darf über dem Zweiten nicht vergessen werden. Das Erste kann jeder täglich praktizieren. Das Stoßgebet dagegen ist ein Stoßgebet. Es ist ungewiß, ob es der Menschheit erfüllt wird.

»Und am Schwanz der Raketen
sollen die Feuer von Abel sein.«

Ich selber, wenn ich das Gedicht lese, und ich lese es immer, bei jeder Lesung, als Botschaft, die abzugeben oder vorzuenthalten mir nicht freisteht, stocke jeweils bei der Zeile, in der ich mich als »Kind Abels« bezeichne und Kain anrufe:

»Damit die Kinder Abels
sich nicht mehr fürchten
weil Kain nicht Kain wird
Ich schreibe dies
ich ein Kind Abels
und fürchte mich täglich
vor der Antwort
die Luft in meiner Lunge wird weniger
wie ich auf die Antwort warte«

Ich fühle, wie ich rot werde, gleichgültig vor welchem Publikum. Und ehe ich das Gedicht wiederhole, oft auch mittendrin, unterbreche ich mich und sage den Zuhörern, mit Befangenheit, daß jeder täglich Kain und Abel sein kann, und daß ich nur – »nur« – schon einmal in die Lage gekommen bin, Abel zu sein, als Verfolgter, aber daß auch, wer Abel war, ein anderes Mal Kain sein könne. (Mögen die Verfolgten nie Verfolger werden, daran denke ich, wenn ich dies lese, und an die Bescheidenheit, die dem Geretteten zusteht, denn nur durch Glück ist er noch da.) Deswegen stocke ich bei der Zeile: »Ich, ein Kind Abels«, wenn es auch wahr ist, daß ich den Atem anhalte in dieser so ungeschwisterlichen Welt.

Daß dies Gedicht eine besondere Rolle bei meinen Lesungen und besonders auch bei den Lesungen vor Häftlingen spielt, ist nur natürlich.
In Wahrheit ist es ja so: Kaum hat man die bedrückenden Abschließzeremonien hinter sich, das Auf- und das Zuschließen, und sitzt Menschen gegenüber, die gekommen sind, um einem zuzuhören, so ist es gleichgültig, ob es ein Gefängnis ist oder ein Bibliothekszimmer oder eine Aula. Wichtig ist nur, ob man Kontakt bekommt mit seinen Zuhörern und ob sie etwas anfangen können mit dem, was man ihnen anzubieten hat. Immer ist der Lesende schüchtern, immer sucht er das erste Gegenüber, dessen Augen ihm Mut machen. Nie hat mir dies Gegenüber gefehlt, sowie die erste Fremdheit überwunden war. Alles ist dann wie immer. Oder wie nur dies Mal. Sich und damit auch den andern Mut zu machen zum Leben, das ist einer der Gründe, aus denen heraus einer schreibt.

»Abel steh auf« ist in einem ganz besonderen Sinne ein Gedicht, das diesen Mut erneuert. Es ist das Gedicht von der ›zweiten Chance‹: die Aufforderung nicht so sehr an den Täter als an den Verletzten, dem Täter – nicht immer führt ja die Tat zum Tode – die Möglichkeit zu geben, sich als Mensch und Bruder zu zeigen. »Damit es anders anfängt / zwischen uns allen.«

Zum ersten Mal wurde es in einem Gefängnis gelesen von einem Pfarrer, den ich im Zug nach Trier getroffen und dem ich ein Buch geschenkt hatte. Er las es als Weihnachtsgedicht in einem Jugendgefängnis, für diejenigen Häftlinge, die keinen Urlaub nach Hause bekommen hatten über Weihnachten. Und er schrieb mir, daß viele es sich abgeschrieben und es auswendig gelernt hatten. Im ersten Augenblick wunderte es mich. Vielleicht war mir selbst das Gedicht noch zu neu.

Dabei ist es kein einfaches Gedicht. »Fast niemand weiß noch, wer Kain und Abel ist«, sagte mir ein Veranstalter nach einem Leseabend. Das habe ich seither ausprobiert: in Schulen und auch in Universitäten. Die nachdenklichste und beste Antwort erhielt ich in einer Arbeitsgemeinschaft in einer jener alten Strafanstalten, die vielleicht doch etwas weniger bedrückend sind als die ganz modernen mit den beängstigend langen Gängen, dieser Kafka-Perspektive. In Willich erklärte mir ein jugendlicher Teilnehmer, in der Sache Kain und Abel habe Gott selbst sich gegen die Todesstrafe entschieden. Denn darum habe er Kain gezeichnet, damit der Brudermörder nicht seinerseits umgebracht werde.

Immer, wenn ich über Kain und Abel diskutiere, und es ist ein Thema, das mich seit meiner Kinderzeit aufregt, erwähne ich, daß ich diese außerordentliche Antwort von einem jungen Häftling in einer Strafanstalt in Nordrhein-Westfalen erhalten habe.

IX

Erinnerlich ist mir, wie ich dies Gedicht las, in Soltau, bei einer Lesung, die der Pfarrer als Vorstand der dortigen Literarischen Gesellschaft veranstaltet hatte. Am nächsten Morgen sollte ich in der Schule lesen, welches eine Riesenschule ist. Die ganze Umgebung schickt ihre Kinder in diese Schule, die über wunderbare Gebäude verfügt und über alles, was Kinder und auch Erwachsene sich wünschen können: helle, große Räume, Sportplätze, Schwimmbecken, sogar noch einen kleinen Fichtenwald auf dem Heideboden.

Folgendermaßen sprach der Pfarrer, also der Religionslehrer, zu mir, und ich kann das nie vergessen: »Morgen früh, wenn Sie vor den Schülern lesen, weiß keiner, wer Kain und Abel waren. Das ist nicht mehr da, heute. Im übrigen«, sagte er, »würden vielleicht 15% der Schüler freiwillig kommen.«

Die Hälfte, bestenfalls, würde mich tolerieren, die große Mehrheit komme gezwungenermaßen. Die ganze Mitteilung hatte etwas Irritierendes. Daß gerade der Pfarrer mitteilte, Kain undAbel bedeute nichts mehr (so wie Adorno schon mit Trauer festgestellt hat, daß die großen Symbolgestalten der Menschheit verlorengehen), war absurd.

So sah ich die schönen Gebäude am Vormittag nicht ohne Unbehagen. Die Schüler wurden klassenweise in die riesige neue Aula marschiert, Klassensprecher voran. (Ich benutze das Passivum mit Absicht.)

Da stand ich auf dem Pult, vor mir in den ersten Reihen der Direktor und ein Teil des Collegiums. Und Reihen und Reihen von Schülern. Das mußte ich »umfunktionieren«, ich konnte nicht anders. »Ich höre», sagte ich, »Sie sind gezwungenermaßen hier. In allem, was wir tun, ist ein Anteil ›Muß‹ (der sogenannte ›labor improbus‹, für die die Latein können). Aber es ist auch ein Anteil ›Dürfen‹ darin, sonst macht das Leben keine Freude. Jetzt also kommt das ›Muß‹. Sie müssen mich zehn oder fünfzehn Minuten anhören. Danach mache ich eine Pause. Wer bleiben will, darf bleiben. Wer nicht will, hat schulfrei.« Ich sah den Direktor vor mir und auch die Lehrer. Ich wurde angestarrt. Und wären ihnen die Augen aus dem Kopf gefallen, was konnten sie schon tun. Ich begann sofort zu lesen, zweimal, wie ich es immer tue. Und mit der größten Heiterkeit. Ich las »Postulat«, das Gedicht über die Zivilcourage. Ich weiß nicht, was ich noch las. Nur daß ich nach zehn Minuten die versprochene Pause machte. »Also«, sagte ich, »die, die gehen wollen, können jetzt gehen.« »Zivilcourage«, sagte ich, als keiner aufstand. »Es gehört Zivilcourage dazu, jetzt aufzustehen, das ist klar.« Da lachten alle, und keiner ging. Es soll die heiterste Veranstaltung gewesen sein, die je in dieser großen Halle stattgefunden hat, wenn wir auch mit Mühe auseinanderklauben mußten, wie es mit Kain und Abel gewesen war. Einer hat den andern totgeschlagen, viel mehr war nicht da. Und das habe ich fast überall so gefunden. Dann ging ich mit einer Schar Schüler mittagessen. Wir hatten noch etwas Zeit, bis der Zug kam.

X

Meine erste Gefängnislesung war, von allen, die ungewöhnlichste, nicht nur weil sie die erste war. Es war ein hochmodernes Gefängnis, krankenhausartig. Lange weiße Gänge mit Türen zu beiden Seiten. Erst aber die Türen, die vor dem Besucher auf und die hinter ihm zugeschlossen werden. Es gibt nichts Beklemmenderes als ein modernes und sicher einwandfreies Gefängnis. Die kirchenähnlichen alten Gebäude mit den Zellen in den Seitenwänden und den gekreuzten Treppen im Mittelschiff, wie sie in den 20er Jahren in Bühnenstükken wie Wolfs »Revolte im Erziehungshaus« zu sehen waren und wie ich sie seither kennengelernt habe, scheinen vergleichsweise weniger bedrückend. Nicht jeder wird meiner Meinung sein, sicher ist sie falsch. Das sieht man schon daran, daß ich bei meinem so wohlbegleiteten Gang mit mehreren Amtspersonen hauptsächlich an das Kafkagefühl dachte, das ich bei einem Besuch im »Hotel of the Americans« in der 3rd Avenue gehabt hatte, einem der großen Kongreßhotels in New York: lange gespenstische Gänge mit Türen auf beiden Seiten. Breiter natürlich, luxuriös und mit Teppich belegt und mit Kristalleuchten an den Wänden, während hier in regelmäßigen Abständen grüne Farne hingen. Auch ist es ein Unterschied, ob die Türen von innen oder von außen geschlossen werden. Und ob hinter einem dauernd zugeschlossen wird. Wir kamen in einen mittelgroßen Unterrichtsraum, mit vergitterten Fenstern auf einen zementierten Hof, auf dem die Sonne lag. Auch in diesem wurden hinter uns die Türen wieder abgeschlossen. Dann wurden, und das habe ich nie wieder erlebt, die Schlüssel innen abgezogen von den zwei Wächterinnen, die an den Türen saßen. In den alten Gefängnissen dagegen wird man nicht eingeschlossen mit seinen Zuhörern, da könnte einer sogar raus- und reingehen. All das vergißt man natürlich sofort, wenn man die Zuhörerinnen sieht. Es war ein Frauengefängnis, und es waren etwa vierzig Frauen und Mädchen da, freiwillig, wie ich sofort hörte. Die meisten jung, unter zwanzig. Kaum eine über vierzig. U-Häftlinge, also Untersuchungsgefangene, und Verurteilte.

Gerade vor mir, und das war ein besonderes Pech, saß eine Frau mit rotangelaufenem Gesicht und glotzenden Augen, so sichtbar angestaut mit Wut, als wolle sie gleich auf mich losgehen. Auch meine Begleiter erklärten hinterher, es habe beängstigend ausgesehen. »Sie gehört in ein Irrenhaus«, dachte ich, während ich mich mechanisch sagen hörte: »Ich bitte, daß jemand aufpaßt, ob ich zu schnell oder zu leise rede.« »Sie, bitte«, sagte ich zu der fürchterlichen Person. »Ich, warum ich?« fragte sie. »Sie können das tun«, erwiderte ich. »Sie haben das Zeug dazu.« Sofort beruhigte sich das erregte Gesicht, wie wenn eine zum Sprung ansetzende Großkatze sich niederlegt und sich die Pfoten leckt. Sie hatte ihr Erfolgserlebnis gehabt. Von mir war es einfach Selbstverteidigung gewesen. Ich konnte anfangen.

Die Zuhörerinnen waren nicht nur sehr aufmerksam, sie stellten auch Fragen. Wir unterhielten uns über die Bibliotheksverhältnisse. Ich erfuhr, daß Frauengefängnisse weit schlechtere Bibliotheken haben als die der Männer, weil eben weniger Frauen straffällig werden, und daß die Ausleihe aus dem Männergefängnis zwar möglich ist, aber nicht praktiziert wird. Auch, daß Marx gerade gestohlen worden war. Aber an den Universitäten werden ja auch Bücher »entfremdet«. Mit ihren

Leselichtern waren alle zufrieden, es war hell genug am Abend. Kurz, wir unterhielten uns wie in einem Seminar. Daß die Türen abgeschlossen und die Fenster vergittert waren, war für den Moment vergessen. Ich nahm Wünsche auf, was für Bücher geschickt werden könnten, und versprach, meine Verlage und befreundete Autoren darum zu bitten. Es erwies sich, daß mehrere Gymnasiastinnen und auch Studentinnen da waren, von denen einige an Bankrauben teilgenommen hatten, wie sie mir erzählten, und jetzt zu Friseusen umgeschult wurden, womit sie nicht unzufrieden zu sein schienen. Das war aber später, als ich schon zu den Zellen gehen durfte.

Unter den Zuhörerinnen war mir eine junge Frau aufgefallen, die weit hinten an einer der Türen lehnte und abwechselnd blaß und rot wurde. Fast sofort war sie das Gegenüber, für das ich las. Irgendwer ist ja immer das erste Gegenüber, sonst würde der Lesende den Mut verlieren. Gegen Ende des Gesprächs, an dem sie nicht teilgenommen hatte, fragte ich sie und hörte, sie sei die Bibliothekarin. »Also sind Sie kein Häftling?« fragte ich (ich vermeide das Wort »Gefangene«, weil es etwas Militärisches hat). »Doch«, sagte sie. Ich ließ mir die Bibliothek zeigen, aus Interesse für die Bücher, über die wir schon gesprochen hatten, und auch aus Interesse für die blasse junge Bibliothekarin.

Dann zeigte sie mir ihre Zelle. Als Bibliothekarin hatte sie eine Krankenzelle bekommen: eine etwas größere, helle und bis auf das Gitter vor dem Fenster sehr bewohnbare kleine Behausung, mit einem Tisch und Büchern darauf und einem niederen Büchergestell. Beinahe wäre sie nicht zu der Lesung gekommen, die wohl die erste in diesem Gefängnis war, eine Probelesung, sozusagen. Sie habe sich geschämt, sagte sie. »Wie kommen Sie denn überhaupt hierher?« fragte ich und wurde dafür von den Begleitpersonen geradezu im Chor getadelt: »Diese Frage stellt man nicht in diesem Hause, Frau Domin.« »Frau Domin kann mich alles fragen«, antwortete die Frau im Kittel sofort. Die Beamten waren so höflich, uns allein zu lassen, bei halboffener Tür. Und ich erfuhr, daß die schüchterne Frau ein Finanzverbrechen begangen hatte, als Steuerberaterin. Sie war verliebt in einen ihrer Kunden gewesen. »Es wäre meine Pflicht gewesen, ihn anzuzeigen«, sagte sie. »Ich habe auch Geld von ihm genommen, ich war seine Mätresse.« Man hörte noch den Gerichtsjargon. Der Hauptschuldige hatte, als die Sache herauskam, Selbstmord begangen, sie wurde angeklagt. Derartige Prozesse gehen einen langen Instanzenweg, mit Verurteilung, Berufung, Aufhebung des Urteils, neuer Verhandlung. Das kann Jahre dauern. Sie hatte unterdes geheiratet, übrigens einen wohl beleumundeten Mann, wie das in der Gerichtssprache heißen würde, war glücklich in ihrer Ehe, hatte eine gehobene Stelle in einer Firma angenommen. Dann waren die Rechtsmittel erschöpft, der trottende Amtsgaul stampfte vor ihrer Tür, die Haft mußte angetreten werden. Ihr Mann warte auf sie, die Firma wolle sie wieder nehmen, sagte sie. Aber gerade sei ein Gnadengesuch nach der ersten Halbzeit abgelehnt worden. Sie empfand sich nicht als unschuldig, sie war ganz unpathetisch, stieß keinerlei Hilferufe aus. Das muß ausdrücklich gesagt werden. Es war der Zufall dieser Begegnung bei meiner Lesung, daß ich von ihrem Schicksal überhaupt hörte.

Und doch schien das Ganze widersinnig. Sie war die Täterin nicht mehr, die bestraft oder »resozialisiert«

werden sollte. Hier wurde, auf Steuerzahlers Kosten, ohne eigentliche Ungerechtigkeit, ein neu aufgebautes Leben zerstört. Ein undramatischer Fall, für keine Zeitung oder Gruppe interessant. Außer für den Einzelnen.

Ich sprach mit dem Direktor, der auch auf eine Begnadigung gehofft hatte. Er würde sich freuen, wenn es mir gelänge, etwas für sie zu tun, denn wirklich, es sei sinnlos, sagte er. Für die Bibliothekarstelle hatte er schon eine Nachfolgerin ausgewählt, eine Mörderin, wie er sagte. Vielleicht sogar die Frau, die mich auf dem Gang anhielt, um mir zuzuflüstern, sie könne es immer noch nicht verstehen, daß sie ihren Mann umgebracht habe.

Alle standen vor ihren Zellen, alle waren bereit, mir ihr Leben zu erzählen. Irgendein Damm war gebrochen. Die Besuchszeit war jedoch vorbei, ich wurde, Tür auf, Tür zu, wieder die Gänge hinausgeführt, während ein kleiner Essenswagen mit Reis und Obst und Brot die Runde zu machen begann und die Zellen zugeschlossen wurden.

Am nächsten Tag, das war ein Zufall, wie eben Zufälle nötig sind, besuchte ich zum ersten Mal Hilda Heinemann in Essen. Gustav Heinemann war nicht mehr Bundespräsident. Aber selbst wäre er es noch gewesen, er hätte nicht helfen können, sagte sie. Dafür gab sie mir die Privatadresse von Justizminister Posser und sagte, ich möge ihm schreiben, sie selber werde auch mit ihm sprechen. Posser ist, wie bekannt, ein gründlicher und gerechter Mann, jeder Willkür im Bösen wie im Guten unfähig. Er interessierte sich für den Fall, es wurde eine Kommission im Landtag ernannt, die ins Gefängnis kam, um die Angaben nachzuprüfen. Der Anwalt der jungen Frau schrieb mir dann, er habe ein erneutes Gnadengesuch zurückgezogen, und daraus sah ich, als Rechtsanwaltstochter, daß die Sache am Laufen war.

Diese besondere Zuhörerin meiner ersten Gefängnislesung wurde, sechs Monate später, auf Bewährung begnadigt. Bei meinem nächsten Besuch in der Stadt traf ich sie, entzückend aussehend, im Hause einer gemeinsamen Bekannten zum Abendessen.

Das Resultat dieser Rettungsaktion war dennoch eines der traurigsten. Rettungsaktionen sind oft nicht Ankünfte, wie man hofft, sondern Abfahrten: in neues Unglück. In ihrem kleinen VW hörte ich alles. Der Ehemann, der, wie es hieß und wie es glaubhaft schien, bisher so treulich gewartet hatte, hatte wenige Wochen vor ihrer Rückkehr sich anderweitig nicht nur verliebt, die andere Frau erwartete inzwischen auch ein Kind von ihm. Abends kam er aus dem Büro nach Hause, kleidete sich um, gab ihr Taschengeld und verschwand. Sie hatte Sehnsucht nach ihrer Gefängniszelle. Das Zuhause war schlimmer. Daß die Firma die Stelle doch nicht offengehalten hatte und sie nur vorübergehend beschäftigte, das war vorherzusehen gewesen und erwies sich als heilbar. Wir saßen stundenlang nebeneinander im VW und besprachen die Lage. Ich überzeugte sie, kein eheliches Gefängnis aufzubauen, sondern sich schnell zur Scheidung zu entschließen. Und das Leben, in allem, neu zu beginnen.

Sie ist nicht rückfällig geworden, was das Gesetz angeht. Die Freiheit hat ihr viele Möglichkeiten geboten, unglücklich zu werden. Sie soll davon ausgiebig Gebrauch gemacht haben. Einige davon sind mir sogar bekannt, denn manchmal höre ich durch Dritte von ihr. Immer macht es mich traurig. Sie schenkte mir eine kleine griechische Eule aus Türkis. Eulen sind ihre Lieblingsvögel, und dies war ihr liebster. Er steht hinter dem Hölderlin. Ich traue mich nicht, ihn zurückzuschicken.

1976

Der Handschuh und die Rose

Ein prosaisches Märchen

für Heinrich Witte

Ich wachte auf. Genauer, ich wurde geweckt. Pünktlich. In den meisten Hotels wird man ja zuverlässig geweckt. Die Rose stand in meinem Stiefel am Fenster. Ein finnischer Stiefel, sehr weich, hoch genug für eine Bodenvase. Es war eine meterlange Rose. Dunkelrot. Sie hatte wohl genächtigt in dem Stiefel. Ich sah die Rose an. »Lohengrin«, wußte ich plötzlich. »Eine Rose verhieß mir der Vater, ich bekäm sie in höchster Not.«

Der Abend vorher: Er war hereingestürzt, als komme er von weit. Was er auch kam. Praktisch nur von Düsseldorf. Er erstürmte die Tür, blieb stehen, noch ein wenig atemlos von dem weiten Weg, hielt mir die Rose hin und sagte: »Ich bin der, der geschrieben hat...« »Sie sind es«, sagte ich. Wir brachen beide fast in Tränen aus. Nur fast. Die Buchhändlerin, in deren Stübchen ich saß, als er in der Tür erschien, sah die Verwirrung und ging einen Augenblick hinaus. Er erklärte mir sofort, daß die Rose einen kleinen Wasserbehälter habe und gut mit mir reisen könne.

Ich war ja auf einer Lesereise, hatte gerade in der Buchhandlung gelesen, und hinter Lohengrin drängten auch schon die Leute herein, die die Unterschriften wollen.

Lohengrin kannte mich. »Ich sehe Sie jetzt zum vierten Mal«, sagte er. Ich sah ihn das erste Mal, deswegen mußte er auch sagen: »Ich bin der und der«, als er die Tür erstürmte. Er sah aus, wie alle aussehen. Oder doch viele. Jung, blond, ein klein wenig dick. Keineswegs auffallend. Er sagte auch sofort und ohne sich zu zieren, wo er herkam und daß er der Sohn eines Schneidermeisters sei, aus einer kleinen Provinzstadt. Ich erfuhr, daß es für den Sohn eines Schneidermeisters in einer Provinzstadt nicht einfach ist, auch nur Buchhändler zu werden. »Werde doch Schneider«, sagten die Buchhändler hochmütig. Aber für Lohengrin war es die Feder und nicht der Faden. Er war Redakteur geworden. Hätte er sich mit einer Nähnadel schlagen sollen? Denn er schlug sich gern, und er riskierte die Folgen. Das war sogar das einzige, was ich von ihm wußte: daß er für mich dies Schwert gezogen und daß dies für ihn üble Folgen gehabt hatte. Welche er wiederum mit Heiterkeit auf sich nahm. Praktisch hatte er meinetwegen den Job riskiert. Deshalb also gab es einen kleinen Aufruhr, als er eintrat und sagte: »Ich bin es.«

Aus seiner Kinderzeit erzählte er, wie die Jungen auf dem Schulhof mit einer Schriftrolle Fußball gespielt hatten. Es war eine jüdische Schriftrolle, vermutlich aus Holland, sagte er, er hatte sie gerettet und aufbewahrt. Er hat sie noch und möchte sie gerne zurückgeben. Es ist die Heilige Schrift, natürlich. Er sah mich an, als könne ich wissen, wo man hin soll mit einer Heiligen Schrift, die von den Fußtritten der Kinder ein bißchen, noch nicht viel, zerstört ist.

Ich nahm mir vor, ihm nicht zu sagen, daß ich auf jemanden wie ihn, also auf ihn – es gibt nie einen »wie« – seit Jahren gewartet hatte: von Jahr zu Jahr mehr. (»Lohengrin, er müßte kommen, das ist noch das Einzige!« hatte man zu mir gesagt.) Denn als ich nicht aufstand, sondern die Rose ansah, da wußte ich auf einmal: daß es Lohengrin war. Woher ich es wußte, abends hatte ich es nicht gemerkt. Ich nahm mir vor, es ihm nicht zu sagen. Ob er es wußte, daß da der Handschuh auf dem Boden lag, schon so lange. Der Fehdehandschuh. Manche sahen ihn und gingen vorbei, als sähen sie ihn nicht. Manche, die ihn liegen sahen, und nach langem kamen sie wieder vorbei, und er lag immer noch, machten einenBogen. Es wurde immer unbehaglicher. Irgendwann, ganz im Anfang, hatte ich die Menschen darauf aufmerksam gemacht. Das war falsch gewesen. Es war auch sehr, sehr lange her. Ein merkwürdiges Stilleben, wie im Märchen. Die Angeklagte, der Handschuh. Eben wurde er noch geworfen.

Ein Handschuh, den keiner aufnimmt, wächst im Boden fest: eine neue Art Pflanze. Je nach dem Luftzug füllt sich die leere Hand, die aus der Erde wächst, und scheint auf einmal sehr groß. Die Finger sind ausgestreckt, ganz mit Wind gefüllt. Es gibt Augenblicke, da ist es nicht mehr ein Handschuh, der vor mir am Boden liegt oder vor mir in die Erde gewachsen ist, weil keiner ihn aufgenommen hat: Sondern da sitze ich bei dem großen Handschuh, der da wächst und seine übergroßen Finger hin und her schwenkt, unübersehbar für jeden, der vorbeigeht, sich allen anbietend geradezu, ganz schamlos. Ich bin dann nur noch seine Angestellte, ich bin offenbar angestellt, um Wache zu halten bei dem Handschuh. Der Handschuh ist ganz nur für sich da, obwohl er doch für mich da war, hingeworfen, irgendwann. Ich habe es schon vergessen, wann und wieso. Wofür der Zeuge gerufen war. Obwohl ich mich auch noch erinnere, wenn auch ungern. Er probiert die Menschen aus, die vorbeigehen. Der Handschuh ist ein Gewächs, das Menschen ausprobiert. Sichtbar. Ich sehe es, obwohl ich doch weggucke. Jeder sieht es. Die

Menschen machen einen Umweg, wie vor Geßlers Hut. Sie schielen wohl einmal herüber, aber an den Tagen, wo der Handschuh so groß ist und seine Hand allen Händen entgegenhält – sogar auf eine recht nette Art, muß ich sagen. Der Handschuh hat etwas von einem Kind, das sich auf einem großen Bahnhof verloren hat und nach Hause gebracht werden möchte – da kommt dennoch keiner auch nur in Reichweite. Besonders meine Freunde nicht. Niemand ist verlegener, ja ärgerlicher, als meine Freunde. Fast könnte ich ihre Freundschaft daran abmessen, wie ärgerlich sie sind, geradezu wütend. Ich kann ihnen in keiner Weise helfen, es ist unnütz, was ich auch tue, macht es nur schlimmer für alle Teile. Ich habe schon alles versucht: Wenn ich wegsehe, und man sieht mich wegsehen, ist es eine Demonstration. Gleichsam als fehle es mir an Vertrauen. Wenn ich aber jemanden ansehe, einfach und gerade ansehe, so ist es, als erwarte ich etwas von ihm. Zum Beispiel, daß er sich bewähren könne oder wie immer man so etwas nennt. Das irritiert jeden natürlich. Am ärgsten ist es, wenn ich mich auf den Handschuh stürze, um ihn aus dem Wege zu räumen, ihn auszurupfen, dies arge Gewächs, diese *mala yerba*. Oder wenigstens die Luft aus ihm herauszupressen, damit er schlapp und unscheinbar am Boden bleibt und ihn keiner zu sehen braucht, der ihn nicht sehen will. Immer wird mir das falsch ausgelegt. Ich werde rot, und alle werden rot. Es entsteht Erbitterung. Daher tue ich das schon lange nicht mehr. Ich habe mich abgefunden, ich tue nichts. Ich bemühe mich, dazusitzen wie ein Gegenstand, der bei einem Gegenstand sitzt, eine zufällige Anordnung. Wäre es ein Theaterstück von Ionesco, so würde irgendwann der Vorhang fallen, und ich stünde auf und käme auseinander mit dem peinlichen Ding. Es fällt aber kein Vorhang. Daran merkt man, daß es die Wirklichkeit ist, wenn es morgens so weiter geht, wie es abends aufgehört hat.

Obwohl die Vormittage oft sehr hübsch anfangen. Jetzt zum Beispiel. Der Kellner kam herein und brachte das Frühstück. Auf Reisen frühstücke selbst ich im Bett und werde meistens sehr freundlich bedient. Der Kellner kam nochmals zurück. »Ich habe auch Ihre Tasche hereingebracht, gnädige Frau«, sagte er. »Es ist doch Ihre Tasche?« »Sie haben Sie auf dem Gang neben der Zimmertür gelassen«, sagte er. Wie er die Tasche auf den Tisch legte, sah er die Rose in dem Stiefel stehen. Die lange Rose, mit der Lohengrin aufgetreten war, am Abend zuvor, und die vielen Rosen waren in einer. Die Rose sah gesund und blühend aus, man sah ihr an, daß sie wohl genächtigt hatte. Sicher dachte der Kellner, ich habe den Stiefel mit Wasser gefüllt. (Den Stiefel, der doch auf dem Gang hätte stehen sollen, wo er statt dessen die Tasche gefunden hatte.) Für den Kellner liegt der Handschuh nicht da. Sonst bekäme ich nie auch nur ein Frühstück oder ein Mittagessen, wenn der Handschuh für solche Leute da läge. Die Rose in dem Stiefel schien ihm seltsam genug, ganz abgesehen von der Tasche auf dem Gang. Aber er sagte nichts, außer daß das Taxi bestellt sei.

Ich war außerordentlich heiter. Es schien kaum noch wahr, daß ich vor zwei Tagen die halbe Ration meines Schlaftablettenvorrats aufgelöst hatte, in einem Cognacglas. Immer dachte ich, es würde ein dicker Brei, ganz untrinkbar. Es würde einem die Kehle verstopfen. Davon kann keine Rede sein. Ich beobachtete, wie gut sich die Tabletten auflösen, selbst viele, in wenig Wasser. Plötzlich war ich sehr müde gewesen und war eingeschlafen. Ich erinnere mich, daß ich große Lust hatte, noch einmal richtig zu schlafen. Als ich aufwachte, goß ich das Wasser ab, sorgfältig, und stellte das Glas mit dem Pulver in den Schrank, hinter die Manuskripte. Da steht es noch. Ich fuhr dann ab, um meine Verträge einzuhalten: also dorthin, wo schon Lohengrin die Rose für mich kaufte.

1965

Erste Begegnung mit meinem Verleger

Ein Verleger ist ein Zwischending zwischen einer Schreibmaschine und einem Ehepartner. Was eine Schreibmaschine ist, weiß jeder: Sie macht den Text leserlich, sie macht ihn – falls er sich überhaupt dazu eignet – zu etwas Objektivem und Fremdem, sie vervielfältigt ihn. Der Verlag ist etwas wie eine definitive Schreibmaschine. Was den Ehepartner angeht, so hat Ortega die Ehe – nein, wohl die Liebe – als eine »Verbindung zur gegenseitigen Bewunderung« definiert, und das ist zumindest im Idealfall für die Beziehung zwischen Autor und Verleger brauchbar. Über die Schreibmaschine ist weiter nichts zu sagen, sie ist ein gehorsames Instrument. Über die Ehe wäre jedes Wort zuviel. Der Verlag ist ein Zwischending, überlebensgroß.

Zu solchen Abstraktionen kommt man erst nach vielen Jahren. Im Anfang sind Verleger das Aufregendste, was es gibt. Sie sind weder Schreibmaschinen noch Ehepartner (was man aber auch später am besten herunterschluckt). Sie sind, was man denkt, daß sie sind: der Kopf der »Welt«, das Gegenüber, der Leser par excellence.

Mein erster Besuch im S. Fischer Verlag, im Bienenkorb. An den Wänden standen die Bücher, viele von ihnen, die ich als Studentin gehabt hatte, manche habe ich noch, andere sind verloren. Bernard Shaw z. B. in altgoldenem Leinen, ich war stolz auf die Ausgabe, stolz darauf, sie einem berühmten Mann zu leihen, er hat sie sicher auch nicht mehr. Die Knollmöbel waren mir aus Amerika vertraut, ich empfand die Räume als hell, neutral, angemessen, sie waren mir völlig gleichgültig. Das war ja gerade das »Neutrale«. Man konnte sich um so leichter aufregen über alles, worüber man sich aufregt, wenn man zum erstenmal in einen Verlag kommt.

Am meisten regte mich auf, daß ein oder zwei Stunden über ein Gedicht von mir diskutiert wurde – ich war noch gänzlich ungedruckt, das Gedicht sollte in die »Neue Rundschau« – während ein recht illustrer und auf jeden Fall vielgedruckter Besucher im Wartezimmer saß. Ich erstarb vor Schüchternheit und auch vor Ehrfurcht vor meinem eigenen Gedicht. Ich bekam Gedichte gezeigt, die schon virtuell im Papierkorb lagen, Gedichte von bekannten Leuten. Ich wurde noch schüchterner, obwohl auch ich diese Gedichte schlecht fand. Ob mein eigenes Gedicht gut war, konnte ich damals keineswegs beurteilen, auch wenn es schon vier Jahre alt war. Man kennt seine Gedichte nicht von außen, ehe sie gedruckt sind, zumindest nicht im Anfang. Mit großem Elan wurden also die Gedichte in die »Neue Rundschau« aufgenommen. (Sie waren in der Tat schon angenommen gewesen, ehe ich das Haus betreten hatte, ich hatte sie aus Madrid geschickt.) Daß ich damit einen Verlag hatte, daran dachte ich gar nicht, vor lauter Aufregung, daß die Gedichte in die »Rundschau« kamen, die damals, 1957, außer Celan kaum irgendwelche zeitgenössische Lyrik gebracht hatte und, wie mir der Herausgeber ausdrücklich sagte, eine »hohe Plattform« war.

Die »Rundschau« erschien im Dezember, sie brachte Gedichte von Saint-John Perse, »Das Pferd« von Tibor Déry, einen Essay über die Bienen von Frisch, eine

Erzählung von Ionesco und »Wen es trifft« und andere Gedichte von mir. Es war, in meinem so unregelmäßigen Leben, die nächste Annäherung an das, was ein bürgerliches Hochzeitskleid sein mag: etwas richtig Feierliches. Kurz darauf wurde ich bei Fischers eingeladen und gefragt, ob ich Gedichte für einen Band habe. »Sie müssen sich gedulden, Frau Dr. Palm«, sagte man mir an der Tür, »aber gerade wird Frau Domin erwartet.« Oder umgekehrt, ich habe es vergessen. Nur Tage später schrieb mir der Lektor eines andern großen Verlags.

1965/66

*Ins Exil mit Goethe, Heine, Rilke, Joyce**

»Was haben Sie empfunden, als Sie den Rilke-Preis bekamen?« fragten mich viele. Ich versuche, Rechenschaft zu geben von meinem Verhältnis zu Rilke. Sehr früh begann er ja in meinem Leben eine Rolle zu spielen. Das erste Werk, das ich mir als Schülerin selbständig anschaffte, das war der Insel-Goethe: 17 Bände Dünndruck. Ich halbierte meine Ersparnisse: 150 Reichsmark für den Goethe, 150 für einen kleinen blonden Hund, an dem mein Herz hing. Gleich danach kam der Insel-Heine. Und dann schon der Rilke: die wunderbaren Ausgaben der Gedichte, mit Pergamentrücken und Florentinerpapier, jeder Band mit anderem Dessin. Die Elegien und Sonette in Erstausgaben, der »Malte«, das »Stundenbuch«. Der Verlag »Die Insel« hat, wie Sie sehen, in meiner Schulzeit eine große Rolle gespielt. (Wie er es vielleicht heute, für viele, wieder tut.) Die letzte Tat vor dem Abitur war dann die Subskription der Goyertschen »Ulysses«-Übersetzung (beim Züricher Rhein-Verlag). Und der Buchhändler der Familie teilte seine Mißbilligung dieser Initiative meinen Eltern sofort mit.

Goethe, Heine, Rilke, Joyce, bildeten den Grundstock meiner eigenen Bibliothek und waren dann auch eine Hauptsache in der kleinen Bücherkiste, die mich bei der Auswanderung aus Deutschland, 1932, beglei-

---

* Dankrede bei der Entgegennahme des Rainer-Maria-Rilke-Preises für Lyrik 1976.

tete. (Hölderlin, Proust, dazu kam ich erst sehr viel später.)

Von den vielen Rilke-Lektüren erinnere ich mich besonders an zwei. Als erstes den »Malte«, den ich kurz vor oder kurz nach dem Tode Rilkes gelesen haben muß. Denn ich erinnere mich, daß, als ich aus der Lektüre auftauchte, die Todesnachricht ganz frisch gewesen oder gleich gefolgt ist. Im übrigen interessierte ich mich damals nicht genug für Autoren, als daß die Nachricht ein Schock gewesen wäre. Ich interessierte mich nur für die Bücher. Ein Buch war etwas Absolutes für mich, hinter dem der Autor verschwand. Und das möchte ich noch nachträglich absegnen. Das Buch ist die Hauptsache, es ist das Buch des Lesers, immer von neuem. Der Autor hat das Seine getan und ist ja auch nur gelegentlich auf der Höhe seiner Bücher. Einzige Ausnahme, damals, für mich, Goethe. Die Sammlung »Der junge Goethe« hatte mir, ein oder zwei Jahre früher, eine unwiderstehliche Lust gemacht, ihn zu treffen. Dabei war mir zum ersten Mal bewußt geworden, wie irremediabel Geburtsdaten sein können.

Was den »Malte« angeht, so beeindruckte er mich so, daß ich mich fragte, was nach diesem Buch denn überhaupt noch geschrieben werden könne. (Der »Cornet«, den ich Jahre zuvor in Berlin gelesen hatte, war im Vergleich dazu an mir vorbeigegangen.) Und ich bin sicher, daß bei jedem Trümmerhaus, das ich bei der Rückkehr 1954 in Deutschland sah, Malte durch meine Augen mit auf diese furchtbar entblößten Innenwände starrte, die ihn in Paris so entsetzt hatten. Jetzt, wenn ich die Stelle im »Malte« wiederlese, fällt mir auf, wie unverhältnismäßig brutaler die Zerstörung der Intimität ist, mit der wir täglich konfrontiert werden. Und was Malte wohl zu dem Riesenrachen eines Bulldozers gesagt hätte, der einem vor den Augen eine halbe Häuserwand wegfrißt.

Die nächste Rilke-Lektüre, die mir ebenso direkt gegenwärtig ist, ist das Studium der Elegien und Sonette, auf dem Reschenpaß, im Sommer 1937. Wir lasen diese Gedichte, als seien es antike Texte, Tag für Tag und Wort für Wort, wie es dem Training Erwin Walter Palms durch die klassische Philologie entsprach. Es ist merkwürdig, daß die italienische Literatur zu keiner Zeit, in den sieben Jahren unseres Italienaufenthalts, interferiert hat mit der Liebe zur deutschen, und auch die englische nicht, als wir 1939 aus Italien nach England weiterwanderten. Das wurde erst anders mit der spanischen. Daß ich kein Rilkeaner geworden bin und überhaupt kein »eaner«, das verdanke ich – wie ich eben jetzt entdecke – diesem Sprach-Wechselbad und der Tatsache, daß die zeitgenössische spanische Poesie, also die der spanischen Republik, einen so mächtigen Einfluß auf mich ausübte, als ich 1951, relativ spät im Leben, in Santo Domingo, gleichsam übernacht zu schreiben begann.

Nichtsdestoweniger war es ein Schock, 1954 hier diese einmütige Abwendung von Rilke zu finden. »Trakl!«, hieß es immer wieder. »Rilke kommt nicht in Frage, neben ihm!« Aus vielem muß sich diese heftige Reaktion zusammengesetzt haben, vergeblich versuche ich, von heute her den Finger darauf zu legen. Ein Germanist, glühender Rilke-Verehrer während der Nazizeit, der vor den NS-Studentenführer der Universität Marburg zitiert worden war wegen eines diesem »entwurzelten« Dichter gewidmeten Lesezirkels, und der dann, in den Nachkriegsjahren, die allgemeine Abkehr mitgemacht hatte, gab mir ein wenig das Gefühl für die damalige Stimmung. »Wir sagten zueinander: Nun schrei doch mal«, berichtete er (»Wer, wenn ich schriee, hörte mich denn...«). »Vielleicht war es der hohe Ton, wir hatten die großen Worte satt«, sagte er weiter. Und doch kam fast gleichzeitig die Celan-Verehrung auf, Celan, der, wenn irgendwer, ein Nachfolger Rilkes war (was zu sagen allerdings ein Tabu war und vielleicht auch noch ist). Denn es war ja mitnichten so, als sei damals Günter Eichs »Inventur« in aller Munde gewesen: »Dies ist meine Mütze / dies ist mein Mantel«. Eich war, als wir zurückkamen, im wesentlichen der Hörspielautor. Die »Todesfuge« war dernier cri, gewiß doch ein »hoher Ton«. Einzig Hugo Friedrich war konsequent. Celan kam bei ihm nicht vor, nachdem er Rilke so drastisch abwertete. Er inthronisierte Benn und, nach ihm, als Fortführer der Franzosen, Karl Krolow. Benn hatte sich noch verbeugt vor dem Können Rilkes, aber Vorbehalte angemeldet.

All dies Auf und Ab, wie es fast jedes bedeutende Werk kennt, ist unterdes wieder gleichgültig, oder doch gleichgültiger, geworden: Und das ist dem Insel-Verlag zu verdanken, wo Unseld die Rolle der Kippenbergs gleichsam wiederaufgenommen und das Werk Rilkes erneut und auch erfolgreich zur Diskussion gestellt hat – die gute Stunde, den kairós nutzend, in dem die Politparolen zum Klischee verkommen waren und eine neue Suche spürbar wurde. Wobei sich von selbst versteht, daß Rilke heute nüchterner gelesen werden wird: ohne das feierliche Getue und all den Klimbim, der uns Älteren noch peinlich in Erinnerung ist. Und diese nüchternere Lektüre, aus der neuen Distanz, das kühlere Licht, bekommt den Gedichten vorzüglich.

»Wenn die Musiker, die die Vertonungen von Rilke-Gedichten in der Schublade lassen, sie wieder hervorziehen, damit sie aufgeführt werden. Und wenn die Germanisten, die 1975, trotz des 100. Geburtstags*, Rilke bei ihrer internationalen Tagung nicht erwähnten (auf ausdrücklichen Beschluß, wie ich bei der ›Modern Language Association‹ in New York erfuhr), ihn wieder aufs Programm setzen, dann ist der Boykott überwunden«, schrieb ich 1975 in einer Studie über die Rilke-Rezeption (»Rilke, Fragezeichen«, hieß der Band von »Text und Kritik«). Beides ist seither passiert. Rilke wird, neben Brecht, im Fernsehen gesungen. Und für 1980 steht er schon auf dem Programm des Internationalen Germanistentags, beschämend wie es ist, daß das Stimmungsbarometer selbst bei den Fachleuten so rapide umkippt.

Die Hoffnung auf die Nachwelt, die jeder Dichter hat, ist also vielleicht doch nicht ganz umsonst: zumindest wenn er etwas von dem Glück hat, das das Buch wie der Autor brauchen.

Deswegen darf ich vielleicht, tongue in cheek, wie das auf englisch heißt, hinzusetzen, daß in jenen Kreisen, wo man nicht weiß, was »in« und was »aus« ist, ein Rilke-Preis auf jeden Fall einen beträchtlichen Klang hat. Zu meiner Verblüffung redete mich neulich der Metzger in Heidelberg nicht wie üblich mit »Frau Professor« sondern mit »Frau Domin« an, und dies trotz des Schimmers, den der Professortitel bei den kleinen Geschäftsleuten bewahrt hat. Rilke war stärker.

Ich möchte, damit Rilke heute und hier auch selbst zu

---

* Vgl. »Gesammelte Essays«, die Beiträge zu Rilkes 100. Geburtstag, S. 124 ff.

Worte komme, und als eine Art Motto, Zeilen aus der
»Neunten Elegie« lesen:

»Sprich und bekenn. Mehr als je
fallen die Dinge dahin, die erlebbaren...
Zwischen den Hämmern besteht
unser Herz, wie die Zunge
zwischen den Zähnen, die doch,
dennoch die preisende bleibt.«

*Hilde Domin interviewt Heinrich Heine 1972
in Heidelberg*

Die »Antworten« Heines sind wortgetreue Zitate, zumeist aus seinen späteren Prosaschriften. Wo, um der Zügigkeit des »Gesprächs« willen, Auslassungen vorgenommen wurden, sind diese, wie üblich, durch Pünktchen angegeben. In einem einzigen Fall (»Antwort« 6) wurde ein obsoleter terminus der damaligen Polemik gegen einen zeitgenössischen ausgetauscht (ein Aristokrat = elitär). In »Antwort« 2 sind zwei verschiedene Emigrationsberichte benutzt. Sonst keine Montagen.

Domin: Herr Heine, ich möchte Sie zu einigen aktuellen Problemen befragen:

»Die ganze Zeitgeschichte ist jetzt nur eine Jagdgeschichte. Es ist jetzt die Zeit der hohen Jagd gegen die liberalen Ideen... Und es fehlt nicht an gelehrten Hunden, die das blutende Wort heranschleppen. Berlin füttert die beste Koppel, und ich höre schon, wie die Meute losbellt«, so schrieben Sie 1931.

Heine: Am 8. März 1831.

Domin: Verzeihen Sie. Man vertut sich so leicht in den Jahrhunderten.

Heine: Die heimatliche Luft ward mir täglich ungesünder, und ich mußte ernstlich an eine Veränderung des Klimas denken. – Seit dem Mai 1831 lebe ich in Frankreich.

Domin: Ich verließ Deutschland 1932. Die Luft war kaum mehr zu atmen, obwohl nicht alle es gleich merkten. Wie finden Sie sie denn heute bei uns, z. B. für die Dichtung?

Heine: Wenn man auf den Rock schlägt, trifft der Hieb auch den Mann, der im Rocke steckt, und wenn man über die poetische Form des deutschen Wortes spöttelt, so läuft auch manches mit unter, wodurch das deutsche Wort selbst verletzt wird.

Domin: Das deutsche Wort, Sie betonen das so sehr. Gerade Sie haben es doch fertiggebracht, als Emigrant draußen auch französisch zu veröffentlichen. Und mit Erfolg.

Heine: Dieses Wort ist ja eben unser heiligstes Gut..., ein Vaterland selbst demjenigen, dem Torheit und Arglist ein Vaterland verweigern.

Domin: Sie sind der erste, der es so formulierte. Nur hundert Jahre vor dieser endgültig letzten Generation deutsch-jüdischer Dichter. Denn wir, die Überlebenden dieser Verfolgung, sind die Letzten in der deutschen Geschichte.

Heine: ... während die moderne deutsche Dichtung von mir eröffnet ward.

Domin: Man sagt, sie sei jetzt am Ende, man fordert die Totalvertreibung aller Dichter aus dem Wort. Alle wohnen ja in ihm, auch die, die den Boden unter den Füßen behalten durften. Es wird der Lyrik bei uns das Lebensrecht abgesprochen*: weil sie elitär und undemokratisch sei. Haben Sie davon gehört?

Heine: Ja, die Gesellschaft ist ihrem Wesen nach republikanisch... Der Lorbeer eines großen Dichters war unseren Republikanern ebenso verhaßt, wie der Purpur eines großen Königs.

---

* Inzwischen erfreulicherweise überholt.

Domin: Hier lehnt man zwar Gedichte pauschal ab, als politisch unwirksam. Zugleich verlangt man aber Gedichte für alle, und jeder soll sie schreiben können.

Heine: Vielfach hörten wir die Behauptung: »Der echte Demokrat schreibt wie das Volk, herzlich, schlicht und schlecht ...« Aber nicht jedem ist es gegeben, schlecht zu schreiben..., und da hieß es gleich: »Der ist elitär, ein Liebhaber der Form, ein Freund der Kunst, ein Feind des Volks.«

Domin: Als ich kürzlich öffentlich sagte: »Bei Hitler hieß das: Schreiben, daß es jeder SA-Mann versteht«, warf man mir »billigen Antifaschismus« vor. Auch noch »billigen«! Wer hätte das in der Bundesrepublik für möglich gehalten!

Heine: In der Tat, bei dem wunderlichen Wechsel der Losungsworte und Repräsentanten in dem großen Kampfe...

Domin: Es ist ein Trost, daß die Dichtung ihre Gegner überdauert. »*Jedwedes lichtgeborene Wort / wirkt durch das Dunkel fort und fort*«, schrieb Loerke 1941, als sein Testament.

Heine: Jede Zeit glaubt, ihr Kampf sei vor allen der wichtigste... obgleich historische Ahnung uns sagt, daß einst unsere Enkel auf diesen Kampf herabsehen werden, vielleicht mit derselben Gleichgültigkeit, womit wir herabsehen auf den Kampf der ersten Menschen, die gegen ebenso gierige Ungetüme, Lindwürmer und Raubriesen zu kämpfen hatten.

Domin: Sie hatten ja auch Schreibverbot, wie Loerke, wie so viele. Ihre politischen und religiösen Schriften durften nicht mehr verbreitet werden, seit dem Jahr 35.

Heine: Ihr kennt den Bundestagsbeschluß vom Dezember 1835, wodurch meine ganze Schriftstellerei mit dem Interdikt belegt war... Ich wußte, daß es der schnödesten Angeberei gelungen war..., glauben zu machen, ich sei das Haupt einer Schule, welche sich zum Sturze aller bürgerlichen und moralischen Institutionen verschworen habe.

Domin: Auch für mich sind Denunzianten das Ärgste.

Heine: Wer je seine Tage im Exil verbracht hat... wer die harten Treppen der Fremde jemals auf und ab gestiegen, der wird begreifen...

Domin: Beide Deutschland reklamieren Sie heute. Sie werden in vielen Ausgaben gedruckt. Und es scheiden sich die Geister an Ihnen, wie zu Ihren Lebzeiten.

Heine: Man lobt mich oder man tadelt mich, aber stets mit Leidenschaft und ohne Ende. Da haßt, da vergöttert, da beleidigt man mich...

Domin: In diesem Augenblick gehören Sie zu den wenigen Dichtern, die bei uns »in« sind, aus überliterarischen Gründen sozusagen. Sie und Hölderlin und Hesse, jeder in anderer Verkleidung. Hölderlin, eben noch Naziidol (»*wohin mit dem, was da sagt hölderlin und meint himmler*«, ich zitiere Ihnen Enzensberger), präsentiert als Andreas Baader, als potentieller Attentäter. Hesse – so isoliert und unglücklich, wie er zuletzt war! – rehabilitiert als Hippie. Sie selber: kanonisiert als Marxist, ein Vor-Benjamin.

Heine: Ich sah die Vögel ausbrüten, welche später die neuen Sangesweisen anstimmten. Ich sah, wie Hegel mit seinem fast komisch ernsthaften Gesichte als Bruthenne auf den fatalen Eiern saß, und ich hörte sein Gackern.

Domin: Bitte, was halten Sie von der politischen

Dichtung? Der einzigen, die man hier allenfalls noch duldet?

Heine: Zwecklos ist mein Lied. Ja zwecklos
Wie die Liebe, wie das Leben,
Wie der Schöpfer samt der Schöpfung.
...
Mein geliebter Pegasus
Ist kein nützlich tugendhafter
Karrengaul des Bürgertums,
Noch ein Schlachtpferd der Parteiwut,
Das pathetisch stampft und wiehert.

Domin: Da sind wir einer Meinung. Schreiben ist ohne »Zweck«. Die »Zwecke« wachsen dem Geschriebenen zu: auf seinem Weg vom Autor zum Leser. Auch Enzensberger (ich stütze mich gern auf Enzensberger, er ist kanonisiert, ich nicht) war unserer Meinung. Seither sagte er: »Keine Gedichtbände, sondern Analysen und Steine.« Was denken Sie hierzu?

Heine: Werden wir mit dem System des Comité de salut public oder mit dem System des Ordre légal den Kursus eröffnen? Diese Fragen durchzittern alle Herzen, und wer etwas Liebes zu verlieren hat, und sei es nur den eigenen Kopf, flüstert bedenklich: Wird die deutsche Revolution eine trockne sein oder eine naßrote –?

Domin: Und wovon soll das abhängen nach Ihrer Meinung?

Heine: Von dem moralischen Zustande des Volks, und besonders von seiner politischen Bildung.

Domin: Sie sind ein Aufklärer par excellence.

Heine: Das ist ja eben der Segen der Pressefreiheit, sie raubt der kühnen Sprache des Demagogen allen Zauber der Neuheit, ... neutralisiert sie durch ebenso leidenschaftliche Gegenrede, und sie erstickt in der Geburt schon die Lügengerüchte, die, von Zufall oder Bosheit gesät, so tödlich emporwuchern im Verborgenen ... Es ist nicht weniger wahr..., daß dort, wo die Ideenguillotine gewirtschaftet, auch bald die Menschenzensur eingeführt wird, daß derselbe Sklave, der die Gedanken hinrichtet, das Henkeramt auch an Menschen verrichten werde.

Domin: Die Guillotine ist außer Mode. Man benutzt Gefängnisse, Arbeitslager, Irrenanstalten für die Menschenzensur. Bei uns, in der Bundesrepublik, ist die Pressefreiheit garantiert durch das Grundgesetz. In Wahrheit findet ein Ringen um die Meinungsmaschinen statt.

Heine: Diese Geisterhenker machen uns selbst zu Verbrechern, und der Schriftsteller, der wie eine Gebärerin während des Schreibens gar bedenklich aufgeregt ist, begeht in diesem Zustande sehr oft einen Gedankenkindermord, eben aus wahnsinniger Angst vor dem Richtschwerte des Censors.

Domin: Dahin kommt es gar nicht erst, zumindest nicht bei uns. Ein kluger Mann hat gesagt: wir brauchen keinen Propagandaminister und keinen Zensor mehr, jeder denkt von selbst, was er denken soll. Die konformierende Kraft unserer Apparatur hat etwas Unheimliches. Unabhängigkeit wird geradezu unter Strafe gestellt.

Heine: Nur die schlechten und ordinären Naturen finden ihren Gewinn bei der Revolution. Schlimmsten Falles, wenn sie etwa mißglückt, wissen sie doch immer zeitig den Kopf aus der Schlinge zu ziehen. Aber möge die Revolution gelingen oder scheitern, Männer von großen Herzen werden immer ihre Opfer sein.

Domin: Das ist die Enttäuschung. Weil ein Freund Ihrer Gruppe Sie denunziert hat.

Heine: Immer war ich ein Kämpe der Revolution und der demokratischen Ideen.

Domin: Sie kommen aus dem Zwiespalt nicht heraus. Immer sehen Sie die Doppelköpfigkeit jeder Erfahrung. Gerade das macht Sie zu unserm Zeitgenossen.

Heine: Wir ergreifen keine Idee, sondern die Idee ergreift uns ... und peitscht uns in die Arena hinein, daß wir, erzwungene Gladiatoren, für sie kämpfen.

Domin: Sie sind vorhin auf Hegel ausgewichen. Ihre Stellung zu den Kommunisten?

Heine: In der Tat, ich denke mit Grauen und Schrecken an die Zeit, wenn diese Bilderstürmer an die Herrschaft kommen. Mit ihren schwieligen Händen werden sie die Schönheit und alle ihre Marmorstatuen zerschlagen ... und alle Spielzeuge und allen Firlefanz der Kunst, die der Dichter so geliebt hat, ... die Rosen, diese müßiggängerischen Bräute der Nachtigallen, werden das gleiche Schicksal erleiden. Die Nachtigallen, die unnützen Sänger, werden verjagt werden. Und aus meinem »Buch der Lieder« wird der Krämer Tüten drehen, um den alten Weibern der Zukunft Kaffee und Tabak darin einzuwickeln. Ich sehe all dies voraus, und eine unbeschreibliche Traurigkeit erfaßt mich, bei dem Gedanken an den drohenden Ruin meiner Verse und der ganzen romantischen alten Welt durch das siegreiche Proletariat.

Domin: Nichts von alledem ist eingetroffen. Hat Stalin den Rosen oder seinen Mitkämpfern die Prozesse gemacht? In Moskau hat man Untergrundbahnstationen aus Marmor, mit Kristalleuchtern. Und in der DDR wird die größte Heine-Ausgabe aller Zeiten vorbereitet.

Heine: Eine generöse Verzweiflung erfaßt mich und ich rufe: sie ist seit langem gerichtet und verurteilt, diese alte Gesellschaft. Möge Gerechtigkeit geschehen ... Und gelobt sei der Krämer, der eines Tages Tüten drehen wird aus meinen Gedichten, um den guten alten Weibern der Zukunft, die in unserer jetzigen ungerechten Welt auf diese Annehmlichkeit verzichten müssen, Kaffee und Tabak darin einzuwickeln. Fiat iustitia, pereat mundus.

Domin: Herr Heine, ich bitte Sie, Ihre Manuskripte sind wohlbehütet: in Düsseldorf, in Weimar, in Paris. Aber die Gerechtigkeit? Die Menschenzensur? Mißverstehen Sie mich nicht. Die Bundesrepublik ist der gutartigste und freiheitlichste Staat, den es je auf deutschem Territorium gab.

Heine: Ich habe nie großen Wert gelegt auf Dichterruhm ... ich war ein braver Soldat im Freiheitskampf der Menschheit.

Domin: Wenn erst der Mensch zum Roboter wird, dann ist es aus mit diesem Kampf, »dann treten wir ein in ein Zeitalter, in dem es nicht ›wahr‹ noch ›unwahr‹ mehr gibt: in einen Schlaf oder Alptraum, aus dem nichts uns aufweckt«, sagte einer Ihrer Franzosen, Merleau-Ponty.

Heine: Wenn einst, was Gott verhüte, in der ganzen Welt die Freiheit verschwunden ist, so wird ein deutscher Träumer sie in seinen Träumen wieder entdekken.

Domin: Deutschland, Heine? Da sind Sie doch genau so zerrissen wie in der Frage der Revolution.

Heine: Deutschland, das sind wir selber.

Domin: Die Leidenschaft, mit der Sie das sagen. Ich kenne das.

Heine: Man kann sein Vaterland lieben, und achtzig Jahre dabei werden und es nicht gewußt haben. Aber man muß dann auch zu Hause geblieben sein. Das Wesen des Frühlings erkennt man erst im Winter... So beginnt die deutsche Vaterlandsliebe erst an der deutschen Grenze.

Domin: Wenn das die Düsseldorfer lesen, werden sie vielleicht geneigter sein, die Universität nach Ihnen zu benennen. Auch wenn Ihre Stilisierung zum Vor-Benjamin ein Körnchen Wahrheit enthält.

Heine: Bereits Moses war ein solcher Sozialist, obgleich er als ein praktischer Mann bestehende Gebräuche, namentlich in bezug auf das Eigentum, nur umzumodeln suchte... Freiheit war immer des großen Emanzipators letzter Gedanke, und dieser atmet und flammt in allen seinen Gesetzen, die den Pauperismus betreffen.

Domin: Wissen Sie nicht, daß Israel als Hort des Imperialismus gilt, bei einem Teil der antiimperialistischen Jugend der Welt?

Heine: 48 schien diese Frage auf immer erledigt, aber wie mit so vielen andern Errungenschaften deutscher Hoffnung mag es jetzt in unserer Heimat auch mit besagter Frage sehr rückgängig aussehen.

Domin: »Rückgängig«? Da täten Sie der Bundesrepublik Unrecht. Ich sprach von einem internationalen Affekt. Rassenhaß gibt es hier kaum mehr, und schon gar nicht bei der jungen Generation. Haß hat neue Überschriften, heute, die Fanatisierung ist fürchterlich, hier unter uns. Der Gruppenhaß, die Zerstörung des Dialogs. Sachlichkeit ist ein Schimpfwort geworden.

Heine: *Aus Gemütestiefe quillt er,*
   Deutscher Haß! Doch riesig schwillt er.

> *Und mit seinem Gifte füllt er*
> *Schier das Heidelberger Faß.*

Domin: Vielleicht möchten Sie bei dieser Gelegenheit Heidelberg noch ein wenig besichtigen.

Heine: Seit ... Jahren habe ich keine deutsche Nachtigall gehört.

Domin: Die Nachtigall? Das ist vorbei. Die Industrie hat sie ermordet. Suleikas Westwind ist auch nicht mehr, was er war. »*Blumen, Auen, Wald und Hügel, / stehn bei deinem Hauch*« – nein, nicht: »in Tränen«, *im Smog*. Die Abgase von Ludwigshafen und Mannheim, Sie wissen. Aber das Faß ist ganz, wie Sie es kennen, und nur wenige Schritt von hier. Auch zur Universität sind es nur fünf Minuten. Dort können Sie im Innenhof beim Hexenturm lesen, mit rotem Farbspray angespritzt: »Zerschlagt dem Frieden die Schnauze«. Es ist natürlich nur eine Minderheit, ich sagte das schon. Aber sehr aktiv.

Heine: *Es bebte mein Fuß vor Ungeduld*
Daß er deutschen Boden stampfe.

Domin: Heinrich Heine, wir danken Ihnen für dieses Gespräch.

R. A. Bauer interviewt Hilde Domin 1972 in Heidelberg

Bauer: Ein Ende der Poesie lasse sich nur denken als Ende der Menschheit, hat Erich Fried unlängst beim Literatur-Symposion im Klagenfurter Stadthaus gesagt. Wie ist Ihre Meinung dazu, verehrte Hilde Domin?

Domin: Wir waren uns in diesem Punkte gänzlich einig: auch Wellershoff, auch Jandl, auch Jürgen Bekker. Ich habe das (in »Wozu Lyrik heute?«) so formuliert: »Es ist das gleiche Wasser, das dem Menschen und der Kunst am Halse steht.« Statt von einer Krise der Literatur sollten wir von einer Krise des Menschseins sprechen.

Bauer: Günter Herburger vertrat dagegen die kühne These, in einer konkreten Demokratie sei das Ende der exklusiven Herstellung von Poesie zugleich der Anfang einer »Poesie für alle, in einer Gesellschaft ohne Überbau«. – Teilen Sie diese Auffassung?

Domin: Eine romantische und irrationale These, die auf heftigen Widerspruch stieß, nicht nur bei mir. Das Verlangen, jeder solle künftig ein Dichter sein, ist ebenso sinnlos, wie wenn jeder Autofahrer auch gleich sein Fahrzeug selber konstruieren sollte. Diese Realitätsblindheit ist unvereinbar z. B. auch mit dem Satz von Karl Marx: »Jeder nach seinen Fähigkeiten.«

Bauer: Sie selbst haben vor zwei Jahren bei der PEN-Tagung in der Darmstädter Orangerie das kritische Wort vom »Vorauskonformismus« geprägt und erklärt, die Autoren seien aufgerufen, »die Fakten der

Wirklichkeit zu benennen«. Was, beispielsweise, verstehen Sie darunter?

Domin: »Vorauskonformismus« ist nicht nur der Versuch, heute »richtig zu liegen«, sondern das Bestreben, sich auch für morgen günstig zu betten. Daher wirkt Vorauskonformismus gleichschaltend auch in Hinsicht auf Zukunft: Durch Anbiederung an noch nicht bestehende Machtverhältnisse werden diese erst herbeigebracht. Nur durch das unerschrockene Benennen der Fakten wird Wirklichkeit überhaupt deutlich. Klischees decken sie zu. Die Worte aber entleeren sich und müssen unablässig up to date mit der Wirklichkeit gebracht werden, wenn sie nicht zu Klischees erstarren sollen. Das ist naturgemäß Sache der Worthandwerker, also der Schreibenden. Dazu bedürfen sie des Muts, unbequem zu sein.

Bauer: Sie, Hilde Domin, haben über zwei Jahrzehnte als Emigrantin im Ausland gelebt und sind 1954 in die Bundesrepublik heimgekehrt. Spuren dieser Heimkehr sind in Ihrem Roman »Das zweite Paradies« verzeichnet. War dieses Buch für Sie eine Art Befreiungsakt, so etwas wie eine »Wiedergeburt«?

Domin: »Wiedergeburt«, das war, als ich plötzlich anfing zu schreiben. Diese Wiedergeburt läßt sich genau datieren: auf den November 1951, fast drei Jahre vor meiner Rückkehr. Im übrigen ist jedes Buch ein »Befreiungsakt«. Auch jedes Gedicht. Benennen, ins Wort bringen, also »objektivieren« macht frei – oder doch freier. Die Erfahrung von Exil, und Rückkehr aus dem Exil, ist in meiner Lyrik ebenso da wie in der Prosa.

Bauer: In einem Selbstporträt haben Sie bekannt, Sie seien damals »heimgegangen in das Wort«. Das Wort aber sei das deutsche Wort gewesen. Und des-

halb seien Sie wieder zurückgefahren über das Meer. –
Wie ist das mit so einer Heimkehr, lebt da nicht alle
Bitterkeit nach kurzer Euphorie wieder auf?

Domin: Ich glaube nicht, daß Sie in meinem Werk
Bitterkeit finden werden. Ich bin kein Mensch, der
zurückblickt, ich sehe alles auf Zukunft an. Und was die
Bundesrepublik betrifft, so ist sie für mich zwar nicht
das bestdenkbare, aber das gutartigste und reformfreudigste Deutschland, das je – seit dem Jahre 9 A.D. – auf
diesem Territorium existiert hat.

Bauer: In Ihrem unlängst erschienenen, stark beachteten Band »Nachkrieg und Unfrieden – Gedichte
als Index 1945–1970« vertreten Sie die Auffassung, daß
es die Politisierung sei, die der Literatur den Garaus zu
machen droht, »indem sie das Interesse der Lesenden
wie der Schreibenden zunehmend monopolisiert«. –
Sehen Sie, beispielsweise, in der zunehmenden Politisierung der Schriftstellerverbände eine Gefahr für die
Literatur und: Warum?

Domin: Das muß man scharf auseinanderhalten.
Die Politisierung der Schriftsteller als Staatsbürger ist
eine Sache. Die Programmierung der Lyrik als politische Pflichtübung ist etwas ganz anderes. »Der politische Auftrag des Gedichts ist, sich jedem Auftrag zu
verweigern«, sagte Enzensberger, der dann radikal eine
Absage an Literatur verlangte, aber selber doch weiter
Gedichte schrieb: weil sie ihm notwendig sind wie das
Atmen. Ich selber habe mich nie gegen politische Thematik als solche ausgesprochen, wo das politische Ereignis für den Autor zur eigenen Sache wird, so eigen
wie der eigene Tod oder das eigene Tötenmüssen. Ich
habe mich nur gegen die serienweise Ablieferung versifizierter Leitartikel gewandt. Daß diese weder der Lite-

ratur noch der Politik dienen, darüber herrscht inzwischen wohl consensus.

Bauer: Für Sie, Hilde Domin, sei »das Gedichteschreiben ein elementarer menschlicher Akt«, hat Dieter Fringeli von Ihnen gesagt, und das Gedicht sei für Sie ein »Garant der Freiheit«. Trifft das zu und: Glauben Sie, daß Poesie darum auch in Zukunft sein muß und sein wird?

Domin: Ja, das glaube ich, und das ist auch nachweisbar. Selbst Herbert Marcuse hat sich schließlich (Köln, 1971) auf diese Seite geschlagen und es als »objektiv reaktionär« bezeichnet, Dichtung als bürgerlich und obsolet abzutun. Gesellschaft ohne Kunst, gleichgültig welche, sei Barbarei, hat er gesagt.

Bauer: Joachim Günther hat Ihnen mit Wohlwollen unterstellt, Sie wollten »die Henker des Gedichts« gewissermaßen umstimmen, ergo »einen weitreichenden Prozeß in letzter Minute vor der Urteilsvollstreckung aufhalten«. – Wie sehen Sie die »Zielrichtung« Ihrer poetologischen Bemühungen?

Domin: In der Tat, ich verteidige die Poesie in der Sprache ihrer Gegner. (Wozu sollte ich sie in der Sprache ihrer Freunde verteidigen?) Das ist eine produktive Denkübung, macht die Theorie fit. Übrigens ist diese täglich angedrohte Hinrichtung der Poesie ein spezifisch bundesdeutsches Phänomen, anderwärts, in Rußland z. B. oder den USA, geht es ihr bestens. Sie ist vital und man munkelt, daß bei den durch die Ostverträge möglich gewordenen außerordentlichen Kontakten die Totengräber der Literatur von den dortigen Kollegen als antiquiert bezeichnet werden – wieder mal bundesdeutscher Nachholbedarf.

Bauer: Auf die Frage, wie Ihre Gedichte entstehen, haben Sie einmal geantwortet: »Sie kommen von weit her ... als zöge ein Magnet sie herbei ...« – Also halten Sie wenig von der »Machbarkeit« moderner Verse?

Domin: Assoziationen, auch fernliegende, ordnen sich plötzlich zu »Mustern«, wenn ein Auslöser da ist. Der Schaffensprozeß selber ist ein schizophrener Vorgang. Der Schreibende spaltet sich in eine Art Anlieferer, und in eine Kontrollinstanz, in »einen Heißen und einen Kalten«, wie ich das nannte. Der Kalte wacht über das Handwerkliche, also über das »Machen«. Beide sind nötig, Lyrik mobilisiert den ganzen Menschen, Emotion und Ratio: beim Autor wie beim Leser.

Bauer: Ein Gedicht gehöre nicht dem Autor, sondern dem Leser, haben Sie gesagt. Steht das nicht im Widerspruch dazu, daß Gedichte exklusiv und elitär seien?

Domin: Daß das Gedicht nicht mehr dem Autor sondern den Lesern gehört – gerade das ist, wenn Sie so wollen, das »Demokratische« am Gedicht: daß es von jedem Leser »gebraucht« werden kann, der in die entsprechende Grundsituation gerät, ja daß jeder Leser die Stelle des Autors einnimmt, insoweit er das Gedicht zu dem Seinen macht.

Bauer: Aus Ihrer Feder stammt ein bemerkenswertes Wort: »Jedes Gedicht ist ein Aufruf gegen Verfügbarkeit, gegen Mitfunktionieren. Also gegen die Verwandlung des Menschen in den Apparat.« Was dasselbe oder schlimmer sei, als die Verwandlung in den Unmenschen.

Domin: In der Tat, das Gedicht macht den Leser zum Subjekt, wo er sonst bloßes Objekt seiner Funktion wäre. Es läßt ihn die eigenen Erfahrungen gleichzeitig als persönliche und exemplarische begreifen. Je mehr im Menschen das Bewußtsein der eigenen Identität geschärft wird – wir leben ja in einer Identitätskrise wie einer Kommunikationskrise –, um so weniger taugt er zum Roboter.

Bauer: Sie haben wesentlichen Anteil an der Erneuerung der deutschsprachigen Poesie, haben auf »sprachartistische Experimente« weitgehend verzichtet. Sie haben gesagt: »Ich verlange also von den Gedichten, daß sie tun, was Gedichte zu tun vermögen: daß sie den Menschen im Leser mobilisieren«. – Wäre das denn ohne Engagement, ohne auch politische Wirklichkeitsnähe überhaupt erreichbar?

Domin: Als ich 1954 wieder nach Deutschland kam, hatte ich bereits hinter mir und anverwandelt, was hier noch Nachholbedarf war, z. B. den Surrealismus. »Man schreibt wieder Gedichte, die klar und präzise ... sind ... Man stammelt nicht mehr und man schreit nicht...«, schrieb 1959 Walter Jens beim Erscheinen meines ersten Buches. Im übrigen halte ich mich für radikal engagiert, ich bin ein politischer Mensch, vom Scheitel bis zur Sohle. Dafür hat das Schicksal gesorgt, darin ist keinerlei Verdienst. Meine Gedichte sind ein Aufruf zur Verantwortungsbereitschaft. Verantwortung muß immer neu mobilisiert werden. Von »Wen es trifft«, 1953, bis »Abel steh auf«, 1970, sehen Sie meinen Weg. Ich bin ein Rufer. Wer würde rufen, ohne den Glauben, daß Kommunikation möglich ist? Gedichte setzen die Kommunikation voraus, die sie selber stiften.

Bauer: Hilde Domin, wir danken Ihnen für das Gespräch.

Adelbert Reif interviewt Hilde Domin 1987

Reif: Sie haben sich während der vielen Jahrzehnte Ihres dichterischen Schaffens immer wieder mit der Frage der Wirkung von Lyrik auf den Leser beschäftigt. In Ihren autobiographischen Aufzeichnungen »Von der Natur nicht vorgesehen« heißt es an einer Stelle: »Merkwürdig oft kommt es vor, daß Gedichte von mir in das Leben fremder Menschen eingreifen, rein durch Zufall erfährt man es manchmal, daß sie etwas ›getan‹ haben für den oder den.« Welchen Einfluß übt dieses Wissen um die Wirksamkeit Ihrer Worte auf Ihr Schaffen aus?

Domin: Überhaupt keinen. Das ist eine Sache, die erst im nachhinein passiert. Wenn es mich auch freut, daß die Gedichte für die Leser »etwas tun«, so hat mich das im Schreiben nie beeinflußt. Ich halte mich wie Virginia Woolf an den Grundsatz: »Nicht schielen.« Weder nach dem möglichen Leser noch nach den maßgebenden Kritikern. Als es »lange Gedichte« hieß, war mir das so gleichgültig wie Günter Eich, der unter der Überschrift »Ein langes Gedicht« fünf Zeilen veröffentlichte. Beim Schreiben kommt es mir nur darauf an, die genauen Worte zu finden für die mich jeweils erregende Erfahrung. Übrigens erfährt man von seinen Lesern ja nur gelegentlich und meist durch Zufall. Manche schreiben einem ja auch.

Reif: Ist Ihnen letzthin eine solche Mitteilung von Lesern zugegangen?

Domin: Gerade in letzter Zeit. Ende Dezember

1986 zum Beispiel erhielt ich den Brief einer Abiturientin zu »Unaufhaltsam«. Das ist das Gedicht von mir, das in den meisten Schulbüchern steht. Sie hatte es gekannt und auch gemocht. Plötzlich wurde es für sie auf neue Weise wichtig. Sie hatte eines Tages ihre Mutter so schwer gekränkt, daß sie die Beziehung für unheilbar geschädigt hielt. Da erinnerte sie sich an das Gedicht. Sie schrieb das Gedicht ab und gab es ihrer Mutter. Die Lage entspannte sich etwas. Aber dennoch hatte sie das Gefühl, so dürfe es nicht bleiben. Das Gedicht endet ja mit der Macht des schwarzen Wortes: *»Am Ende ist das Wort / immer / am Ende / das Wort.«* So darf es nicht bleiben, dachte sie. Und aus ihrem Kummer heraus fügte sie dem Gedicht einige wundervolle Zeilen an, die, nach einer Wartezeit, das schwarze Wort doch noch zum Blühen bringen. Das machte beide glücklich, Mutter und auch Tochter. »Jetzt ist Ihr Gedicht also mein Gedicht geworden«, schrieb sie mir. »So sehr, wie ich es mir nie hätte vorstellen können.«

Reif: Eines Ihrer bekanntesten Gedichte enthält ein Motiv aus dem Alten Testament, den Brudermord Kains an Abel. Inwieweit spielen religiöse Elemente in Ihrem Werk eine Rolle?

Domin: Dieses Gedicht »Abel steh auf« bildet die Summe meines gesamten Schaffens. Was immer ich noch schreiben werde, alles wird vor »Abel steh auf« kommen. Und in der Tat habe ich auch in den »Gesammelten Gedichten« alle später geschriebenen vor »Abel steh auf« eingeordnet. Ich halte es für mein letztes Wort, ein Fazit, das ich kaum überbieten werde. Ich bin dankbar, daß ich es schreiben konnte. In den meisten Fällen begreift man ja die äußere Wirksamkeit und selbst den Inhalt seiner Gedichte erst sehr viel später.

»Abel steh auf« begriff ich zum ersten Mal, als ein Pfarrer es als Weihnachtsgedicht mit Häftlingen einer Jugendstrafanstalt las. Da erkannte ich plötzlich, daß es das Gedicht von der »zweiten Chance« ist. Geschrieben habe ich es in einem Augenblick, als die NPD viele Stimmen gewann, gerade auch in Heidelberg. Rückblickend erkenne ich – damals war mir der Zusammenhang keineswegs deutlich –, daß »Abel steh auf« auch die zweite Chance meinte, die ich meinen Landsleuten gab. Daß es, in diesem Sinne, ein »Rückkehrergedicht« ist.

Ich weiß nicht, ob Sie das ein religiöses Gedicht nennen können. Es richtet sich ja an die Menschen, an jeden von uns: täglich. Es spricht ein Überlebender.

Reif: Empfinden und schreiben Sie aus der jüdischen Tradition?

Domin: Ich kann mich kaum als »richtiger« Jude bezeichnen. Im Gegensatz etwa zu Nelly Sachs, Paul Celan oder Rose Ausländer, die stark vom Judentum geprägt sind und auch aus jüdischen Häusern stammen. Ich bin aufgewachsen mit Weihnachten, Nikolaus, Ostern. Vielleicht zweimal in meinem Leben wurde ich in eine Synagoge eingeladen. Wenn Sie also die Juden als Volk des Buches definieren, so bin ich in hohem Maße ein Kind des Buches, aber mehr nicht. Im übrigen habe ich mich so ausführlich zu dem Thema ausgesprochen, daß ich es hier nicht wiederholen möchte.*

Ich bin mit Goethe aufgewachsen. Als Kind verliebte ich mich in den jungen Goethe und bedauerte, daß wir nicht im gleichen Jahrhundert lebten. Ich beneidete

---

* Vgl. die Umfrage des Süddeutschen Rundfunks zu »Mein Judentum«. Meine Antwort unter dem Titel »Hineingeboren«, oben S. 150 ff.

die Bettina um ihn. Das war, als man mir, während einer Krankheit, die großen blauen Bände »Der junge Goethe« geliehen hatte. Im übrigen las ich mich durch die Reihen von Vaters Bücherschrank, damals hatte man ja die Bücher in Schränken mit Glastüren, nicht wie heute wir in Regalen. Und der Schrank meines Vaters war groß und enthielt die ganze Klassik in guten Ausgaben. Mein erstes großes Leseerlebnis war Felix Dahns »Ein Kampf um Rom«. Ich erwischte es auf einer Fahrt mit einem älteren Vetter, es wurde mir weggenommen, weil ich noch zu klein war. Jahr um Jahr wünschte ich es mir zum Geburtstag. Als ich es endlich erhielt, mit zehn oder elf, las ich sofort weiter, wo ich aufgehört hatte. Ich glaube, es war auf Seite 47, jedenfalls in dem ominösen Badezimmer, in dem Amalaswintha ertränkt wird.

Reif: Wenn ich Sie richtig verstehe, setzen Sie vor das Bekenntnis zu einem Volk oder einem Land, einer Nation, das Bekenntnis zum Menschen. Das gilt insbesondere auch für Ihre Dichtung. Und in Ihren autobiographischen Aufzeichnungen findet sich der bemerkenswerte Satz: »Gedichte sind der kürzeste Weg von Mensch zu Mensch.« Könnte man sagen, daß das Gedicht die »Begegnung mit dem anderen« ist?

Domin: Das Gedicht ist zunächst einmal die Begegnung mit sich selbst. Das Selbstsein, die eigene Identität wird durch das Gedicht in außerordentlich starkem Maße intensiviert. Darüber hinaus stellt das Gedicht sofort ein Vertrauensverhältnis her. Das hat es vielleicht mit dem Gebet gemeinsam. Wenn ich eine Lesung mache, stellt sich dieses Vertrauen gewissermaßen automatisch ein. Die Zuhörer spüren, daß ich nicht lüge. Insofern ist es also, nachher, auch eine »Begegnung mit dem anderen«: Als sei man schon seit langem miteinander bekannt. Es sind Begegnungen, die Freundschaft etablieren, und diese Freundschaften halten, gleichgültig, ob der Betreffende 15 oder 50 Jahre alt ist.

Reif: Was ist Ihre Ansicht über Dichtung als Massenerlebnis, wie Majakowski es zu vermitteln versuchte und in seiner Nachfolge heute Jewtuschenko?

Domin: Diese Frage habe ich mir gerade dieser Tage gestellt. Sie hängt zusammen mit dem Gedicht, das den Titel trägt »Wen es trifft«. In gewisser Beziehung ist dieses Gedicht für mich genauso entscheidend wie »Abel steh auf«. Es endet mit dem »Gesang an die Hand« und der Aufforderung an die Hand, »*ein liebendes Glied*« zu sein »*zwischen mir und der Welt*«. Das Gedicht wurde 1979 auf dem ökumenischen Weltkirchentag in Hamburg von Jugendlichen und ihrem Pfarrer in einer Art »Kirchen-Rock« aufgeführt und gesungen, vor etwa 6000 Zuhörern. Titel: »Hiob heute«! Der Pfarrer las dazwischen die wichtigsten Verse ohne musikalische Begleitung, und das war besonders eindrucksvoll. Seither ist es auf vielen Kirchentagen von dieser Gruppe Soma aus Marl aufgeführt worden.

Wenn ich selber lese, habe ich, außer dem Wort, ganz offensichtlich die Gabe der Stimme. An sich bin ich ein schüchterner Mensch, aber wenn ich mich einmal entschlossen habe, überspiele ich meine Schüchternheit. Nach einer Lesung in Bremen sagte mir ein etwas vorlauter, intelligenter Junge, mit dem ich befreundet war: »Wenig fehlte, und am Schluß wären wir alle aufgestanden und hätten gesungen.«

Das erschreckte mich. Am Tage danach, in Hamburg im Lessing-Gymnasium, war ich drauf und dran, etwas ganz Gleichgültiges, einen Zeitungstext, zu lesen, um auszuprobieren, ob es nur der Sog meiner Stimme war oder die Gedichte. Da sah ich vor mir ein skeptisches Gesicht. Sofort vergaß ich den Wunsch, die Zuhörer zu testen, und widmete mich ganz der Aufgabe, diesen Skeptiker zu gewinnen. Ich mache ja immer mein Programm noch, während ich lese. In diesem Fall also für das eine Gesicht. Ich gewann ihn. Nach der Lesung stand er vor mir und verbeugte sich und sagte: »Lettau!« Er hat mich also gerettet. Als ich ihn sah, hatte ich sofort den nötigen Abstand.

Reif: Beurteilen Sie sich als einen »engagierten Dichter«?

Domin: Ich betrachte mich durchaus als engagierten Dichter. Ich rufe die Menschen auf, nicht mitzumachen, nicht opportunistisch und nicht gleichgültig zu sein. Nicht die Täter haben Hitler-Deutschland möglich gemacht – das sind ja immer nur wenige –, sondern die Gleichgültigen, die, die lieber wegsahen als hinsahen: »Ich höre nicht, ich sehe nicht, ich spreche nicht.« Ohne die allgemeine Gleichgültigkeit wäre der Nazismus in dieser Form nicht möglich gewesen. Nein, ich glaube nicht, daß ein Dichter die Welt verändern kann. Er ändert einzelne. Damit sollte man schon zufrieden sein. Diese vielen einzelnen verändern dann die Welt. Vielleicht. Irgend etwas ändern sie sicher.

Kürzlich schrieb mir ein Student nach einer Lesung von mir, er habe sich ein für allemal entschlossen, was er dazu beitragen könne, werde er tun, damit es nie wieder »Graue Zeiten« gebe. »Graue Zeiten« ist ein Gedicht von mir über das Elend der Verfolgten während des Nazismus: »*Menschen wie wir wir unter ihnen / Menschen wie ihr ihr unter ihnen / jeder / kann ausgezogen werden / und nackt gemacht / ...*«

Ich erinnere mich an ein Lyrikertreffen in Budapest. Reiner Kunze, der auch daran teilnahm, lebte damals noch in der DDR. Aus der Bundesrepublik waren nur Enzensberger und ich da. Bei einer Diskussion abends im Theater, bei dem die Diskutanten auf der Bühne alle die Veränderung der Welt verlangten, ließ ich mir das Mikrofon reichen, ich saß im Parterre, und erklärte, Gott habe *einer* genügt, um Sodom und Gomorrha zu verschonen. Und auch ich würde mich mit der Veränderung *eines* Menschen begnügen, und noch *eines*, und noch *eines*. Diese einzelnen könnten dann vielleicht die Welt ändern. Danach konnte ich nicht einschlafen vor Angst, ich habe meinem Gastgeber, einem ungarischen Kritiker – einer lädt einen ja ein –, durch diesen Widerspruch geschadet. Am nächsten Morgen beim Frühstück ging ich zu den Kollegen aus der DDR und fragte sie. Auch Stephan Hermlin war dabei und Paul Wiens und Irmtraud Morgner. »Wenn Sie kein Westmensch wären, verdienten Sie einen Orden«, sagten sie. Und gleich darauf waren sie beleidigt, weil ich überhaupt gezweifelt hatte, ob meine aufrichtigen Worte jemand schaden könnten.

Reif: »Der Dichter trägt mehr zum ›Weiterleben‹, zum gemeinsamen Weiterleben bei als alle Politiker zusammen«, schrieben Sie 1966 in Ihrem »Offenen Brief« an Nelly Sachs. Das mag in den besten Fällen zutreffend sein. Aber tragen die Dichter nicht allzu häufig auch zur Verdeckung der Wahrheit, zur Vernebelung des menschlichen Geistes bei? Unterliegen sie nicht selbst zu einem großen Teil den ideologischen Postulaten und Irrtümern ihrer Zeit? Sind die Dichter nach Ihrer Ansicht dagegen gefeit?

Domin: Sie können von Dichtern nicht verlangen,

daß sie jenseits aller Versuchungen sind. Im Augenblick des Schreibens sind viele ihr bestes Selbst. Aber nicht jeder ist in jedem Moment seines Lebens sein bestes Selbst. Als Staatsbürger ragt der Dichter in seinem Erkenntnisstand nicht über die anderen Staatsbürger hinaus. Er kann seine Erkenntnis mobilisieren, das ist der Hauptunterschied. Er hat die Stimme und wird gehört. Wenn er gehört wird.

Nehmen Sie den Fall von Gottfried Benn. Als Dichter groß, als politischer Mensch durchaus nicht. Ich gehe hier nicht weiter auf den Fall Benn ein. Ich vertrete nicht die Meinung, ein Dichter müsse über alle Dinge dieser Welt erhaben sein. Gewiß: Oft haben wir es bei Dichtern mit Menschen zu tun, die viel gelitten haben und aus diesem Grunde widerstandsfähiger und weniger lenkbar sind. Nicht unbedingt aber bewahrt Leid oder Ausgesetztsein einen Menschen davor, Opfer einer Tendenz zu werden, die ihn seiner Souveränität beraubt. Dichter sind hypersensible Menschen, besonders verletzlich. Da spielt der Ruhm eine Rolle oder auch die Liebe zum Werk, die fast wie die Liebe zu einem Kind ist. Wenn der Dichter sich keiner Askese verpflichtet fühlt, wenn er sich nicht zum Vorsatz macht, jeglicher Verführung zu widerstehen, ist er genauso leicht verführbar wie andere Menschen auch, vielleicht sogar verführbarer. Die Angst vor der Zukunft und die Angst vor der eigenen Zukunft läßt sich da schwer trennen.

Reif: Für mich ist es einigermaßen beklemmend, feststellen zu müssen, daß sich zwei stattliche Bände füllen ließen mit den Lobgesängen deutscher Dichter auf Hitler und Stalin. Das spricht kaum für die Dichter, deren »Beruf die Wahrhaftigkeit ist«, wie Sie einmal schrieben...

Domin: Wahrhaftigkeit ist im Gegensatz zur Wahrheit ein subjektiver Begriff. Deshalb habe ich ausdrücklich von Wahrhaftigkeit und nicht von Wahrheit gesprochen. Ein Mensch ist wahrhaftig, wenn er sich bemüht, Zeuge seiner eigenen Erfahrungen zu sein. Als Schülerin von Karl Mannheim weiß ich, daß man die eigenen Erfahrungen relativieren muß. Viele Dichter sind dazu nicht in der Lage. Überhaupt ist die Zahl der Menschen, die sich wirklich von außen sehen, nicht sehr groß. Die Dichter bilden also keine Ausnahme. Unglücklicherweise hat die Qualität von Gedichten nicht unbedingt etwas mit der Qualität des Menschen zu tun, der sie geschrieben hat, mit seiner Standhaftigkeit. Hervorragende Gedichte sind unter Diktaturen geschrieben worden. Die Huldigungsgedichte, von denen Sie selbst sagen, daß sich zwei Bände damit füllen lassen, gehören wohl kaum dazu. Sie sind eine Art Zoll, den der schwache Mensch zahlt, um »in« zu sein. Dichter sind nicht stärker als andere Menschen, leider. Autoren dürfen von der Kritik nicht ausgenommen werden. Ihre politischen Ansichten und Irrtümer sind kein Tabu. Wir sprachen schon von Benn, wir können von Brecht sprechen. Beide waren großartige Dichter, ungeachtet ihrer Schwächen.

Reif: Lyrik ist wie ein großes Glockenläuten: damit alle aufhorchen. Damit in einem jeden das aufhorcht, das nicht einem Zweck dient, das nicht verfälscht ist durch die Kompromisse. Und das gilt für das verzweifelte Gedicht, und noch für das negative und das ›ärgerliche‹ Gedicht: Es ist ein Glockenläuten. In Wahrheit gibt es kein Gedicht ›gegen‹, das nicht zugleich, und weit mehr, auch ein Gedicht ›für‹ wäre: Anrufung von Helfern, um gemeinsam etwas Unlebbares zu überkommen. Und darin besteht auch die Katharsis: in einem letzten Glauben an den Menschen, ohne den Lyrik nicht ist. Lyrik wendet sich an die Unschuld eines jeden, an das Beste in ihm: seine Freiheit, er selber zu sein.« So schreiben Sie in Ihrem »Offenen Brief« an Nelly Sachs. Würden Sie diese Definition der Lyrik auch für die nur allzu häufig der Tagespolitik, der ideologischen Propaganda verpflichtete Lyrik gelten lassen?

Domin: Soweit die Autoren es ernst meinen, so hoffen sie natürlich, sich an das Beste im Menschen zu wenden. Praktisch werden sie das nur können, wenn Wahrhaftigkeit und eine gewisse Souveränität da sind. Nicht, wenn sie nur als Anpasser schreiben. Diese Art Gedichte sind ja meist so kurzlebig wie eine Zeitungsnotiz. Die Akzeleration, um dieses Modewort zu benutzen, fegt diese Gedichte wie vieles andere schnell unter den Tisch. Die gültigen Gedichte, auch die politischen, überdauern.

Reif: Worin besteht für Sie die gesellschaftliche und politische Verantwortung des Dichters?

Domin: Darin, Zeuge seiner Zeit zu sein. Und nicht zuviel zu wollen. Vielmehr soll er, wie Konfuzius rät, hinhören auf die »leise Stimme des Herzens«. Damit meine ich nicht, daß er sich abkehren soll von der Wirklichkeit. Wie könnte er sonst Zeuge sein. Er braucht dreierlei Mut: Den Mut, er selbst zu sein. Den Mut, nichts umzulügen. Und den Mut, an die Anrufbarkeit der andern zu glauben.

All dies ist nicht immer leicht. Aber warum sollte es der Dichter leichter haben als andere, in diesem vertrackten Jahrhundert!

*Briefgespräch mit HAP Grieshaber über
»vorsichtige Hoffnung« und anderes*

Mon vieux,

Wenn Sie jetzt hier hereinkämen und sich ans Fenster meines Turmzimmers lehnten, um hinunterzusehen auf den Neckar – jeder geht ja sofort auf dies Fenster zu –, und sich dann umdrehten zu meinem Schreibtisch an dem andern Turmfenster, dann sähen Sie, wie kein Tag dieses Jahres vergehen kann ohne Ihre Anwesenheit.

In der Fensterleibung neben dem Telephon ist der Kalender aufgeklebt, drei Tafeln zu je vier Monaten, ein überschaubares Jahr, unüberschaubar, wie es sich doch vor uns dehnt. Über dem Kalender Ihr weihnachtlicher »Malbrief« 1977/78 an Ihre Freunde. Ich kann also keinen Eintrag machen und nichts planen, ohne Ihr neues, entsetzlich zeitgenössisches Bethlehem vor Augen zu haben: Ochs und Esel, und inmitten, statt der Krippe, ein Kinderwagen: der fatale der Schleyer-Entführung.*

Unter den Monatstafeln, Gegenstück zu HAPs »Bethlehem 1977«, eine herrliche aztekische Grünsteinschale des 15. Jahrhunderts, graugrün auf dunkelrotem Grund: kein Zierstück, wenn auch nun im Völkerkundemuseum in Berlin. Sie stand auf der Spitze einer Pyramide, um das Herzblut der Geopferten aufzufangen. Zwischen Ihrem Bethlehem mit Kölner Kinder-

---

* Ein Kinderwagen wurde von den Attentätern benutzt, um das Auto Schleyers zum Stehen zu bringen.

wagen und der aztekischen Herzblutschale mein Jahr, unser aller Jahr 78. Um die Schale steht, in meiner Handschrift: »Ein gutes 1976 wünscht Ihre H. D.« Und auf der Rückseite der Karte eine Zeile von Rühmkorf, die er auf der Rilke-Feier las: »Gefragt ist die Todesnummer.« Für wen dieser makabre Glückwunsch bestimmt war, weiß ich nicht mehr. Nur daß ich mich nicht traute ihn abzuschicken. Vielleicht mochte ich mich auch nicht von der Herzblutschale trennen.

Ich weiß, Sie würden mit Ihrem erfreuten und erstaunten Lachen, diesem unverwechselbaren Lachen, dessentwegen allein ich Sie oft anzurufen Lust habe, mein Arrangement billigen. Ich habe dies Jahr unter das Zeichen Ihrer Ehrlichkeit und Direktheit gestellt, die Sie schon einmal lieber Kohle verkaufen ließ als sich selbst. Und die mir ein Trost und eine Ermutigung ist, unter all den Leisetretern, die uns umgeben.

Gerade wollte ich Ihnen dies schreiben, nach unserem letzten Telephongespräch. Da erinnerte mich Wolfgang Rothe an Ihren Siebzigsten, vor dem Sie, so geht die Sage, sich graulen sollen. Kein Grund, mon vieux. Herz, Kopf und Rückgrat, die drei wichtigsten Körperteile, sind bei Ihnen doch prima in Ordnung. Sie werden gebraucht, um andern Mut zu machen. Zum Beispiel

Ihrer H. D.

PS. Ach ich war gefragt, von meinem Besuch bei Ihnen zu erzählen, dem ersten, denkwürdigen. Ich kam mit Richard Salis aus Reutlingen herauf. Sie waren damals noch umgeben von all Ihren Tieren. Große Vögel stolzierten über die Terrasse. Unten im Stall waren die Pferde und das merkwürdige Schwein aus Vietnam.

Nichts aber war liebenswürdiger und mehr Familienmitglied als die kleine Äffin, die in ihrem Käfig je nach Wunsch bei uns im Zimmer oder draußen auf der Terrasse sitzen konnte. Sie war natürlich bei uns, die gesellige Person. Sie empfingen mich mit Sekt, wir waren sehr heiter, ich prostete auch der Äffin zu und hielt ihr mein Glas hin. Sie ergriff es mit verblüffender Schnelle und ließ es mit großem Schwung auf dem Boden zersplittern. Wir betrachteten es als eine glückbringende Geste. Niemand erwähnte auch nur, daß es das Lieblingsglas des Hausherrn war, eine Kostbarkeit. Das hörte ich viel später. Unkonventionellen Gästen wie mir sollte man ersetzbares Geschirr geben, vielleicht.

Sehr erinnere ich mich auch, wie ich das nächste Mal zu Ihnen kam und um einen Vogel für den Umschlag von »Ich will dich« bat, meinen vierten Gedichtband. Eine neue Art Taube. Sie legten mir allerlei Vögel vor, Urtiere, dem Boden verhaftet. »Fliegen muß er, los vom Boden«, sagte ich. Da zeichneten Sie diesen leicht dahinfliegenden etwas impertinenten Vogel mit dem offenen Schnabel, als käme er rufend daher. Ein Friedensvogel, auf seine Weise. Sie schickten ihn mir, zusammen mit dem Darmstädter Trümmerphoto, das eigentlich nur als Anweisung drohender Art für den Ausstatter gemeint war. »Sonst«, schrieben Sie zu den Angaben, wie Ihr Vogel zu drucken sei, »Ich will dich nicht«. Meinend, »sonst wird mein Entwurf ein Trümmerhaufen«.

Aus dem Trümmerphoto machte ich die Rückseite des Umschlags, der jetzt auf beiden Seiten Ihre Handschrift trägt: »Ich will dich« zum rufenden Vogel. »Ich will dich nicht« quer über die Trümmer. So daß mancher das Buch mit einem Doppeltitel zitiert: »Ich will dich / ich will dich nicht«, was ich immer mit Verwunderung höre. Es ist mein liebster Umschlag. Obwohl ich auch den von »Hier« mag, der mein auf einen leergegessenen Würstchenteller gemaltes Portrait benutzt. Der spanische Picasso-Schüler Julio de Diego zeichnete es mit einem der damals neu erfundenen Filzstifte auf den Pappteller, wir waren alle etwas angetrunken von einem großen tropischen Rumgetränk, ich stand dicht unter der Zimmerdecke auf einem Turm von Tischen, als er zu zeichnen begann. Das also mag ich auch. Während die Rosenblätter des ersten Bandes, für die das Publikum schwärmt, mich seinerzeit fassungslos unglücklich machten.

Neben der Fensterleibung mit Ihrem Bethlehem 1977, die ich eben beschrieben habe, hält ein Löwe Wacht, ich hätte das noch erwähnen sollen. Er ist aus bemalten faustgroßen Kieselsteinen, mit einem veritablen blonden Nylonfell um die kleinen runden Ohren. Um seinen Hals hängt ein verknoteter Strick. Er wurde in einem Kloster in Holland von den Brüdern eigens für mich gebastelt, als mein fürsorgliches Haustier. Getreu meinem Rezept: »Wir müssen Löwen an die Leine nehmen / niemand kommt uns zu nah / wenn wir die richtigen Haustiere haben / Größeres als der Mensch / wenn es auf den Hinterbeinen steht.« Sowie ich diesen Brief an Sie aus der Maschine ziehe, will ich den Patres schreiben und sie um ein weiteres solches Schutztier bitten: Das wird mein Geburtstagsgeschenk für Sie, zum 70., und ersetzt einen »Gorilla«. Bis dahin, mon vieux, wünsche ich Ihnen »nulla dies sine linea«, keinen Tag ohne einen Strich. Warum sollte das für den Zeichnenden weniger gelten als für den Schreibenden.

Wenn wir schon so wenig ändern können, ein paar Striche lassen wir: ich in der Luft. Sie, handfester, im Baum.

1979

Mein erstes Tischgebet

Stullen mit Sekt

Ich will versuchen, es festzuhalten, obwohl es unvergeßlich ist. Eigentlich war gar nichts passiert, es war ganz alltäglich. Aber es gehört auf immer zu den besonderen Weihnachten meines Lebens, den besonderen Jahresanfängen. Wie besonders, das entscheidet sich noch. Die Schrift an der Wand: Für viele ist das eine Schrift in der Luft, gleich weggeweht. Die Wand dahinter macht diese Schrift erst zu einem Zeichen. Was ist beispielhaft? An sich genommen gar nichts. Aber fast alles.

Weihnachten war herrlich gewesen, vor zwei Jahren. Ich mobilisierte die Heidelberger für einen kleinen Wanderzirkus, der in Not war, und plötzlich rührten sie sich: die Bäcker, die Taxifahrer, die Tierärzte, die Kinder und die alten Damen aus der Stadt und aus dem Odenwald. Schließlich gingen schon Betrüger von Haus zu Haus und sammelten für den »Zirkus«. Da sah man, was der Poet noch kann, soweit die Zeitung reicht. Es wurde ein heiteres Fest, für diese Zirkusleute und auch für mich.

Und? Ich war wieder allein. Weihnachten kam gerade in das Loch zwischen Aufräumen und Aufgeräumthaben. Den ganzen Dezember über trug ich den Papierberg ab, bis ich beim April war, der untersten Lage. Am vierundzwanzigsten ein wunderbar leerer Schreibtisch, die freie Tischplatte als Startbahn. Fast erschreckend. Kommt das Startzeichen pünktlich? Es muß kommen, als warte man nicht.

Fast fluchtartig ging ich mit Freunden in den Weihnachtsgottesdienst. Den evangelischen, in den romanischen Ländern gingen wir natürlich in den katholischen, die Mitternachtsmesse in Santa Maria Maggiore, wo es aus allen Mündern nach Aal riecht, dem italienischen Weihnachtsessen.

Um fünf war es schon dunkel, die Heiliggeistkirche hell erleuchtet, Weihnachtsbäume auf Straßen, Plätzen, Türmen, sogar auf den Tortürmen der alten Nekkarbrücke. Die Universitätsstadt war wie weggewischt, das konnte nichts schaden. Das Johannesevangelium. Am Anfang war das Wort. Dann das Lukasevangelium. Und der Engel mit dem Schwert gab in dieser Nacht die Paradiespforte wieder frei. »Die Tür zum Paradies«, hieß es. Das Paradies und ob man zurück kann. Ich hatte es mir nie überlegt, daß es ja weiter bewacht und verboten ist. Um so aufregender diese nie gehörte Botschaft. Das war für mich die Weihnachtsbotschaft: daß in dieser Nacht der Cherub den Wachposten räumte.

In den Tagen darauf fragte ich jeden, den ich traf. Allen war es neu, und sie schienen es mit Aufmerksamkeit und Verwunderung zu hören, angeknackst, wie wir alle sind. Nur eine Organistin wußte, daß es im Gesangbuch steht. Der Pfarrer sprach von Bethlehem: »In der jüdischen Stadt«, sagte er wieder und wieder. Wo es doch eine westjordanische ist. Ich war dem Pfarrer dankbar, daß er so ohne Umschweife und ohne Entschuldigungen sagte, daß es an diesem Dezembertag vor fast zweitausend Jahren eine jüdische Stadt war und daß es ein jüdisches Land war, durch das Maria und Joseph zogen, weil der Kolonialherr Augustus eine Bevölkerungsstatistik angeordnet hatte. Die Juden waren noch in dem ihnen verheißenen Lande, Unterjochte, wie sie es seither immer waren, und der Messias erstand und war einer von ihnen und Gottes Sohn oder ein jüdischer Wunderrabbi und wurde auf keinen Fall erkannt und würde wiederkommen, am Ende der Zeiten. So daß es egal war, ob er schon dagewesen war (dieser menschenmordende Streitfall), weil er auf jeden Fall kommen mußte. Und Frieden auf Erden. Vorläufig, diese Weihnachten, die PLO und die Kriege in Beirut und Angola. Aber keine Toten heute nacht in Bethlehem, Leibesvisitation der Beter wie auf den Flugplätzen und jüdisches Militär als Schutz vor den Terroristen. Das konnte man am 25. Dezember im Fernsehen sehen. Und auch die Toten in Beirut und Angola.

Die Kinder sangen und auch die Gemeinde. Es war eine tapfere Religion. Wie es nur möglich war, aus der Kirche in die Stadt zu gehen. Ich war in Tränen. Aber ich war auch der einzige Ungetaufte in dieser Versammlung. Ich bemühte mich, gleichgültig auszusehen wie alle. Es war ungehörig. Und ich stellte mir diese Kirche voller Singender vor, in den 30er Jahren. Zum Teil ja dieselben, die jetzt hier saßen, nur jetzt soviel älter. Und wie sie dann hinausgingen, und was sie alles getan oder auch nicht getan hatten. Man sah ihnen nichts an, nichts Böses und auch nichts Gutes. Sie absolvierten die Feier.

»Brot für die Welt«, die Kinder gaben ihr Erspartes, wir waren draußen.

»Wann ist Chanukka?« sagte die junge Frau, mit der ich gekommen war, zu mir. »Es ist doch das jüdische Weihnachten.« – »Und wann ist Neujahr?« Ich wußte beides nicht. »Ich hatte Sie für einen orthodoxen Juden gehalten«, sagte sie enttäuscht. Es gab mir einen Ruck, sie kennt meine Bücher und mußte es doch wissen, daß ich keiner Gemeinde angehöre, keiner solchen und keiner solchen. »Seit meiner Kinderzeit habe ich die christliche Folklore mitgemacht«, sagte ich. »Weihnachtsbäume, Osterhasen, Sankt Nikolaus, ganz wie alle Kinder.«

Da saßen wir schon im VW, und vor dem Haus rief das eine der kleinen Kinder von oben herab: »War es sehr langweilig?« Als wir hinaufkamen, brannten schon die Kerzen am Weihnachtsbaum. Die Kinder waren im Zimmer. Mein Bruder und ich, wir hatten immer draußen warten müssen, bis die Kerzen brannten. (Später waren es nur kleine bunte Lichter, elektrisch, wegen der Brandgefahr.) Man sah den Weihnachtsbaum durch einen Spalt, das Zimmer war sonst dunkel. Es mag daran gelegen haben, daß es ein dunkel getäfeltes Zimmer war, unser Eßzimmer. Die Zimmer waren ja auch höher. »O Tannenbaum« sangen wir, als die Tür aufgemacht wurde. Unter dem Baum lagen die Geschenke. Das ist heute anders. Die Geschenke sind eingepackt, in viel buntes Papier. Das scheint weltweit Mode zu sein, wir leben in einer Verpackungsgesellschaft. Früher wurden einfach Servietten über die Geschenke gelegt, bis man sie sehen durfte.

Der junge Vater setzte sich hin und, ganz patriarchalisch, las den Kindern die Weihnachtsgeschichte vor, wieder nach Lukas, und dann spielte und sang die Mutter »O Tannenbaum« und andere Weihnachtslieder. Das war ganz wie immer. Und eines der Kinder spielte die Tonleiter auf der Blockflöte, das hatte es gerade gelernt. Dann durften sich die Kinder, aus den Armen einer Hausfreundin befreit, auf die Geschenke stürzen und auswickeln, eine lange Prozedur. Kinder des bescheidenen Mittelstandes können heute beschenkt werden wie früher Millionärskinder, besonders wenn Tanten und Onkel sich beteiligen. Es dauert, bis Kinder sich überhaupt entscheiden können, worüber sie sich freuen wollen, so viel ist da. Zum Teil schon gemeinsam aus Katalogen ausgesucht. Genau spezifizierte Wünsche.

Die lebensgroßen Steiftiere mit den weichen Gliedmaßen und dem naturgetreuen Fell haben mit den kleinen Bären, die unsereins bekam, kaum noch Ähnlichkeit. Es sind richtige Tiere, nur eben stubenrein und geduldig. Die Baukästen sind bunter, ich zähle nicht auf, was die Kinder bekamen. Dazu bekamen sie, auf alle Fälle, sozusagen als gesellschaftlichen Schwimmgürtel, noch eine kleine niedliche Spieluhr, die mit glockenhellen Tönen die Internationale spielte.

Nach dem Truthahn und vor dem erwähnenswerten Rumtopf sprach ich das Tischgebet. »Im Namen dieses Wunderrabbis«, sagte ich und wurde rot vor Entsetzen über meinen Mut, es war ja auch mein erstes Tischgebet, »im Namen dieses jüdischen Wunderrabbis«, sagte ich, »dessen Geburtstag wir heute feiern, sei er nun der Sohn Gottes oder der Menschensohn, in seinem Namen geloben wir dankbar zu sein, daß wir in einem Lande leben dürfen, wo es keine Zwangsarbeitslager gibt und nichts dergleichen. So daß wir heute keinen Mitbürger auf dem Gewissen zu haben brauchen. Dafür wollen wir dankbar sein von diesem Geburtstag des jüdischen Wunderrabbis bis zum nächsten. Amen. – Und dankbar wollen wir sein, daß wir in einem Lande leben, wo unsere Arbeit – die wir keine reichen, sondern arbeitende Menschen sind, Kopfarbeiter – so gut und besser bezahlt wird als die Arbeit in den meisten andern Ländern, wo die Menschen nicht weniger gut arbeiten als wir, aber viel weniger dafür bekommen. So daß ein so wunderbares Spieltier ihnen gar nicht ins Haus käme. Und vieles andere auch nicht. Dafür wollen wir dieser vielbeschimpften Bundesrepublik gelegentlich dankbar sein, von diesem Geburtstag des Menschensohns bis zum nächsten. Amen.« Alle sagten »Amen« und »Es ist wahr«. Und keiner war mir böse. Ich atmete auf. Es war ein Kraftakt gewesen.

Übrigens, das war schon das Mittagessen gewesen, das Mittagessen am fünfundzwanzigsten. Am Abend aßen wir Stullen. Immerhin Stullen mit Sekt.

1983

Erinnerungen an die Schulzeit

I Augen

Eine Frau, die dir vorführt, was sie für Augen macht, wenn sie in den Armen des Mannes liegt, den du liebst. (Sie weiß, du liebst ihn, deswegen zeigt sie es dir. Sie will bewundert werden, beneidet, vielleicht. Sicher das.) Sehr schöne Augen, das rechte ein wenig anders als das linke. Große helle Räder darin, die brechen. Ich wunderte mich, was ich selber für Augen habe, wenn sie brechen. Und wie einer das vorführen kann. Ob sie es gewußt hat, als sie es mir zeigte. Zumindest ungenau. Der Wunsch, mir zu zeigen, wie unwiderstehlich sie ist. Ich sollte sie bewundern. Ich bewunderte sie. Ich fand sie schön und habe es sicher nicht verborgen, dazu war ich zu überrascht. Nie zuvor hatte ich das Gesicht einer Frau im Liebesmoment gesehen. Außer im Kino natürlich. Vielleicht dachte ich, als sie mir zeigte, wie schön sie sei, wenn er sich über sie beuge, vielleicht dachte ich: Wieso liebt er mich und nicht sie? Denn daran war kein Zweifel, obwohl sie das nicht wissen konnte. Mich und nicht sie. Es ist ungewiß, ob ich so schöne Augen habe, man sieht das selbst nicht. Auch er, nie wird er es sehen.

Ich erinnerte mich, wie ich als Schulkind meine Augen im Spiegel betrachtete. »Du hast sündige Augen«, sagte mir ein sehr bigottes Kind. Ein Kind, das einen sehr eng geflochtenen roten Zopf trug, aber von einem unaufregenden Rot, das keinerlei Appell hatte. Ein blasses, sonnensprossiges Kind, eine Klassenerste der Anstrengung nach, sie brachte es zur zweiten oder dritten. Eine kleine Schullehrerin von zwölf Jahren oder wie alt wir damals waren. Ich weiß nicht, warum sie fand, daß ich sündige Augen hätte. Ich war viel kindlicher als andere Mädchen in dem Alter, aber immer schon waren die Augen das Beste an mir. Ich stand vor dem Spiegel und sah mich an, voller Neugier, und die Augen sahen mich wieder an, blau und verwundert. Was Sünde war, wußte ich ziemlich genau, denn ich war sehr belesen und dachte vermutlich an spätrömische Gelage, dargestellt von Felix Dahn. Um das Gesicht, das sehr rund und rosig war, hingen hellbraune Locken, die meine Mutter jeden Morgen vor der Schule über einen Stock bürstete, was sehr lange aufhielt und auch sehr unangenehm war. Zwei hingen und je eine wurde quer darüber gesteckt. Vielleicht waren die Locken auch schon abgeschnitten, und ich hatte kurze Haare, gewellt – warum sie sich nur damals wellten, später gewellt werden mußten – als ich so in den Spiegel sah. Dann ging ich zu Else und sagte: »Else, ich habe sehen wollen, ob ich sündige Augen habe, wie du sagst. Aber ich habe an meinen Augen nichts Besonderes gesehen.« Else schwieg, vielleicht biß sie auch auf ihren blaßroten Zopf und war mißtrauisch, ob ich sie etwa aufziehe. Aber als sie sah, daß ich ernst war, sagte sie, das könne nur der Andere sehen. Und ich würde vielleicht sündig werden. Sicher meinte sie das gleiche, was die andern Mädchen meinten, wenn sie sagten, ich würde zuerst von allen Kindern der Klasse heiraten. Womit sie nicht recht behielten. Zuerst heiratete ein hellblondes, ganz unscheinbares Mädchen, die unser Lateinlehrer in einem Ferienort wiedergetroffen hatte. Der Lateinlehrer war ein wenig in mich verliebt gewesen und half mir gern in den Mantel, der »Primadonna im Lateinischen«, wie er sagte. Ich nahm es als eine

Aufmerksamkeit für meine Sprachkenntnisse. Er war einer der wenigen Lehrer, die es nicht übelnahmen, daß ich so leicht lernte. Trotzdem steckte ich ihm gerne Stecknadeln in die Rockschösse, wenn er an meinem Pult vorbeiging. Haben die Männer damals so lange Rockschösse getragen oder nur die Lateinlehrer. Es muß schrecklich für ihn gewesen sein, bei uns zu unterrichten. Er wurde ununterbrochen rot, und immer hatte er Pickel im Gesicht, was zusammenzuhängen schien.

Madrid, September 1960

II Frl. Rolfs

Mehrfach ist mir dies passiert: Ich trat ein in ein Verehrungsverhältnis zu einer Frau. Einer Frau, die älter war als ich. Für ein Kind ist das sehr leicht, alle sind ja älter. Ich weiß nicht einmal, wie häufig so etwas damals war, als in meinen Schulheften, am Rand, eine 24 oder 25 stand. 1924, 1925, ich sehe das noch. Unter meinen engeren Freundinnen war es keineswegs der Fall, ich hätte es gewußt.

Damals als ich aufs Gymnasium kam, verliebte ich mich in unsere Klassenlehrerin. Ich »schwärmte« für sie, wie man das nannte. Es ist das Nächstähnliche zum Verlieben. Glücksgefühl bei der Anwesenheit des verehrten Gegenstandes. Sehnsucht, ihn wiederzusehen. Dabei aber keinerlei physische Annäherung. Eine Liebe von weitem. Etwas, was sich darin erfüllen kann, auf der andern Straßenseite, in einigem Abstand, den andern ein Stück des Heimwegs zu begleiten. Heute frage ich mich, wieso diese so verehrte Frau sich nicht umdrehte und zu dem Kind sagte: »Komm doch mit mir.« Ich würde mich erinnern, wenn das geschehen wäre. Damals habe ich es keinesfalls erwartet. So schlimm wie Verlieben ist es nicht. Es führt nicht zur Verzweiflung. Nicht zu Selbstmordgedanken.

Ich glaube, daß ich glücklich war in all diesen Verliebtheiten. Sie wurden im Rahmen der Ansprüche, die ich stellte, erwidert.

Die Lehrerin war, wenn ich nach den Photos gehe, die ich noch habe, damals ziemlich jung. Kaum über 30, vermutlich. Sie war ein wenig verwachsen, der Kopf saß zu dicht zwischen den Schultern, obwohl sie doch sehr freie Kopfbewegungen machen konnte. Sie trug große, weiße spitzenbesetzte Krägen auf einfachen dunklen Kleidern, der Kopf lag auf diesen weißen Krägen geradezu wie eine Seerose. Das sage ich heute, bestimmt habe ich das nie gedacht. Das Gesicht war zart und kantig, ich glaube nicht, daß es schön war. Schön waren die großen hellblauen Augen. Im Grunde waren es nur die Augen, die mich aufregten. Ich war eine nicht ungefährliche Schülerin. Ich hatte viel gelesen, ich konnte sehr viel auswendig, ich war sehr lebhaft und spiellustig. Aber für sie war ich ganz ungefährlich, nur zur Bewunderung bereit.

Den größten Einfluß gewann sie auf mich, als eine der Mitschülerinnen an spinaler Kinderlähmung erkrankt war und, invalide, lange nicht zur Schule kommen konnte. Sie bat uns, als Klasse, dies Mädchen nicht im Stich zu lassen. Ich fühlte mich angeredet, als habe sie zu mir allein gesprochen. Ich ging zu dem Mädchen hin, ich machte mit ihr die Aufgaben. Bald verbrachte ich alle Zeit, die mir die Schule ließ, bei ihr.

1960

Sehr persönliche Briefe an einen »Hof-Poeten«
über staatsbürgerliches Verhalten

Zu Günter Bruno Fuchs: »Blätter eines Hof-Poeten und andere Gedichte«

Lieber GBF,
 immer weiter denke ich an Ihre Hasen, Ihre »Feldhasen«, genau gesagt. »Die Jungen / kommen mit offenen / Augen zur Welt. Sie nehmen / deshalb / augenblicklich / Reißaus.«
 Wohin »Reißaus«??? Reißausnehmen heißt ankommen, anderswo. Man überlegt dies zuwenig. Ich habe es ausprobiert. Gründlich. Ich bin weit gelaufen, bis wo die Dächer nach Eselsladungen berechnet werden: »zwei Esel Palmblätter« für ein Dach. Der Fußboden wird gestampft mit den Füßen. Bei Regen weicht er auf. Das Wasser bleibt kühl in großen Tonkrügen. Man trinkt aus Konservendosen. Oder schöpft es mit ihnen, sie haben dann einen Stiel und sind oben gezackt, damit man nicht den Mund daran tut.
 Ich habe ein Gedicht geschrieben über die Schwierigkeit, Konservendosen wegzuwerfen, wenn einer wieder in Deutschland lebt, da sie doch das Wichtigste sind, an den Rändern der Welt. Ich mußte es mühsam wieder lernen, Blechdosen wegzuwerfen.
 Wo also laufen die Hasenjungen hin? Die Welt riecht anders, aber die Unterschiede sind kleiner, als man denkt. Besonders in puncto puncti: was die Freiheit angeht. Die *Freiheit,* diesen *Vogelberuf.*
                                                                    Ihre H. D.
Bücherlesen ist wie Zähneputzen, heutzutage. Fast immer. Ihres nicht!

Gü Bru Fu, lieber Vogel,

immer noch denke ich an Ihre Hasen. Heute abend wurde hier in Heidelberg ein Emeritus mit einem »Spargelessen« abgefeiert, im »Europäischen Hof«. Das Gespräch kam auf Hasen. Ja ich glaube, es kam auf schießbare Tiere. Sie wissen, wie schießbar wir sind. Wenn man liegen bleibt, passiert nichts. Nur auf Laufende wird geschossen. Der alte Herr war als Fünfjähriger mit seinem Vater auf die Jagd gegangen. Also vor 60 Jahren. Oben in Norddeutschland, jetzt DDR. »Da lag ein Hase in einer Kuhle. So nah.« Er deutete auf die Füße seiner Frau. Es ist eine rührende Dame. Der Hase ging nicht weg, denken Sie. Da gab der Vater dem Hasen einen Fußtritt, denn er war Jäger, er schoß nur auf Fliehendes. Da stand der Hase auf. Wie sagten Sie doch, »augenblicklich Reißaus«. Er hätte liegen bleiben sollen. Der kleine Junge in dem alten Mann ist danach 60 Jahre nicht mehr auf die Jagd gegangen. Wollen Sie die Hasen bitte informieren über die Gefahren des Reißausnehmens. Sie wissen, man hat in diesen Lagern die Menschen laufen lassen. Dann wurde auf sie geschossen. Und wenn sie nicht liefen? »Stöße mit dem beschuhten Fuß, in die kleinen Rippen«, auch heute noch unbekömmlich. In den Lagern haben alle die Neurosen verloren, las ich gerade. Sofort. Es soll prima sein gegen Neurosen.

PS.

Übrigens in Málaga – ich hatte schon das Licht aus, ich schreibe weiter mit einem leuchtenden Stift, den hat mir ein Leser meiner Gedichte geschickt, weil ich manchmal zu faul bin, das Licht anzumachen, wenn mir was einfällt. Er will die Gedichte haben, die ich ungeschrieben lasse, weil ich zu müde bin – in Málaga also sitzen die Hasen (das, was die Leute »Kaninchen« nennen) auf den Theken, in Nasenhöhe, der Höhe meiner Nase, und neben ihnen liegt das Messer. Ein großes Küchenmesser. Sie laufen nicht weg. Nicht Reißaus und nichts. Offenen Auges hocken sie neben dem Messer und machen einen behaglichen Eindruck. Sicher fünfzig Kaninchen hocken an einem Markttag auf den Theken bei den Messern. Und entzückende Tauben. Ich empfand es als hoffnungslos, die Kaninchen der Welt zu befreien. Oder auch die von Málaga. Jetzt knipse ich den Stift aus.

Lieber GBF,
ich schrieb über die Ankunft in England. Kurz vor Kriegsausbruch. Und daß am Schiff schon die Aufseher standen, die die Flüchtlinge sich selbst gegeben hatten, und den Männern Regenschirme in die Hand drückten. »Do as the natives do. Sei nicht auffällig, du bist hier nicht zuhause, ahme die nach, die zuhause sind.«

Ich habe doch die Unwahrheit gesprochen. Und es ist ja ein Bericht. Der Regenschirm war eine Metapher. Man bekam ihn nicht, zumindest nicht am Schiff. Man besuchte die Selbstverwaltung der Exilierten erst mehrere Tage nach der Ankunft. Danach trug man dann den Regenschirm. Jeder seinen. Wer keinen hatte, mußte ihn kaufen, natürlich. Man trug ihn auf besondere Weise. Alle. Ich meine, die Männer. Ich erinnere mich nicht, Anweisungen bekommen zu haben. Nur E. Alle. Es war die Aufgabe, zu sein oder doch zu erscheinen wie alle, was nicht ganz einfach war in unserm Fall. Es ging auch den Haarschnitt an. Alle trugen keine Koteletten, und das heißt, genau gesagt, keiner trägt hier Koteletten. Tragen Sie weiter Koteletten? Das war in England, für die Flüchtlingsselbstverwaltung, fast wie Haare über den Schultern. – Ich weiß, ich gebe Ihnen praktischen Unterricht zum Thema »Exil«. Wozu so leichthin geredet wird. »Dann gehen wir eben.« »Es wird hier geblieben.« »Es wird nicht hier geblieben.« »Geh' ich zu meinem Vaterland / in Untermiete / bei täglicher Kündigungsfrist«, schreiben Sie, »Flug durch Tatsachen«. Es sind natürlich Kleinigkeiten. »Bei jedem Wetter«. Der Schirm wird mit der Spitze leicht nach vorn gehoben. Er wurde es. Heute nicht mehr. Es entstand ein Winkel von etwa 45 Grad zum Boden. Man trug ihn also wie eine Wünschelrute vor sich her. Ich weiß nicht, ob die Eingeborenen das automatisch tun. Es ist etwas anderes, wenn man es spät im Leben und plötzlich tut. Die Großfamilie soll damals die Sitten geprägt und Fraglosigkeit verbreitet haben.

Auf jeden Fall, Ihren »Polizisten-Steckbrief«, den müssen Sie in England aushängen: »Gesucht wird / ein freundlicher / Polizist«, ein Weihnachtspolizist: »Freut euch, morgen kommt der / Weihnachtspolizist«. Die Polizisten, denken Sie, tragen dort Nummern. Damit man sich erinnert, wer nett zu einem war. Der Polizist kam, da war schon Krieg, es war mehrere Wochen, seit wir gelernt hatten, wie ein anständiger Mensch, der die Nachbarn nicht ärgert, seinen Regenschirm trägt. Er sagte: »Ich freue mich, Ihnen Ihren Photoapparat zurückzugeben. Sie sind nur ein Verfolgter und kein Feind. Hier haben Sie einen Ausweis. Fühlen Sie sich zuhause«, sagte er, »wo Sie doch ein Verfolgter sind.« Er hatte die Taschen voll von Sachen, die gab er den Verfolgten zurück samt den Ausweisen: Autos, Radios, Fahrräder, lauter gefährliche Gegenstände, die eingeliefert worden waren. Er sagte, er freue sich, die Sachen zurückzubringen, samt diesem Ausweis, daß sie sich zuhause fühlen sollten. – Später bekam er unangenehme Aufgaben. Die unangenehmen Aufgaben werden erledigt morgens zwischen fünf und sechs, in England und überall. Da liegen die Verfolgten im Bett, in der »Kuhle«. Da werden sie aufgestöbert. Der Ausweis wurde als ungültig erklärt. Alle Ausweise. Die der Männer. Der Staat wollte sicher sein, ob es Verfolgte waren oder nur Verkleidete. Er war unsicher geworden. Der Polizist holte meinen Vater ab. »Verzeihen Sie, ich muß Sie abholen«, sagte er. »Sie kommen in ein Lager.« Abends kam der Polizist zu meiner Mutter, sie war ganz allein, wir waren unterwegs zu der Insel, von der ich Ihnen noch schreiben will. (Morgens waren wir abgefahren, eine halbe Stunde, ehe der Polizist kam. Diese halben Stunden, am frühen Morgen, machen den ganzen Unterschied im Leben, in einem Leben heute. Das ist weltweit. Bei uns nicht, im Augenblick. Bitte. Bei uns nicht.) Der Polizist hatte die Uniform ausgezogen, meine Mutter erkannte ihn erst gar nicht. »Verzeihen Sie«, sagte der Polizist, »ich komme, um es Ihnen zu sagen. Es war mir furchtbar, Ihren Mann abzuholen. Ich mußte es ja tun, aber ich habe nichts je so ungern getan.« In diesem Bericht ist keine einzige Metapher. Außer daß der Polizist die Gegenstände, die er den Verfolgten wiederbrachte, in seinen Taschen hatte. Wie hätte er denn unsere Rolleiflex in der Tasche haben können? Wer ein Auto hatte oder ein Fahrrad, der durfte es abholen. Es war auch nicht Weihnachten, er war also kein *Weihnachtspolizist*, er war das ganze Jahr so. Und ich höre jetzt, er habe eine Nummer, es sei ein Land, in dem sie Nummern tragen. Die Wahrheit ist, ich habe nicht aufgepaßt, ob er eine trägt. Niemand paßt darauf auf, bei Weihnachtspolizisten. Das ist eigentlich ungerecht.

Mein Hof-Poet,

»Die Zeit
wird mal nicht gleich
älter...«

Ja, ich habe Ihr Buch immer noch auf dem Nachttisch, der ja kein Nachttisch ist. Wenn ich im Bett schreibe, ist der Boden mein Tisch, ich liege sehr nieder, ich kann bequem den Boden zum Tisch machen. Ihr Buch liegt aber 4,1 cm höher, ich messe es gerade nach.

Ich habe da also einen Schuster gekannt, in der Stadt am Karibischen Meer, der wird Sie interessieren. Er war ein Dichter wie alle Einwohner dieser Stadt. [Parenthese: irgendwann kam ein Dichter von denen, die sich heute »Lyriker« nennen, ich meine, ein Zünftiger, aus Europa, auf einem Schiff. Das war lange ehe ich kam, ich war mit dem Flugzeug gekommen, bald darauf wurde das letzte Schiff versenkt, denn es war Krieg. Dadurch wurde die Insel eine wirkliche Insel. Auf dem Meer gab es höchstens noch Haifischflossen, diese Dreiecke. Und sonst nur Wasser, und vor Sonnenuntergang die Pelikane. Der »Zünftige« soll empfangen worden sein von den Dichtern der Stadt. »Zehntausend Dichter heißen dich willkommen.« Sie kamen an den Hafen. Alle. ⟨Bericht im Bericht. Es ist glaubwürdig. Die Stadt hatte ca. 50000 Einwohner.⟩ Die Dichter werden in diesen Ländern Botschafter. »Hofpoeten«.

Es gibt nicht so viel Botschaften, wie es Dichter gibt, natürlich. Die Konsulate mitgerechnet. Schluß der Parenthese.] Der Schuster, der ein Dichter war, lebte das langsame Leben, das man in den heißen Ländern lebt und schon ganz in den tropischen. Ich selber gehe ja schnell, und ich ging auch dort schnell. So etwas wirkt doppelt schnell, gemessen an den andern. Sie gehen ein wenig schleppfüßig, außer wenn sie tanzen. Dann sind sie Federn. Noch die Schwersten und Dicksten. An sich sind sie nicht dick, dort. Einfach gar nicht. Das Volk überhaupt nicht. Wovon auch. Ich also hieß »traje volante«, »Fliegendes Kleid«. Der Schuster war das Gegenteil. Er erzählte uns aber dies: »Einmal wollte ich versuchen, zu leben wie Ihr Weißen. Wie die Amerikaner oder wie Sie selbst. Ich tat alles ganz rasch. Ganz wie auch Ihr. Es lohnte nicht. Wissen Sie, was ich festgestellt habe?« »Se ve cinco minutos antes lo que se veía cinco minutos después«, »Man sieht fünf Minuten früher, was man sonst fünf Minuten später sieht«, sagte der Schuster. Es lohnte ihm nicht. »So, mein Kind, das / schreibste / in dein Schulheft / rein.«

Ich kann trotzdem nicht langsam gehen, denken Sie. Ich kann alles nur schnell. Außer ich bin tot. Oder ich tue gerade gar nichts, wozu sich im Moment am besten die Akazie eignet. Sie ist ganz weiß oben, wo es blau wird, wenn es blau wird. Sie hat entzückende Vögel. Ich kann es den Vögeln nachfühlen. Sie ja auch. »In jeder Vogelrichtung«, sagten Sie. Die Akazie, denken Sie, ist ein Land, wo man einen »in jeder Vogelrichtung sprechen oder frühstücken« läßt. Ich habe auch noch nie einen Starfighter in einer Akazie sein Nest machen sehen. Sie?

Die Kinder haben übrigens Elefanten angesteckt.

Das Stroh um die Elefanten. Zwei Jungens von elf und zwölf, in Mannheim. Den Elefanten ist das Sulfa nicht bekommen, mit dem man sie heilen wollte, sie sind jetzt alle nierenkrank. Zehn Elefanten. Zwei können nicht schlucken. Elefanten sind so hilflos wie wir, mindestens. Noch dazu angebundene. Verzeihen Sie, daß mich das aufregt, wo die Welt ist wie sie ist. Daran denke ich, wenn die Flugzeuge über die Akazie fliegen, in Taubengröße, höchstens. Und ich an all diese Flugzeuge denke und sich mir der Globus im Kopf dreht. Vietnam. Das eine ist so unglaublich wie das andere. Warum zünden Kinder Elefanten an? Wenn man das wüßte, vielleicht wüßte man dann alles andere auch. Man hat die Kinder. Was tut man mit Kindern von elf und zwölf, die Elefanten anzünden?

1967

»Und keine Kochbananen mehr«

Bericht über das Kriegsende

Die Sirenen der Zeitung heulten dreimal, durchdringend. Dann stimmten alle Sirenen der Stadt ein. Es war ein furchtbarer Lärm. Da unser Radio gerade in Reparatur war, stürzte ich auf die Straße zum nächsten öffentlichen Telefon, um zu hören, was passiert war. (Drei Pfiffe, das hieß bei uns in der Stadt auf der Insel: Nachrichten von internationaler Bedeutung. Bei einem lokalen Ereignis wurde zweimal gepfiffen. Ein Pfiff galt nur dem Elektriker.)

Gegenüber, an der Ecke vor dem Telefonhäuschen, saß ein Mann am Straßenrand, die Beine lang ausgestreckt, den Rücken gegen den Laternenpfahl gelehnt. Er war barfuß. In seine Hose aus dunkelblauer Baumwolle waren säuberliche Flicken aus einem hellen Blau eingesetzt, gleichsam kleine Stücke heiteren Himmels an einem wolkigen Nachmittag. Eine weniger glückliche Hand hatte unternehmungslustigere Farben in das eine Hosenbein eingesetzt, während das andere höchst unvorschriftsmäßig in eine Franse auslief. Der Oberteil seiner Kleidung bestand aus einem alten Zuckersack, aus dem eine Art ärmelloser Hänger gemacht war. Die großen roten Druckbuchstaben der Zuckermühle waren schon fast ganz ausgewaschen, und das Kleidungsstück hatte jenen bedenklichen Zustand erreicht, wo die fadenscheinigen Stoffetzen über Stücke nackter Haut hinweg sich gerade noch die Hand reichen. Was sein Gesicht betraf, so waren zwei Erdteile zusammengekommen, um diesen Sohn eines dritten hervorzubringen: Die dunkle Haut des Afrikaners bedeckte seine eckigen asiatischen Züge, und über den schmalen, mongolischen Augen stand das kurze, wollige Haar des Negers. Die Gelassenheit, mit der er dasaß, war durchaus tropisch. Es war ein heißer Nachmittag, und er war der einzige Mensch auf der ganzen Avenida. Wie ich auf ihn zuging, dachte ich: »Sieh ihn dir nur an, diesen Kerl, wie beneidenswert er ist! Zeitlos wie unsere Katze! Da sitzt er am Rande der Geschichte und kaut seine Erdnüsse. Die Signale sind immer nur für uns. Unser Wohl und Wehe wird aus allen Lautsprechern geschrien. Für ihn ist es nichts als Lärm: ein modernes Märchen, Dinge, die sich abspielen irgendwo weit weg, wo niemand je hinkommt.«

Als ich an ihm vorbeiging, sah er auf und sagte: »Wunderbare Nachrichten, Señora. Wunderbar! Der Krieg ist aus. Frieden!«

Seine chinesischen Augen glitzerten vor Freude. Ich blieb stehen. Ich brauchte nicht mehr zu telefonieren. Er hatte es bereits am Radio gehört.

Das war sie also, die große, die lang ersehnte Nachricht. Ich fühlte nichts... wie es geht, wenn das Erwartete da ist und die Spannung uns losläßt: Man wird einen Augenblick lang aufgehoben aus dem Zusammenhang, gehißt ins Nichtwirkliche. Dann wird man fallengelassen in irgendeine Tiefe, von der man erst langsam wieder an die Oberfläche zurückkommt. Das Gefühl setzt aus.

Plötzlich hörte ich eine Stimme, die sagte: »Also, das heißt, daß ich im nächsten Monat in Paris bin.«

Ich begriff nicht gleich, wer sprach. Ich hatte den Neger völlig vergessen. Da saß er an seinem Laternenpfahl, hob das grinsende Gesicht zu mir auf und wiederholte mehrmals in mein dumpfes Erstaunen hinein: »Jawohl, Señora, im nächsten Monat geht es nach Paris.«

Ich konnte ihn nur anstarren. Irgendwie schien mir das Gleichgewicht abhanden gekommen. Da begann er zu singen:

»Bim Bam,
Der Krieg ist aus.
Jetzt fahren sie nach Haus«

sang er und schwang den Kopf im Takt und kaute Erdnüsse. Er strahlte vor Glück. Nein, er war nicht im leisesten betrunken.

»Por favor«, fragte ich, »was sagen Sie da?«

»Ganz einfach«, antwortete er, vergnügt, daß ich ihm endlich meine volle Aufmerksamkeit zu schenken schien, »ich arbeite bei ... (er nannte den Namen eines französischen Flüchtlings, der den Krieg hier draußen verbracht hatte). Er hatte ein Kino in Paris. Er fährt jetzt sofort zurück. Und mich nimmt er mit. *Bim Bam, Bim Bam.*«

Ich starrte ihn immer noch an. Mit sichtlicher Selbstzufriedenheit fuhr er fort. »Si, Señora«, sagte er, »ich bin schon seit drei Jahren bei ihm. Jedesmal, wenn ich die Arbeit satt hatte und drauf und dran war, davonzugehen und ein paar Monate lang nichts zu tun, dann dachte ich an Paris und verkniff es mir. Aber in der letzten Zeit wurde es mir wirklich zuviel, all die Arbeit und die ewige Warterei. Da versprach ich meinem Heiligen eine Kerze, wenn er in diesem Monat dafür sorgen wolle, daß der Krieg endlich aufhört. Das war eine gute Idee. Es hat sofort genutzt. Schade, daß es mir nicht eher eingefallen ist! *Bim Bam, jetzt fahren sie nach Haus*, und ich geh mit.«

Ob ich Paris kenne? Ja, ich kannte es. Und war es wirklich wahr, daß man dort keine Kochbananen aß. Ich konnte ihm nur bestätigen, daß er gut unterrichtet war. »Zu komisch«, sagte er, »was die Leute alles hermachen aus einem Ort, wo es nicht einmal Kochbananen gibt! Aber es ist mir gleich. Ich habe so lange darauf gewartet. Jetzt ist der Krieg vorbei, und jetzt geht es nach Paris, Kochbananen hin oder her.«

»Bim Bam
der Krieg ist aus,
Bim Bam.«

Ich hörte ihn weiter singen, wie ich nach Hause ging, noch ganz benommen.

E. stand schon vor der Haustür, blaß und aufgeregt. »Es ist vorbei«, rief ich, »zu Ende, endlich zu Ende! Denk dir, die Franzosen machen schon Pläne für die Heimfahrt. Selbst der zerlumpte Neger da drüben am Straßenrand hat seine Fahrkarte nach Europa in der Tasche.«

Im Nebengarten zog der Chauffeur von Don Abelardo die Fahne hoch. Schon war sie höher als unsere Kokospalmen. Schweigend gingen wir hinauf und hängten die Landesfahne über das Geländer der Terrasse.

1965

Berichte von einer Insel. Kindern erzählt

I Die Insel und der einohrige Kater

Ich lebte auf einer Insel, die war ganz anders als die Inseln, die ihr kennt. Nachmittags pünktlich um fünf flogen die Papageien über das Haus, eine grüne Wolke. Wie Tauben, aber eben grün. Sie kreisten nicht, sie flogen vorbei, und sie unterhielten sich sehr laut, in ihrer eigenen Sprache. Wir können ihre Sprache nicht lernen, das wißt ihr. Aber sie können die unsere lernen.

Auf die Insel war ich ganz plötzlich gekommen. Ein kleines Flugzeug landete auf dem Wasser, vor der Insel. Also auf dem Meer, welches dort sehr blau ist, natürlich. Ich saß in dem Flugzeug. Die Tür wurde aufgemacht. Vor der Tür war ein Holzsteg: zwei Bretter und ein Geländer, wie wenn ihr auf ein Ruderboot geht. Vor den Holzbrettern war der Boden der Insel. Hinter mir fuhr das Flugzeug ab. Da hatte ich keine Wahl. Auf dem Holzsteg kann keiner bleiben. So kam ich auf die Insel. Lange Jahre kam kein Flugzeug mehr, um mich abzuholen. Daher blieb ich dort wohnen. Ich hatte es bequemer als Robinson, es wohnten schon Leute dort. Von denen erzähle ich gleich.

Das Schönste war, daß der Himmel immer blau war. Außer nachts, natürlich. Aber auch nachts war es sehr sehr hell. Das kam davon, weil die Sterne und der Mond größer waren. Der Mond legte sich auf den Rücken, als liege er in einer Wiege. Ganz anders als hier. Wenn er voll war, konnte man bei seinem Licht lesen, und er machte den Bäumen kleine Schatten, deutlichere als bei uns an einem grauen Tag.

Weil es immer blau war und auch sehr heiß, hatten die Häuser nur Fensterlöcher, aber keine Fenster. Ja, ganz sicher. Wozu hätten die Häuser denn Fenster haben sollen, wenn es immer blau und heiß war. Wenn es regnete, machte man einfach die Fensterläden zu. Dann wurde es dunkel im Zimmer, wie nachts, wo man sie auch schloß. Es regnet dort aber nur kurz, und gleich ist es wieder blau.

Wenn es dort regnet, ziehen die Leute die Schuhe aus. Die armen Leute, natürlich. Das sind aber sehr viele. Denn sie haben nur ein Paar Schuhe, und die schonen sie mehr als die Füße. An vielen Orten der Welt ziehen sich die armen Leute die Schuhe aus, damit sie nicht naß werden, wenn es regnet.

Die Leute, die dort wohnen, haben braune Füße. Wie Milchkaffee oder wie Schokolade. Manche auch schwarz. Und überhaupt sind es dunkelhäutige Leute. Man denkt, das sei ein großer Unterschied. Ich weiß es besser. Denn einmal kam ich in ein Krankenhaus, da lag ein Bein in einer Kiste, es war abgeschnitten worden. ›Amputiert‹, sagen die Ärzte. Es war ein schwarzes Bein, fast wie Kohle so schwarz. Da lag es in der Kiste, und ich konnte nicht wegsehen, obwohl ich auch nicht hinsehen wollte. An der Stelle, wo es abgehackt war, sah man das Bein von innen. Die schwarze Haut war nicht dicker als eine Apfelschale. Darunter war das Bein rot. Genau wie alle Beine, auch die euren, innen rot sind. Ihr seht es, wenn ihr hinfallt.

Wie ich nach Hause ging und an die Bananenpalmen kam mit ihren fetten Blättern, und die Bananen sahen sehr grün und sehr langweilig aus, viel langweiliger als Äpfel, da kam mir eine kleine Katze entgegen. Sie war sehr schön und sehr gestreift. Sie hatte nur ein Ohr. Ich hatte nie eine einohrige Katze gesehen. Ich könnte euch viel von der Katze erzählen, denn wir wurden Freunde, die einohrige Katze und ich. Aber heute geht es nicht mehr. Nur, daß es ein Kater war und keine Katze, das will ich euch noch sagen. Man sieht sofort, was ein Kater ist: Die Kater haben viel dickere Köpfe.

All das, was ich hier erzählt habe, ist wahr. Ihr könnt jeden fragen.

– Ob es wahr ist, daß die Kater dickere Köpfe haben als die Katzen?

– Ob es wahr ist, daß die Haut dünner als eine Apfelschale ist und daß die Menschen darunter gleich sind?

– Ob es wahr ist, daß die armen Leute mehr Angst um ihre Schuhe als um ihre Füße haben?

– Ob der Mond auf dem Rücken liegt, am tropischen Himmel, und ob man bei Nacht dort lesen kann?

– Ob die Papageien unsere Sprache lernen können, aber wir nicht die ihre?

Alles das weiß jeder, der ein bißchen was weiß. Nur was den einohrigen Kater angeht, müßt ihr zu mir kommen, denn wenigen Leuten ist in ihrem Leben eine einohrige Katze begegnet, obwohl es eine Insel gibt, auf der die Katzen keine Schwänze haben. Keine Katze dort hat einen Schwanz. Und das wieder ist eine Sache, danach könnt ihr jeden fragen. Und es ist auch eine ganz andere Insel, viel näher bei uns.

1966

II Näheres über Gogh, den Einohrigen

Es war also ein Kater und keine Katze. Mehr konnte ich das letzte Mal nicht von ihm erzählen. Heute habe ich Zeit, heute kommt mir der Kater gleich in den ersten Satz gelaufen. Den Schwanz trägt er kerzengerade in die Höhe gereckt und geht einfach mit mir. Als ich ein Kind war, durfte ich die Tiere, die mit mir nach Hause gehen wollten, nicht mitnehmen. Heute darf ich. Das ist der Vorteil, wenn man älter wird, obwohl es auch viele Nachteile hat.

»Wieso hast du nur ein Ohr?« fragte ich den Kater, und er erklärte es mir. Oder die Nachbarn erklärten es mir, ich weiß nicht mehr genau, wer es erklärte. Einohrig geboren war er nicht, das Ohr war ihm abgeschnitten worden. Ich erfuhr, daß es zwei ganz verschiedene Gründe gibt, warum man einer Katze ein Ohr abschneidet, dort auf der Insel. Daher kann man nie wissen, warum einer einohrigen Katze das Ohr fehlt, außer natürlich, ein Hund hätte es ihr abgebissen, aber das sähe man ja. Eins ist sicher, wo das Ohr fehlt, bleibt nur ein kleiner Haarpinsel in dem Ohrloch stehen. Wenn es regnet, regnet es der Katze ins Ohr, erklärten die Leute. Also läuft uns unsere Katze nicht fort, ob es ihr nun bei uns gefällt oder nicht. Sie geht nicht in den »monte«.

Der »monte«, müßt ihr wissen, das ist der Berg, besonders wenn er in Italien steht oder in einem der Länder, in denen die Dinge spanische Namen haben, wie zum Beispiel auf der Insel, wo ich den Kater traf. Alle, die es satt haben, gehen dort in den monte, die Freiheitskämpfer und manchmal auch die Katzen. »Der monte«, werdet ihr fragen, »wieso ›in‹ den monte, hat ein Berg, wenn er monte heißt, eine Tür?« Aber der monte, das sind in Wirklichkeit viele Berge, das ist eine ganze Kette, ein richtiges Gebirge. Wenn man dort in die Ferien fährt, sagt man, genau wie auch hier, »wir gehen ins Gebirge«. Wenn einer aber sagt, »ich gehe in den monte« oder »die Katze geht in den monte« – man sagt das nur von Menschen und von Katzen, fragt jetzt bitte nicht warum. Aber vielleicht sind die andern Tiere gehorsamer, denke ich – dann türmt er. Oder die Katze türmt. Was heißt denn »türmen«? Wenn einer »türmt«, geht er dann auf einen Turm? Doch auch nicht. Es ist sogar überhaupt kein Turm da, wenn einer türmt. Er kneift aus. Wen oder was »kneift« man, wenn man auskneift? Wer ist »aus« und warum wird der »Aus« gekniffen? Dabei hat doch jeder mal Lust dazu, die Kinder und auch die Erwachsenen. Die noch mehr. »Nur weg!« sagt man laut oder leise, »fort von hier!« Fort, aber wohin? Wenn man dann auf einer Insel ist, wo es immer Sommer ist und wo es den monte gibt, gleich nebenan, wo die Stadt aufhört und es auch keine Straßen mehr gibt, dann ist das alles viel einfacher, natürlich. Man macht sich unabhängig. Aber die Katze, der man ein Ohr abschneidet, macht sich nicht unabhängig und läuft nicht fort. Sondern sie bleibt nah bei der Hütte, in der die Menschen wohnen, die ihr das Ohr abgeschnitten haben, damit sie bei ihnen unterkriechen muß, wenn es regnet. Denn es ist oft weit bis zur nächsten Hütte in diesen Ländern.

»Aber du hast doch Gogh auf der Landstraße getroffen«, werdet ihr sagen. Woher wißt ihr es schon, daß er Gogh hieß? Denn es ist wahr, ich habe ihn auf der Landstraße getroffen, keine Hütte weit und breit, und Gogh hieß er auch, wie der Maler, der nur ein Ohr hatte. Das andere hatte er sich abgeschnitten, irgendwann, als er Grund hatte, wütend zu sein. Sicher, ich rede die Wahrheit, ihr könnt euch erkundigen. »Van Gogh« hieß der Maler. Aber eine Katze heißt entweder »Van« oder »Gogh«, und also hieß Gogh Gogh. Und es regnete einfach nicht in diesem Monat, denn es ist eine Insel, wo es sehr heftig regnet, aber nur kurz, und viele Monate gar nicht. Und deswegen ist vielleicht der zweite Grund auch überzeugender, wenn er auch gar nicht zum ersten paßt und sozusagen sein gerades Gegenteil ist. Aber das ist so mit Gründen, keiner paßt zum andern, aber das ist den Leuten egal.

»Es ist vermutlich eine besonders böse Katze«, erklärten die Leute. »Vermutlich hat sie Hühner gestohlen, und um sie zu kennzeichnen, hat man ihr das Ohr abgeschnitten.« Jetzt konnte man es nicht wissen, war Gogh eine liebe Katze, die die Leute unbedingt behalten wollten, und es sollte ihr ins Ohr regnen, damit sie zu Hause bleiben mußte. Oder war es eine böse Katze, der man das Ohr abgeschnitten hatte, um die Leute vor ihr zu warnen. Die Menschen nehmen immer das Schlechtere an, vorsichtshalber. Die Katze, der man ein Ohr abschneidet, ist abgestempelt.

Gogh stand also immer unter Anklage, und wir mit ihm, natürlich. Obwohl man es doch nicht wissen konnte. Wo in der Nachbarschaft ein Huhn verschwand, wurden wir verdächtigt. »Ihr Kater, das Einohr, ist es gewesen«, sagten die Leute. »Er war angebunden«, sagten wir, »und eingeschlossen die ganze Nacht. Kommen Sie und überzeugen Sie sich selbst.« Die Leute glaubten uns oder glaubten uns auch nicht. Es ist furchtbar, wenn einer einmal verdächtig ist. »Menschen, die eine solche Freundschaft mit einem einohrigen Kater haben, sind nicht ganz wie du und ich«, denken die Leute. »Wir würden keinen einohrigen Kater haben wollen. Das gehört sich nicht«, denken die Leute. Ein Student, der um die Ecke wohnte und Medizin studierte, meinte es gut mit uns. Er bot uns an, einer andern gestreiften Katze ein Ohr abzuschneiden und es Gogh anzunähen. Vielleicht wäre es angewachsen. Dann wäre Gogh gewesen wie alle Katzen: zweiohrig. Aber wir liebten ihn, wie er war. Und es wäre ja auch schrecklich gewesen für die nächste Katze, den unfreiwilligen Ohrenspender. Gogh sah damals aus wie ein lustiger kleiner Pirat, er war sehr gestreift, gestreifter ging es nicht mehr, und hatte nur das eine Ohr an seinem kleinen, dicken runden Kopf. Er hatte noch ein Kindergesicht. Und er war vorläufig auch viel kleiner als die Hühner. Zwei Häuser weiter wohnten Angorakatzen, Stolz eines schwäbischen Tischlers, die waren viel eleganter. Und dazu waren sie auch stattlich und groß. »Was für ein elegantes Gefieder haben diese Katzen!« sagten die Leute, die auf Gogh schimpften, denn die langhaarigen Katzen waren wie Vögel mit wunderbaren Federn. »Die gefiederten Katzen töten eure Hühner«, sagten wir. Aber das glaubten die Leute einfach nicht.

Das nächste Mal erzähle ich euch, wie wir zur Polizei mußten, weil ein ganz dickes Huhn im Hof nebenan umgebracht worden war, und was dabei passierte.

1970

III Die Stunde der Wahrheit. Polizeiverhandlung über Gogh

Die »Stunde der Wahrheit«, »la hora de la verdad«, ließ nicht lange auf sich warten. Im Erdgeschoß des nächsten Hauses hatte ein Kolonialwarenhändler jenes Kleinstgeschäft aufgemacht, das dort pulpería genannt wird. Es war ein hoch aufgeschossener, magerer Bursche, etwa Ende der Dreißig. Wenn er morgens in die Stadt fuhr, dachte man, eine langbeinige Giftspinne auf einem Fahrrad hocken zu sehen. Seine stechenden schwarzen Augen nahmen den Kunden aufs Korn, während er mit gereizter Stimme Phantasiepreise verlangte, als wolle er gleich dazu sagen: »Wenn es Ihnen nicht paßt, dann lassen Sie es eben.« Wenn der Kunde sich aber entschloß, es zu lassen, war er beleidigt.

Uns war er besonders gram, denn wir lebten so nahe beieinander, daß er den Verlust aufs Genaueste berechnen konnte. Denn wir ließen uns die Lebensmittel aus der Stadt schicken. Nun lieferten wir ihm endlich ein Ventil für seinen Groll: eine Lieblingskatze, den geborenen Feind seiner Hühner. Es entging uns nicht, daß wir nun verwundbar waren, und wir taten das Mögliche, um das lauernde Unglück zu beschwören. Wie gesagt, wir schlossen den Kater allabendlich ein, um einen nächtlichen Ausflug in den benachbarten Hühnerhof zu verhüten. Wochen vergingen, ohne daß irgend etwas geschah. Dann, eines Morgens, wurden wir um sieben von einem energischen Klopfen an der Haustür geweckt. Der frühe Besuch erwies sich als die Polizei. Mit dem Hochgefühl gestrenger Selbstzufriedenheit, das von dem Gesicht des Polizisten leuchtet, wenn er den Nächsten morgens aus dem Schlaf holen darf, verlangte er, unsere

Papiere zu sehen. E. holte sie. War die Señora zu Hause? Sie war im Bett. Und bitte, was wollte die Polizei überhaupt von uns? Sein Auftrag lautete dahin, die Señora auf die nächste Polizeistation zu bringen. Mehr wußte er nicht. Würde die Señora aufstehen und mitkommen?

Schließlich einigte man sich darauf, daß E. statt meiner gehen würde.

Kaum hatte ich sie um die Ecke biegen sehen, als unser Nachbar auf seinem Fahrrad vorbeifuhr. Er sah giftiger aus als je, aber so triumphierend giftig, daß ich ihn auf der Stelle mit dem ungebetenen Morgenbesuch in Verbindung brachte. Wie er vorbeifuhr, sah ich, daß er auf der einen Hand vorsichtig eine große Schüssel balancierte, die ordentlich mit einem weißen Tuch bedeckt war.

Eine halbe Stunde mochte vergangen sein, als derselbe Polizist zurückkam und mir ein Zettelchen von E. brachte, ich solle mich nicht aufregen, aber ich müsse kommen und Gogh mitbringen. Der Polizist war mittlerweile etwas gesprächiger geworden, und während unseres kurzen Spaziergangs zur Polizeistation bestätigte er meinen Verdacht: Der Kolonialwarenhändler beschuldigte uns, eine Wildkatze zu halten, die seiner besten Zuchthenne den Garaus gemacht habe.

Der Mörder ging unterdessen wie ein artiger junger Hund an einem Strick neben uns her, und als wir zur Polizeistation kamen, war die Verwunderung so groß, als sei man darauf gefaßt gewesen, ich erschiene mit einem Leoparden.

»Wirklich, Señor«, sagte der Offizier vom Dienst zu E. »Es läßt sich nicht bestreiten, daß Ihre Katze noch zu klein ist, um ein so großes Huhn anzugreifen. Wäre es eine Katze, die ihre beiden Ohren hätte, ich würde mich weigern, es zu glauben. Aber eine gestreifte Katze mit einem abgeschnittenen Ohr, da ist alles möglich. Ich kann Sie nicht ohne weiteres davon freisprechen, eine gemeingefährliche Katze zu halten, Señor.«

Während die Gruppe am Tisch Gogh und mich betrachtete, konnte ich die Augen nicht von dem unglücklichen Opfer lassen, das auf dem tintenbespritzten alten Mahagonitisch aufgebahrt lag. Mochte ihr Tod auch gewaltsam gewesen sein, die arme Henne bot in diesem Augenblick einen höchst friedlichen Anblick, gewiß nicht weniger appetitlich für alle Anwesenden als für eine Katze. Da lag sie, von ihrem bunten Federkleid befreit, in ihrer fetten gelben Nacktheit auf einer sauberen weißen Schüssel. Was auch immer ihre Todeswunden gewesen waren, die Hand einer erfahrenen Köchin hatte das Werk der Katze vollendet, sie geöffnet, gereinigt und auf ein Bett von Petersilie und Zwiebelscheiben gelegt.

Eben erklärte der zornige Eigentümer aufs neue, wie das arme Huhn den Weg vom Vogel zum Eßgegenstand gemacht hatte. Dabei schwenkte er eine Handvoll gelber und roter Federn aufgeregt hin und her. »Hier riß er ihr den Bauch auf«, rief er, »bis ihr die Eingeweide heraushingen. Es blieb uns nichts übrig als sie zu schlachten.« Und er deutete auf das Loch, wo seine Frau – sei es den Katzenkrallen oder einem ganz gewöhnlichen Kochbuch folgend – das Huhn ausgenommen hatte. Leber, Magen und Herz waren säuberlich präsentiert.

Es war mir unmöglich, die Sache, wie die anwesenden Männer, von der ernsten Seite zu nehmen. »Wir wollen sie kaufen«, schlug ich vor, »gleichgültig, wie sie gestorben ist. Und zwar auf der Stelle. Ein so großes Huhn gehört früh in den Topf, sonst ist es bis mittag nicht gar.« Der Vorschlag fand allgemeinen Beifall.

Selbst der finstere Ankläger ließ sich zu einem Nicken herbei. Aber die Preisverhandlung erwies sich als zäh. Der Preis sollte nicht nur diese eine Henne, sondern die mit ihr ums Leben gebrachten Hühnergenerationen aufwiegen.

Somit landeten wir bald an einem toten Punkt, und das Verhandlungsklima drohte minütlich unerfreulicher zu werden, als auf einmal eine unerwartete Hilfe auf der Bildfläche erschien: unsere Köchin Ophelia, die gerade mit dem Einkaufskorb auf dem Kopf die Avenida entlangkam. »Die Köchin war den ganzen Tag zu Hause, sie müßte das Verbrechen gesehen haben«, sagte ich und holte sie sofort herein.

Ophelia ist nicht intelligent, aber sie ist mit einem sechsten Sinn begabt, der den gewöhnlichen Sterblichen fehlt. Sie kann einen männlichen Baum, zum Beispiel Kokospalme oder Papaya, beim bloßen Anblick von einem weiblichen Baum unterscheiden, ohne auf Blüten und Früchte zu warten. Ophelia kam also herein, blieb schüchtern an der Tür stehen und ließ ihre dunklen runden Augen über die Anwesenden gleiten, wobei ihr kleiner schwarzer Kopf sanft auf dem streichholzdünnen, runzeligen Halse hin- und herschwankte. Und ohne irgendeiner Erklärung zu bedürfen, sagte sie mit langsamer, tonloser Stimme: »Sie haben es nicht nötig, das Huhn zu kaufen, Doña Hilde. Erstens ist es zu alt. Zweitens wird er zuviel dafür verlangen. Und schließlich ist es nicht Ihre Katze gewesen.«

Selten hatten wir ihre breiige Stimme lieber gehört. »Woher weißt Du es denn so genau, Ophelia?« fragten wir sie.

Ophelia lächelte ein selbstzufriedenes Lächeln, ihre Rehaugen glänzten vor Freude über ihren Erfolg, sie setzte den Korb mit den Einkäufen auf den Boden und ging auf den Tisch zu. (Ich wußte, sie konnte den Kolonialwarenhändler auch nicht leiden.)

»Ich hab es gesehen«, fuhr sie strahlend fort, »wie eine der Katzen mit dem schönen Gefieder hinter ihr her war. Ihre Frau hat es auch gesehen«, wandte sie sich an den Kolonialwarenhändler, »aber Sie mögen eben die Katzen mit dem feinen Gefieder lieber als unsre. Und Sie wissen genau, warum...« (Die Katzen mit dem schönen Gefieder, von denen sie sprach, waren die bereits erwähnten Angorakatzen des Tischlers, dessen Arbeiter andrerseits die einzigen Kunden des kleinen Ladens waren, der sein Bestehen nur dem Kreditsystem der Tischlerei verdankte.)

»Die Angelegenheit muß geklärt werden«, wandte sich denn auch E. sofort an den Polizeioffizier. »Wollen Sie bitte die Frau des Anklägers herholen lassen sowie den Tischler, seine Frau und am besten auch noch seine Köchin.«

Unser Gegner sah bereits das wütende Gesicht seines einzigen Kunden vor sich, wie er vom Frühstückstisch aufstand, um sich auf den Weg zur Polizei zu machen. Unser Kater konnte ihn teuer zu stehen kommen. Und ehe noch der Offizier den Befehl geben konnte, griff der unglückliche Ankläger nach dem Teller mit seinem Huhn, murmelte ärgerlich, er werde es eben selber essen, wenn es für uns zu alt sei, und schwang sich auf sein Rad. Ihr versteht, daß wir nun förmlich feststellen ließen, daß wir zu Unrecht verklagt worden waren. Und daß Gogh für alle Zukunft ein Attest ausgestellt wurde, daß er trotz seiner Einohrigkeit ein unbescholtener Kater sei.

etwa 1948

Auf Besuch in New York

Ein Rückblick

Als ich das letzte Mal nach New York kam, war es zu einer Zeit, in der ich auf ein Wunder wartete. Nirgends läßt sich so gut auf Wunder warten. An jeder Straßenecke könnte es einem begegnen. Im Grunde warten alle darauf, das heißt, alle laufen geschäftig darauf zu, als müsse das Wunder dem sich eilig Bewegenden wie einem Magneten entgegengleiten. Als könne es durch Tätigkeit verdient werden.

Ich aber erwartete es nicht so. Ich ging durch die Straßen und ließ die Arme am Körper herunterhängen, damit es geschehen könne, ganz von sich her geschehen, ohne meinen Geburtshelferdienst.

Von einem Wunder kann ich nicht berichten. Aber in diesem Wartestand hatte ich merkwürdige kleine Erlebnisse.

An einem Nachmittag saßen wir zu dritt in einem kleinen Café in einer Seitenstraße der Fifth Avenue. Es war eines der wenigen Lokale, in denen der Gast nicht wie eine widerstandslose Einheit aus Zeit, Raum und Geld – genau bemessen, gerade so viel und nicht mehr – unaufhaltsam vom Eingang zum Ausgang geschleust wird.

Auf jedem Tisch stand in gußeisernem Träger eine weiße Kerze. Man durfte ihr zusehen, wie sie herunterbrannte, so verspielt, wie man den Wolken zusieht oder, hier in New York, dem Vorbeigleiten der Autos vor den breiten Fensterscheiben: Es bedeutete nichts. Die Kerze war nicht da, um etwas zu messen. Sobald sie niedergebrannt war, kam die Kellnerin, leise, ohne Rechnung, und steckte eine frische Kerze auf. An den Wänden des kleinen, schlauchartigen Raums hingen die Bilder junger Maler, vielleicht ein wenig zu heftig in der Palette. Manchmal hätte man sie für Farbdrucke halten können.

Wir saßen an einem Tisch an der Wand, nicht weit von der Tür. Über uns, als hätte sie auf uns gewartet, hing eine kindlich bunte Szene aus den Antillen: unter giftgrünen Bananenpalmen wurde der Kaffee in einem riesigen Trog mit langen Stangen zerstampft. Von zwei Mädchen, wie das üblich ist. Als ich das Bild ansah, glaubte ich geradezu den gleichmäßig dumpfen Takt der Stössel zu hören und dachte: »Gleich bringen sie ihn, mit etwas Zimt darauf ... viele kleine Tassen ohne Untertassen, auf einem großen Teller.« Denn so wird er auf dem Lande auf den Antillen serviert. Er ist sehr gut mit Zimt. Und als die rothaarige Kellnerin mit dem blassen, abwesenden Lächeln, beinahe wie eine Ertrunkene, die Gläser mit dem Eiskaffee vor uns auf den Tisch stellte, war ich einen Augenblick lang erstaunt und beinahe enttäuscht, daß es nicht eine verlegene braune Frau war, barfuß und mit zärtlichen Augen, eine Frau, die ihr glattes schwarzes Haar – kein Negerhaar – in einem schweren Knoten trug: Ramona. Ich hatte Heimweh nach ihr, obwohl sie in New York doch ganz unvorstellbar war. Schon das Öffnen einer Türklinke war für sie, die nur an Riegel und Haken gewöhnt war, eine schwierige Aufgabe. Wie hätte sie sich hier bewegen sollen. Dafür hatte Ramona zu dem Nichtgegenständlichen eine direkte und beinahe technische Beziehung, als hielte das Unsichtbare ihr eine Art Griff hin, den sie nur anzufassen brauche. Nie werde ich vergessen, mit welch liebevoller Sorge sie mir den Weg vom Gartentor zur Haustür mit Zucker bestreute, damit nur die guten Gedanken bis ins Haus kämen und die bösen das Bittere verlören. Oder wie ich mit ihr, die ich aus dem kleinen Gebirgsdorf mit in die Hauptstadt genommen hatte, über die Avenida hinter unserem Haus hinüber ans Meer ging. Es war gegen Abend, der in den Tropen ja sehr plötzlich einfällt, und ein hinausfahrendes Schiff zündete gerade seine Lichter an. Es war das erste Schiff, das Ramona sah, und sie brach bei seinem Anblick sofort in Tränen aus und sagte schluchzend: »Welch großer Umzug!« So unmittelbar fühlte sie den Schmerz, der in jeder Abfahrt liegt. Und wenn sie mir morgens sagte, am Nachmittag komme ein weitgereister, mir sehr lieber Besuch – sie sah das an dem Fluge eines Schmetterlings –, so konnte ich mich so sicher darauf einrichten, als habe der unverhoffte Besucher einen zehnstundenlangen Schatten vorausgeworfen.

Ramona hatte auch unsere Reise nach New York vorhergesehen, denn sie verstand in der Kaffeetasse zu lesen. Sie hatte geweint, als sie unser Flugzeug in meiner Tasse gesehen hatte.

Ebenso hatte sie schon vor Jahren gewußt, daß wir eines Tages auf die Insel kommen würden, viele von uns, und sie hätte gerne dem Präsidenten einen Brief schreiben lassen, daß die vielen weißen Fremden kommen würden, noch ehe der große Krieg begänne. Aber sie hatte es nicht gewagt.

Damals, als wir, mit vielen Schicksalsgenossen, Ramona in ihrem abgelegenen Dorf im Innern einer amerikanischen Insel in dem Schatten einer Tasse erschienen, lag Amerika für uns noch sehr weit weg, und das Mädchen mahlte uns noch den Kaffee in einer kleinen gelben Mühle, die sie auf dem Schoß hielt, während draußen im Garten die Amseln den Schnabel in die Apfelblüten steckten. Bananenpalmen gab es nur im Gewächshaus, und wir wußten noch nicht, wie traurig man wird, wenn der Regen den Staub von den feisten, unartikulierten Blättern wäscht, die nur der Meerwind ein wenig zerfetzt, bis sie wieder von zähem, gummiartigem Grün sind. »Du wirst schon zur Banane«, sagt der Kreole, wenn der Schritt des Fremden sich verlangsamt und seine Reaktionen so stumpf werden wie das Grün der Bananenblätter.

Es ist schwer, in den Tropen schnell zu sein, wie es schwer ist, in New York langsam zu sein, wie es immer schwer ist, den eigenen Rhythmus zu bewahren.

Die Gäste dieses Cafés in der 56. Straße bewahrten ihn alle mehr oder weniger. Es waren fast nur Ausländer oder doch Künstler, die lange in Europa gelebt hatten. Deshalb trugen sie es auch deutlich zur Schau, daß sie sich viele Kerzen lang Zeit nehmen konnten, und die Rothaarige mit dem sanften Ertrunkenenlächeln kam und ging und steckte frische Kerzen in die Halter.

Im übrigen waren nur wir beide auf der bunten Insel gewesen, wo der Kaffee noch mit so viel Aufwand an Körperkraft unter den Palmen zerstampft wird. Unser Gegenüber, ein blonder Mann mit eckigen Zügen, die weich wurden, wenn er sprach und die Enttäuschungen vergaß, die seine Haut so hart über die Knochen gespannt hatten, war gerade aus London angekommen. Er war ein irischer Regisseur, und man sprach über das Stück eines gemeinsamen Freundes, das am Abend zuvor in einem Experimentiertheater aufgeführt worden war. Die Unterhaltung war sehr lebhaft. Das Gesicht des Theatermanns verlor alles Alter. Er selbst hätte gerne Stücke geschrieben, aber es fehlte ihm die Kraft. Gewiß lagen seine Schubladen voll unausgeführter Entwürfe. Dafür war er nun ein um so hellhörigerer Kritiker. »Wissen Sie«, sagte er zum Schluß mit dem glücklichen Spitzbubenlächeln eines Jungen, der seine Taschen ausleert, und sie sind voll gestohlener Äpfel aus dem Nachbargarten, »wissen Sie, seine beiden Figuren sind zu gespensterhaft. Als ob sie auf Strümpfen daherkämen. Das erschreckt mich.« Dabei sah er zum vierten Mal auf die Uhr. »Es ist höchste Zeit«, fügte er hinzu, »ich muß schon fliegen.« Man redete noch ein wenig hin und her über das, was den beiden beanstandeten Personen an Wirklichkeitsgewicht fehlte. Dann schob der Ire den Stuhl zurück, sah nochmals auf die Uhr und wiederholte, diesmal mit Endgültigkeit: »Es ist sieben vorbei. Höchste Zeit! Ich fliege!« »Fliegen Sie!« sagte ich, »wir werden Ihnen durch das Fenster nachsehen.« Er lächelte zum Einverständnis, wie bei einer Verabredung. Dann drängte er sich zwischen den Tischen hindurch, die sehr eng standen und alle besetzt waren, denn das Café hatte sich am späten Nachmittag gefüllt. Einen Augenblick darauf erschien er auf der Straße, vor der Fensterwand. Ich sah gebannt auf ihn, als erwarte ich im Ernst, daß er sich gleich vom Asphalt lösen und in einer Art Diagonale quer über die Scheibe aufsteigen werde. Er stand still und sah sich auf der Straße um, einen Atemzug lang. Er lächelte mir zu und machte eine übermütige Geste, als erinnere er sich unserer Verabredung und wolle sagen: »Jetzt!« Dann setzte er sich in Bewegung und schleppte sich am Fenster vorbei, seinen Rumpf mühsam im Gleichgewicht haltend. Ich war beschämt. Ich hatte gänzlich vergessen, daß er hinkte.

1954 (?)

»Rückwanderung«

Für Ramona Rodríguez, »pobre de solemnidad«*, früher Jarabacoa (Cibao). Zur Zeit wohnhaft in einem Hüttenhinterhof hinter dem »Neuen Markt«, Santo Domingo R. D.

Gerade verlern ich
den Wert
der leeren
Konservendose.

Gerade habe ich gelernt
eine Blechdose fortzuwerfen
mit der meine Freundin Ramona
dem Gast
mit der meine Freundin Ramona
mir
das Wasser schöpft
aus dem großen irdenen Krug
in der Ecke der Hütten
wenn mich dürstet
am Rande der Welt

Gerade lerne ich bei euch
den Wert einer leeren
Blechdose
zu vergessen.

* »Feierlich Arme« (eine lokale Ausdrucksweise).

Die andalusische Katze

Am ersten Abend, als wir eingezogen waren, kam sie. Sofort stellte sich ein schweigendes Einverständnis zwischen uns her. Sie schien zu sagen: »Ich diene euch als Katze. Ich bin lebendiger als ein Sessel oder ein Tisch. Aber ich will so beständig um euch sein wie die Möbel. Wenn ihr eine Katze habt, ist es fast, als wärt ihr zu Hause.« Wir antworteten: »Du bist eine herrenlose Katze. Eine schwarze, dünne, herrenlose Katze. Du bist nicht schön, aber du bist lebendiger als die Möbel. Wir sind Durchreisende. Hier – und nicht nur hier. Trau uns nicht. Wir sind nichts Festes. Aber solange du uns hast, wird es fast sein, als habest du einen Herrn und ein Heim.«

Die Katze blieb bei uns. Es war keine schöne Katze, es war keine besonders lebhafte oder kluge Katze, aber es war eine bescheidene und unaufdringliche Katze, die nie vergaß, daß sie nur zu Gast war, auch wenn sie die Hauskatze spielte. Sie saß am Tisch und bettelte nie. Sie kam morgens auf die Terrasse vor dem Schlafzimmer. Aber sie schwieg und erhob nie die Stimme, um Einlaß zu verlangen, bis wir aufstanden und aufmachten. Wenn wir lasen oder schrieben, saß sie bei uns. Gingen wir spazieren, so begleitete sie uns bis auf die Landstraße, genau wie unsere eigenen Katzen es zu tun pflegten. Und bei unserer Rückkehr saß sie schon am Gartentor. Wir fühlten uns sehr zu Hause, nicht nur der Katze wegen.

Das Haus lag über dem Meer wie ein Schiff, mit

Terrassen anstelle der Decks. Es war ganz von Geranien und Bougainvilleas umwachsen. Wenn man morgens die Augen aufmachte, sah man gleich auf das Meer, leuchtend glatt und blau. Der Sonnenaufgang wurde einem ans Bett gebracht wie ein Frühstück, zu einer annehmbaren Stunde, kurz vor neun.

Wir ließen unsere Bücher kommen und blieben in dem Haus, das wir für vierzehn Tage gemietet hatten. Wir blieben für eine längere Zeit. Aber doch nur für eine bestimmte Zeit. Das schien die Katze nicht zu verstehen. Wie die Tage vergingen, ohne daß wir abreisten, begann sie zu denken, wir seien gekommen, um zu bleiben. Die vielen Bücher über dem Kamin – da stellten wir sie auf, denn es war ein Kamin, der rauchte, ein Kamin, dessen schwarze Geschichte außen auf den roten Ziegeln zu lesen war, kurz ein Kamin, den man besser nicht anmachte – die vielen Bücher also über dem kalten Kamin beruhigten die Katze vollends über unsere soliden Ansichten. Das erste Mal, als ich nach Malaga gefahren war, war sie verzweifelt dem Autobus nachgelaufen, so daß sie beinahe unter ein Auto gekommen wäre. Jetzt begann sie den Autobus mit freundlichen Augen anzusehen. Sie saß immer pünktlich auf der Mauer, um mich zu empfangen, wenn ich mit den Einkaufstaschen zurückkam. Die Fische in Malaga sind vorzüglich. Der Petersfisch mit dem Groschen des heiligen Peter auf dem Bauch war ihr der liebste, weil er einen so großen Kopf hat und auch an Schwanz und Flossen viel daran bleibt.

Im Januar – luna de enero, luna de amor, Januar du Liebesmonat – bekam die Katze den Besuch mehrerer Verehrer. Die Kater, die unserer Katze den Hof machten, hatten es nahe genug. Sie brauchten nicht erst von einem der Dörfer oben auf den Hügeln zu kommen, denn sie trieben sich ohnedies auf dem Anwesen herum. Gleich zu Anfang, als sie sahen, wie erfolgreich sich die Katze hatte adoptieren lassen, hatten sie sich uns vorgestellt und um Aufnahme nachgesucht. Es waren ein weiß und rot gefleckter, mit unsympathisch impertinentem Blick, aber einem durchaus würdevollen Benehmen, ganz gut im Fleisch, was für seine Lebenskunst sprach, und ein widerlich schleimiger schwarzer, ausgehungert und scheu, dem man es anmerkte, daß er selten auf Gegenliebe traf. Wir mochten beide nicht und wiesen sie ab. Sie lebten von gelegentlichen Almosen, wenn die andern Häuser bewohnt waren.

Außerdem gab es noch einen abgemergelten gelben Windhund, der bisweilen unten am Strand erschien, ein hochbeiniges Gerippe, und dort, gelb auf dem gelben Sand, mit trauriger Gleichgültigkeit in den Muscheln schnupperte, die vom Essen der Fischer liegengeblieben waren. – Das Boot mit den drei Fischern gehörte zu dem Stück Meer vor unserem Haus. Im Morgenlicht lag es immer schon auf dem Wasser, schwarz wie die Möwen, ehe die Sonne steigt. Dann wurde es weiß. Aber obwohl sie den ganzen Tag fischten, hatten die drei Fischer nie mehr zum Verkauf anzubieten als hin und wieder einen Tintenfisch. Vielleicht fehlten ihnen ganz einfach die Geräte für einen ordentlichen Fang. Aber es schien ihnen nichts auszumachen, daß so gar kein Geld hereinkam bei diesem Leben, bei dem sie den ganzen Tag arbeiteten, ohne doch wirklich zu arbeiten. Am Mittag zogen sie das Boot ans Land und kochten ihre Muscheln. Dann schliefen sie in dem schmalen Schatten, den das Boot auf den Sand warf, und fuhren wieder hinaus, bis bei Sonnenuntergang die Schatten der Berge von Afrika hinter dem Horizont heraufstiegen.

Aber über den Fischern habe ich ganz die beiden Kater vergessen, die Verehrer der Katze. Dabei machte ihre Gegenwart sich im Januar fühlbar genug. Sie stürmten unser Haus und hetzten sich durch die Zimmer. Sie hangelten sich die Gardinen hinauf und bezogen lieber einen Posten hoch oben auf der Gardinenstange, statt das Feld zu räumen. Wenn man sie zu einer Tür hinausjagte, kamen sie zur nächsten herein.

Schließlich verschwanden sie. Die Katze war schwanger. Mit Mühe überzeugten wir sie, daß die sich in der Schreibtischschublade anhäufenden Manuskriptseiten noch nicht für ein angemessenes Wochenbett ausreichten. »Vielleicht bis zum nächsten Mal«, vertröstete sie sich, und nahm dann mit einer groben roten Decke im Fenstereck vorlieb. Es waren vier Kätzchen. Schön waren sie nicht. Das ließ sich bei den Eltern auch nicht erwarten. Zwei Kätzchen waren schwarz, zwei waren dreifarbig. Die schwarzen Kätzchen hatten weiße Pfötchen und einen weißen Kragen wie Waschbären. Wir nannten sie »Schneeweißchen« und »Schneepfötchen«, um der Katze eine Freude zu machen. Auf spanisch natürlich, denn sonst hätte sie es nicht verstanden. »Blancanieve« und »Blancamano«. Die Besitzerin des Anwesens hieß ohnehin Doña Dulce Nieves, »Frau Süßer Schnee«. Sie war eine schlechtgelaunte Blondine, die, nachdem sie die Häuser einmal mit großem Geschmack eingerichtet hatte, sich nicht weiter um sie kümmerte, denn sie wollte gar nicht erst wissen, was alles reparaturbedürftig war. Daher kam sie auch nie dazu, die Namensverwandtschaft zu feiern. – Den beiden andern

Kätzchen gaben wir Namen aus den Gesellschaftsanzeigen der Madrider Zeitung. Schöne und besondere Namen, wie sie nur in Spanien in den Zeitungen stehen.

Als die Mimosen blühten wie kleine, gefiederte Sonnen, machten die Kätzchen die Augen auf, blaue Augen, wie alle jungen Katzen. Vier weitere Katzenfrauen, was würde aus ihnen werden nach unserer Abreise?

Ich erkundigte mich bei dem liebenswürdigen Gärtner. Obwohl der Name Gärtner kaum auf ihn zutraf. Zudem war der Garten das einzige, was auf wunderbare Weise und ohne jedes Zutun funktionierte. Die Blumen gediehen von selbst. Die Blätter räumte der Wind auf. Die feuchte Meerluft begoß sie. Aber der Gärtner war für alles da, was auf dem Anwesen zu tun war oder doch zu tun gewesen wäre, eine Art Ariel auf dieser kleinen Kolonie von fünf Häusern, die »Die Wahrheit« hieß. Man läutete eine Schiffsglocke, die draußen hing. Dann ließ er die Arbeit liegen und stehen, die er gerade in einem der Häuser begonnen hatte, und kam und versprach, den Wasserhahn oder den Herd zu reparieren oder was sonst gerade den tückischen kleinen Sprung vom schadhaften zum unbrauchbaren Gegenstand gemacht hatte. Da der Gärtner sehr nett war und alles lächelnd versprach, braun, schlaksig, mit blauen Augen und gewinnender andalusischer Grazie, nahm man seine Versprechen ebenso lächelnd an, obwohl wir bald lernten, daß sie nur als Trost gemeint waren. Wenn man oft genug geläutet hatte, kam der Gärtner auch wirklich zu einem ins Haus, und ehe die Schiffsglocke ihn aufs neue hinausrief, gab er den Gegenständen rasch einen kleinen Stoß. Entweder traten sie dann für eine Weile wieder in Tätigkeit, oder es war gänzlich aus mit ihnen. Ab und zu, ganz selten, nach langem Warten, wenn wir die richtige Mischung von Geduld und Ungeduld gehabt hatten, kam dann ein Fachmann, ein zünftiger Elektriker oder Schreiner, und flickte das Allernötigste, und wenn er wegging, sagte er zu dem Ding, das er repariert hatte, nach dem Brauch dieser Gegend: »Sei nett und halte, bis ich kassiert habe.«

Diese Handwerker sahen wir kommen und gehen. Was Ariel betraf, so ließ man einfach die Tür für ihn offen. (Man schloß nie etwas ab, die Schlösser funktionierten ohnehin nicht oder waren bereits durch Haken ersetzt, und Ariel war ehrlich. Nur beim Einkaufen mogelte er bisweilen.) Er kam und verschwand wie ein Geist oder ein Vogel und stellte den Kanister mit dem schlechten gelbbraunen Petroleum in die Küche oder drehte eine Birne aus, wo er sie gerade für entbehrlich hielt, um einem Gast im nächsten Haus zu Gefallen zu sein. Wir nannten ihn den Möwensohn.

Als der Möwensohn wieder einmal dabei war, einen Nagel einzuschlagen, wo eine Schraube fehlte – ich glaube, es war ein Scharnier des Fliegenschranks –, fragte ich ihn nach dem zukünftigen Geschick der vielen molligen Kätzchen. Er tat einen ordentlichen Hammerschlag, so daß ein Stückchen grüner Kalk aus der Wand sprang und eine handbreite weiße Stelle hinterließ (keineswegs die erste) und teilte mir liebenswürdig mit, er werde sie ersäufen. »Sie haben nichts von einem Mörder«, protestierte ich. »O doch«, sagte er lächelnd, »dazu langt mir das Herz.« Da läutete die Schiffsglocke, und er legte den Hammer auf das Tablett mit den Teetassen, ließ die Säge schräg in der Küchentür und verschwand mit dem rituellen »Ich komme wieder«. Die Fliegenschranktür blieb unrepariert, was in Anbetracht der vielen Löcher des Drahtnetzes auch nicht so wichtig war.

Aber obwohl für die Kätzchen immerhin die Aussicht bestand, daß er sie zu eilig und daher nur halb ertränken würde, fühlte ich mich für sie verantwortlich. Doch es erwies sich als schwer, sie zu verschenken. Wem ich sie anbot, der hatte immer selbst schon ein paar Kätzchen zuviel. Ich beschloß, schlimmstenfalls die vier kleinen Katzen mit nach Malaga zu nehmen und sie dort feilzuhalten wie ein Hausierer. Irgendwelche Abnehmer mußte es in einer so großen Stadt doch geben. Zunächst jedoch bat ich das Aufwaschmädchen, oben im Dorf nachzufragen, und versprach ihr eine Prämie für jedes Katzenheim. Sie nickte unmerklich. Es war ein zartgliedriges, schüchternes und temperamentloses Geschöpf, wie es die Mädchen auf dem Lande an der andalusischen Küste sind, ein Mädchen, für das ein Lächeln bereits eine seelische Anstrengung bedeutete, und bei dem man nie wußte, ob es gehört hatte, was man ihm sagte, so wenig schlug der Zeiger des Verstehens in seinen Augen aus.

Das Aufwaschmädchen brachte wirklich alle Kätzchen nacheinander im Dorfe Honigbach unter. Die Katze blieb alleine zurück. Schon wie die Kinderzahl sich verminderte, hatte sie begonnen, uns ihre alte zärtliche Aufmerksamkeit wieder zuzuwenden. Sie schnurrte auch wieder. Trotzdem war es nicht mehr dieselbe Katze. Nicht nur, daß sie viel häßlicher geworden war. Seit langem verlor sie die Haare. Wir fürchteten, sie würde auf den Ohren und an den Schulterblättern noch ganz kahl werden. Auch wurde sie zusehends bräunlicher. Ernstlich krank konnte sie bei alledem nicht sein, denn ihre Milch war den Kleinen vorzüglich bekommen. Sie hatte Zitzen wie die kapitolinische Wölfin, riesige fahlgraue Zitzen in dem immer dünner werdenden dunklen Fell. Aber wir waren ja nicht ihrer Schönheit wegen darauf eingegangen, mit ihr Hauskatze zu spielen. Schlimm war, daß ihr mit den Haaren irgendwie die höfliche Bescheidenheit abhanden kam. Seit sie im Ernst aufgehört hatte, eine herrenlose Katze zu sein, die für jede Gabe dankbar ist, seit sie das Betteldasein und seine Lehren vergessen hatte, hatte sie zu fordern begonnen, was einer wirklichen Hauskatze zusteht. Ihre Meinungen darüber, was einer solchen Katze gebühre, waren um so hochgespannter, als sie nie Hauskatze gewesen war und daher nicht wußte, daß nur in Sonderfällen die Katze die Hauptperson ist und im Bett der Hausfrau die Nacht verbringt. Sie kam jetzt mit Sonnenaufgang – die Sonne ging auch viel früher auf – und verlangte mit energischer Stimme ihr Frühstück. »Bringt mir eine frische Schale Milch«, sagte sie, »was gestern stehengeblieben ist, soll ein anderer fressen.« Wenn wir uns taub stellten, kam sie halbstündlich und wiederholte ihre Mahnung. Auch sonst war sie anspruchsvoll geworden und maß sich Inspektionsrechte auf dem Spülstein und im Küchenschrank an.

Trotzdem war ich ziemlich bereit, für die letzten Wochen unseres Aufenthalts die Ansprüche der Katze anzuerkennen. Aber sie machte es mir schwer. Zwar lag sie schnurrend auf einem Stuhl neben mir, während ich Schreibmaschine schrieb. Hätte ich sie gebeten, sie hätte gewiß die Pfote aufs Blatt gelegt, damit der Wind es nicht fortwehe. Aber sie blieb nicht lange ruhig, sondern wandte sich in kleinen Abständen mit fragender Stimme an mich. Bald stellte sich heraus, daß sie um medizinischen Rat bat. An sich pflegen Katzen in derartigen Fällen sich an Gräser zu halten. Aber entweder waren die Gräser an dieser Küste nicht heilkräftig genug, oder die Katze fraß die falschen. Wir ließen uns von dem Möwensohn aus der Apotheke des nächsten Orts ein Stopfmittel mitbringen. Es waren grünliche Tabletten. Sie rochen nach Zimt. Tiere unter einem Kilo sollten alle fünf Stunden eine halbe davon bekommen. Was den Geschmack betrifft, so mußte er jedenfalls auf Tiere über einem Kilo berechnet gewesen sein. Die einzige Manier, wie die Katze die Tabletten fraß, war, wenn ich die zerstoßene halbe Pille in eine Kugel aus Speisebrei mit starkem Anchoviszusatz einwickelte. Auch so fraß sie sie nur morgens, wenn sie noch sehr hungrig war. Diese etwas andalusisch fragmentarische Kur hatte denn auch eine höchst unvollkommene Wirkung. Nach einigen Tagen überlegten wir mit dem Möwensohn, ob er sie nicht in den nächsten Ort mitnehmen und dort freilassen wolle. Schließlich würde sie binnen kurzem ohnehin wieder eine herrenlose Katze sein. Aber als wir sie daraufhin mit einem verdächtigen Halsband fanden, einem auf einer Seite offenen Drahtring, nahmen wir davon Abstand, die Hilfe des Möwensohns in Anspruch zu nehmen.

Ich beschloß, die Katze auf meiner nächsten Fahrt nach Malaga loszuwerden. Ich würde sie in der Nähe des Marktes aussetzen, wo sie von den zahlreichen, dort ansässigen herrenlosen Katzen gewiß sofort in die ortsüblichen Unterschlüpfe und Essenszeiten eingeweiht werden würde. Im Vergleich zu dem ungewissen Geschick einer Bettelkatze auf der »Wahrheit« war das eher eine Verbesserung für sie.

Als ich das nächste Mal morgens auf der Landstraße stand und dem Autobus aus Algeciras anhielt, fuhr die Katze mit. Auf dem Fischmarkt kaufte ich ihr ein halbes Pfund Sardinen. Aber da weit und breit keine andere

Katze zu sehen war – sie kommen erst nachmittags, wenn der Markt geschlossen ist, und räumen auf – und da ich die Katze keinen Schwierigkeiten aussetzen wollte, ließ ich sie in einer Nebenstraße, in einem Haustor. Ich legte das Paket mit den Sardinen vor sie auf den Boden. Die Katze sah mich zärtlich fragend an, wie sie aus dem Korb stieg. Dann machte sie sich über die Sardinen her. Ich hatte ein schlechtes Gewissen, aber ich machte entschlossen kehrt und ging davon. Meine Absicht war, über den Fischmarkt zu gehen, wo sich meine Spur in unwiderstehlichen Fischdünsten verlieren mußte. Doch die Katze war schneller. Ehe ich den Markt erreicht hatte, hörte ich ihre klagende kleine Stimme neben mir. Sie konnte die Sardinen unmöglich aufgefressen haben. Wir gingen zu den Sardinen zurück. Mir schien, daß die Blumenverkäuferinnen an den großen Nelkenständen schon über mich lachten. Ich blieb neben der Katze stehen, streichelte sie und forderte sie auf, weiterzufressen. Die Katze nahm mit sichtlichem Unbehagen einen Fisch ins Maul und verlor mich dabei nicht aus dem Auge. Da kam ein Taxi vorbei. Das war ein seltenes Glück. Nie hatte ich ein Taxi in den engen Gäßchen am Markt gesehen. Ich stellte mich taub und blind und stieg ein und fuhr zu meinem Zahnarzt, der ganz in der Nähe wohnte. Es war ein solcher Lärm, daß die Klagen der Katze sofort übertönt wurden. Unter das Taxi war sie jedenfalls nicht gekommen, und es konnte nicht ausbleiben, daß sie sich in einer Gegend, in der so viele aufregend riechende Reste herumlagen, schnell trösten würde.

Der Zahnarzt war noch nicht da. Er pflegte erst nach elf zu kommen, wenn der elektrische Strom wieder angestellt wurde. Aber das Sprechzimmer hatte sich, wie jeden Morgen, bereits seit neun Uhr gefüllt. Es war ein ausgezeichneter Zahnarzt, und sicher der schnellste, der je seine Hand in meinem Mund gehabt hat. Es war, wie wenn ein Film zu rasch gedreht wird. Denn um zwei wurde der Strom schon wieder abgestellt. Es mußte sehr anstrengend für ihn sein. Trotzdem bewahrte er das beruhigende Lächeln, ohne das sich in keinem Fall ein Patient einem Zahnarzt anvertraut. Aber man sah deutlich, wie dünn es auf seinem abgearbeiteten Gesicht lag. Er wirkte wie ein Zauberkünstler bei einem kritischen Akt.

Als ich vom Zahnarzt kam, begab ich mich schleunigst zum Einkaufen, denn es war nur noch eine Stunde bis zur Abfahrt des Autobusses. Gerade stand ich im Kolonialwarenladen, da hörte ich – es konnte doch wohl kaum sein –, wie mich die Katze rief. Und da kam auch schon eine schwarze Katze zur Tür herein. Ich mußte unter Verfolgungswahn leiden. Es gibt viele schwarze Katzen in Malaga, sagte ich mir. Aber noch ehe ich mich damit trösten konnte, hatte die Katze mich erkannt und stürzte mit einem heiseren Schrei, in dem sich die Wiedersehensfreude mit einem deutlichen Vorwurf mischte, auf mich los. Sie klammerte sich an mein Bein und stieg an mir herauf wie an einem Baum. Erschrocken kam der Angestellte um die Theke herum gelaufen, denn es war ihm peinlich, daß in seinem Laden eine Kundin von einer wilden Katze angefallen wurde. »Ach nein«, sagte ich, »lassen Sie nur. Es ist meine eigene Katze.« Dann ließ ich mir die Adresse eines Tierarztes geben. Natürlich war es auch nur ein Tierarzt für Tiere über einem Kilo. Er gab mir ein neues Rezept, das die Katze alle vier Stunden einnehmen sollte, in etwas heißer Milch. Am besten Tag und Nacht. Dann fuhren wir nach Hause. Mit einem Taxi. Den Autobus hatte ich versäumt.

Jetzt widmen wir die letzten Tage unseres Aufenthaltes ganz der Pflege der Katze, damit sie wenigstens gesund ist, bis wir abreisen. Denn dann muß sie ihr Bettelleben wieder aufnehmen, und in ihrem Zustand würde sie sich in den Häusern so unbeliebt machen, daß der Möwensohn in einer Anwandlung von Energie sie vielleicht doch noch vollständig ums Leben bringen würde. – In meinem Waschbecken haben wir neuerdings zwei Quallen installiert, eine hellblaue mit einem großen, rot abgefaßten Segel und eine reizende goldene Schirmqualle. Das Becken ist gerade groß genug, daß sie die Fußschnüre unter sich baumeln lassen können. Sie lagen am Strand in der Sonne und fühlten sich schlapp, aber sie haben sich gut erholt. Ich versorge sie mit Algen. Das Wasser ist ohnehin brackig, denn der Brunnen, aus dem es heraufgepumpt wird, liegt gleich am Strand. Aber wenn es auch den Tee verdirbt, die Quallen fühlen sich in ihrem Element. Nur wenn ich mich wasche, müssen sie mit einem Suppenteller vorlieb nehmen. Im übrigen lasse ich nachts immer das Licht über dem Waschtisch brennen, damit sie den Mond nicht vermissen. Das hat auch den Vorteil, daß ich nicht so tief schlafe und mir das Aufstehen leichter wird, um der Katze regelmäßig die Milch mit der Medizin zu wärmen. Die Kur scheint Erfolg zu haben. Aber beinahe freue ich mich auf die Abreise.

1957

Erinnerungen an Gabriela Mistral und Juan Ramón Jiménez

Wir trafen Gabriela – auf spanische und spanisch amerikanische Dichter bezieht sich selbst der fast Fremde gewöhnlich mit dem Vornamen, es beweist nicht, daß man befreundet ist, nur daß der Erwähnte zu bekannt ist, um einen Nachnamen nötig zu haben. Wir trafen also Gabriela Mistral das erste Mal 1954 in einem großen New Yorker Salon. Ich hätte auch sagen können: in *dem* New Yorker Salon. Denn es ist der einzige seiner Art, Nachfolger der großen französischen Salons, und alle, die ihn bilden helfen, eine Art Empfangskomittee, in dem die geistige Elite New Yorks die großen Besucher aus der alten und auch der ältesten Welt empfängt, wissen, daß er unersetzbar ist, und daß mit der schon bejahrten Herrin des Hauses eine Tradition sterben wird.

Dort treffen sich die Museumsdirektoren, die Kritiker der großen Zeitungen, Professoren, die Institute leiten, Schriftsteller, nach Möglichkeit große Reisende, und jener unentbehrliche Bestandteil aller Salons: der Anekdotenerzähler, der mit jedem, den es zu kennen gilt, intim ist, der mit Hemingway fischen war zur Zeit als der »Alte Mann und das Meer« geschrieben wurde, und informiert ist, warum Edith Sitwell nur mit ihrer Köchin reist. In dem großen Empfangssalon an der Fifth Avenue hängen Bilder, die später einmal in Museen wandern werden. In einem Seitenzimmer, nur den Freunden des Hauses zugänglich, gibt es auch ein Portrait der Hausherrin von Dali, aus einer Zeit, wo Dali noch ein junger Mann war, der der Ermutigung bedurfte, und der mit einem Taxi von Barcelona nach Paris gefahren war, weil ihm das Geld für den Zug fehlte.

Pünktlich am Sonntag nachmittag trifft sich der Zirkel, so pünktlich wie beim Läuten einer Schulglocke.

Frauen gibt es in diesem Zirkel keine. Oder doch fast keine. Viele Löwen und eine einzige Löwin: die Hausfrau. Elegante, selbst jugendliche Damen sind gelegentlich zugelassen. Frauen mit Kopf, jeden Alters, verpönt. Außer Edith Sitwell oder anderen, die gerade für ein paar Tage über den Atlantik kommen, natürlich.

Dieser Salon ist der Gegenpart, in Upper Manhattan, zu der nicht so arrivierten, jüngeren Intelligenz, die im Greenwich Village ihre Stelldicheins hat.

Gelegentlich nun empfängt die Tochter des Hauses in dem Empfangssalon ihrer Mutter. Sie empfängt die entgegengesetzte Art Gäste, alles, was nicht anerkannt ist. In jenem Winter hatte sie eine Vorliebe für spanische Intellektuelle, und zwar für die Aktiven unter ihnen, Leute, die immer dabei sind für etwas zu sammeln oder gegen etwas zu protestieren. An dem Nachmittag, zu dem wir eingeladen waren – auch ich war miteingeladen, denn die Tochter lädt auch Frauen ein – wurde Gabriela Mistral erwartet.

Als der Diener uns mit Würde die Tür öffnete, saß Gabriela schon auf dem Sofa. Sie war eine große alte Frau mit einer männlich geschnittenen grauen Mähne und einem Raubvogelprofil, die gerade eine Liste prüfte, einen Aufruf gegen einen der südamerikanischen Diktatoren, den alle Anwesenden unterzeichneten. Sie saß auf dem Sofa, von dem aus sonst die Dame des Hauses, rosa und puppenhaft geschminkt, hellblonde Löckchen, ihren Hof hielt. Und sie war überhaupt nicht zurecht gemacht. Noch war sie auch nur, was man angezogen nennen möchte: sie trug irgendetwas Wollenes, Graues, das lose und lässig um sie herumhing, in Farbe und Form in gleicher Weise unbestimmt. Nur der Kopf in seiner strengen Schönheit war von der Auflösung des Körperlichen ausgenommen und fiel dem Eintretenden sofort ins Auge.

Die Unterhaltung war gänzlich unliterarisch. Es war ausschließlich von gewissen, politischen Gefangenen die Rede, und wie und wo sie eingekerkert waren. Das Nächstähnliche zu einem Nachmittag im Hause Gilbert Murrays, des Oxforder Professors, wo wir kurz vor Ausbruch des Krieges einem vergleichbaren Gespräch über die verschiedenen Modalitäten der Einkerkerung in den nationalsozialistischen Gefängnissen beigewohnt hatten. Gabriela, so schien es, war zu jener Zeit ihres Lebens ganz in den politischen Tageskampf gezogen, und ihr großer Name stand am Kopf vieler solcher Listen.

Wenn man einem Dichter begegnet, besonders einem Dichter von Statur, so erwartet man den Autor eines Werks zu sehen, man geht zur Quelle einer Erregung, die man zu der seinen gemacht hat. Als dürfe man auf eine neue und privilegierte Weise nun teilhaben an den besonderen seelischen Kräften, den Form gewordenen und den potentiellen. Gerade diese Erwartung wird nicht selten betrogen. Der Dichter befindet sich in einer ganz anderen Phase seines Lebens, ist kaum auf das ansprechbar, woraufhin man ihn vielleicht gerade ansprechen möchte. Und doch muß es in ihm enthalten sein.

Bekannt ist die Enttäuschung jenes jungen Russen, der Goethe und Marianne auf dem Heidelberger

Schloß so ungelegen kam, und ganz benommen war von diesem Vulkan in Aktion. Nicht sehr viel später besuchte er den alten Herrn in Weimar, der ihm bei dieser Gelegenheit wesentlich mehr Zeit widmete.

Erinnerlich ist mir auch ein fast enttäuschender Nachmittag in der Washingtoner Wohnung des spanischen Dichters, auch Nobelpreisträger, Juan Ramón (Jiménez, was man unmöglich sagen kann, wie gesagt). Dabei war Juan Ramón ein Dichter, der dauernd »in vena« war, der keinen Tag dahingehen ließ, ohne ein Gedicht zu schreiben, zumindest es behauptete. Also immer ein Dichter in Aktualität, kein Dichter in Potenz. Und doch unterhielten Zenobia und er sich mit uns hauptsächlich über Fragen von Visen und Aufenthaltserlaubnissen in Amerika, soweit sie sich nicht darüber beklagten, daß sie sich vor den Verkäufern von Zahnpasten, den Vorführern von Staubsaugern und dem *social life* des amerikanischen College kaum retten konnten. In der Tat, am späteren Nachmittag hatten sie sich der Einweihung einer Ausstellung von Kinderzeichnungen nicht entziehen können. (Juan Ramón, *der* Elfenbeinturmbewohner, der in Spanien, in seinen mit Kork ausgelegten Wänden, für niemanden zuhause zu sein pflegte. Und, falls einmal Besucher da waren, einen Wandschirm vor sich haltend quer durchs Zimmer gehen mochte: ein Signal, daß er unsichtbar sein wolle.)

Nur daß, wir waren schon in der Tür, an jenem Nachmittag in Washington, er mich zurückrief zu seiner Rosenvase, die am Fenster stand, um mir zu zeigen, wie die Sonne sich in einem Wassertropfen auf einem Rosenblatt brach. Womit er, noch in der letzten Minute, sich in den Mann verwandelte, den zu sehen wir gekommen waren.

Gabriela Mistral war nicht, in diesem Sinne, eine professionelle Dichterin, immer »in vena«. Ich nahm sogar an, daß sie selten »in vena« war. Wer diese alte Frau besuchte, besuchte zunächst – und ehe ihre starke Gegenwart das auslöschte – die Dichterin eines weit zurückliegenden Werks, jener verzweifelten, fast archaisch großen Liebesgedichte, die sie schlagartig berühmt gemacht hatten, gute drei Jahrzehnte vorher. Sie war damals Schullehrerin in einer kleinen chilenischen Stadt, und ich erinnere mich, wie enttäuschend es für mich war, zu erfahren, der Anlaß ihrer großen Gedichte sei ein junger Eisenbahnschaffner gewesen, den sie täglich bei der Fahrt von ihrem Dorf zur Schule im Zug sah, der sich aber sehr bald in eine Andere verliebte und dann dieser Anderen wegen Selbstmord begangen hatte. Töricht, darüber enttäuscht zu sein. Als könne die Intensität des Gefühls je an der Dimension des Erregungsfaktors gemessen werden. Es ist klar ersichtlich aus Gabrielas Werk, daß sie diese unglückliche Liebe nie verwunden hat. Daß es nie eine zweite Liebe für sie gab. Die ganze Zärtlichkeit ihrer ungestümen Seele wandte sich den Kindern zu, sie wurde eine Mutter, ohne selber zu gebären. Und ihre bezaubernden Kinderlieder beweisen, daß diese Zärtlichkeit stark genug war, um sich in fremden Kindern zu erfüllen als seien es die Kinder ihres eigenen Leibes. Damit hat sie sich getröstet. Und so ist es kein Zufall, daß sie sich mit einer ungewöhnlichen Leidenschaft dem Lehrerberuf widmete, den sie erst in Chile, dann in Mexiko ausübte, wo die moderne Schulreform ihrer Initiative zu großen Teilen mit verdankt ist.

Was das persönliche Leben betraf, so hat sie die Einsamkeit, den Rückzug aus jeder möglichen erotischen Erfüllung, nach dem Schmerz dieser großen Niederlage – dieser Wunde, der sie ihre Geburt als Dichterin verdankt* – mit dem Trost schwesterlicher Freundschaften zu heilen versucht. Wie das häufig geschieht. Immer reiste sie in Gesellschaft einer ergebenen jüngeren Freundin, die ihr als Sekretärin und als eine Art Managerin diente. Denn im Praktischen schien sie nicht sehr zuhause. Und immer war sie umgeben von anderen jungen Frauen, die nichts sehnlicher wünschten, als der fungierenden Schwester dies Amt abzujagen, so daß sie zu einer behüteten, aber auch eifersüchtig verteidigten Beute ihrer Sekretärinnen wurde.

So war es denn nicht verwunderlich, daß ihre Begleiterin sofort ablehnte, die schwache Gesundheit der Dichterin vorschützend, als wir – es war erst sieben – auf der Straße vorschlugen, noch gemeinsam irgendwohin zu gehen. Gabriela selbst wäre gerne mitgekommen, war aber gehorsam wie ein Kind, das einsieht, daß es vernünftigerweise nachhause zu gehen hat. Immerhin lud sie uns ein, sie draußen in Long Island zu besuchen, wo sie in dem schönen, modernen Hause ihrer Freundin Doris Dana wohnte.

Gabriela war damals chilenischer Konsul in New York. Aber wie sie selber sagte, betrachtete sie sich als »akkreditiert bei den Bäumen«, und die Chilenen nahmen es wohl nicht so genau, wenn dieser Konsul nie in sein Büro kam. Sicher hatten sie noch einen Unterkonsul für die Arbeit. Daß sie eine offene Gegnerin der Regierung war und es auch jedem sagte, der es hören wollte, fiel nicht in die Waagschale. Sie war die reprä-

---

* Ganz wie es der andern großen Nobelpreisträgerin, Nelly Sachs, ergangen war. Vgl. »Gesammelte Essays«, S. 100 ff.

sentativste Figur des modernen Chile, sein einziger Nobelpreisträger, darüber hinaus in ganz Spanischamerika von einem großen Prestige wegen ihrer Erziehungsreformen, und man gestand ihr jede Laune zu. Im übrigen ist es in den spanisch-amerikanischen Ländern üblich – ich erinnere an Rubén Darío und Pablo Neruda – die Botschafter und sonstigen Botschafts- und auch Konsulatsposten an Dichter und führende Gelehrte zu vergeben, und fast alle bedeutenden Dichter waren zu irgendeiner Zeit ihres Lebens einmal als Vertreter ihres Landes in Paris, Madrid oder New York.

Eine Woche später also besuchten wir Gabriela in Long Island bei den Bäumen, bei denen sie die chilenische Republik vertrat. Im ersten Augenblick erkannten wir sie kaum wieder. Denn obwohl außer uns keinerlei Gäste erwartet wurden, war sie aufs eleganteste gekleidet, in einem tadellosen englischen Jackenkleid. Nichts Lässiges war an ihr, und die ganze Erscheinung stand in vollkommenem Einklang mit dem schönen und strengen Kopf. Schlampig, das war offenbar, wie sie bei Millionären aufzutreten wünschte

Gabriela erzählte uns von ihrem Leben, ihren vielen Reisen, beriet sich mit uns über eine ihr damals vorgeschlagene deutsche Ausgabe ihrer Lyrik, und erwähnte dabei, wie ihr Vater eine solche Verehrung für die Deutschen gehabt habe, daß er unbedingt den Schnurrbart Kaiser Wilhelms tragen wollte. Aber bei dem weichen Haar des Indianers hielt der Schnurrbart des Kaisers nicht, und soviel er auch daran drehte und zwirbelte, die Haare wollten nicht nach oben stehen, und immer hing dem Vater der Gabriela der Schnurrbart Kaiser Wilhelms traurig über das Kinn. So erinnerte sie ihn, auf einer jener Bänke sitzend, die in dem

Andendorf wie in allen kleinen Gemeinden Lateinamerikas von den Honoratioren des Orts für die *plaza* gestiftet werden.

Hauptsächlich aber erzählte sie uns, wie sie um das Geld des Nobelpreises betrogen worden sei, von ihrer vorigen Sekretärin, die sie mit Schlafmitteln nach und nach vergiftet habe. Besonders deutlich ist mir noch der kleine Keller vor Augen, in dem ein zufälliger Besucher Dutzende von leeren Barbituratflaschen gefunden haben soll, während Gabriela selber bereits in einer Art Koma lag. Das Ganze soll sich in einem Hause an der kalifornischen Küste abgespielt haben, das sie sich von dem Preis gekauft hatte, und das zur Zeit, als wir sie kennenlernten, das Einzige war, was von dem Nobelpreisgeld noch übrig war. Diese Geschichte erzählte sie mit wachsender Panik, und kaum hatte sie sie zu Ende erzählt, so begann sie von neuem damit, ohne sich Rechenschaft zu geben, daß sie sie uns bereits erzählt hatte. Auch veränderten sich in dieser zweiten Version wichtige Details des beängstigenden Erlebnisses so stark, daß die Grenze zwischen Angsttraum und Geschehen sich für die Zuhörer zu verwischen begann. Es war fast seltsam, mitten in dieser erregten Erzählung, bei der Gabriela auch wiederholt versicherte, nie wieder Vertrauen in irgend einen Menschen setzen zu können, die liebenswürdige Eigentümerin des Hauses mit dem Tee hereinkommen zu sehen, den doch alle Anwesenden mit der größten Selbstverständlichkeit aus ihren Händen nahmen, während das Klima des Augenblicks eigentlich verlangt hätte, nach gutem alten Renaissancebrauch das Vorgesetzte einem Hunde oder auch der Gastgeberin zu kosten zu geben.

Es ist mir von jenem eigenartigen Nachmittag noch in

Erinnerung geblieben, daß er seinen Abschluß in einem kleinen chinesischen Restaurant fand, wo wir zusammen zu Abend aßen: Gabriela, Doris Dana, eine junge amerikanische Lehrerin, die gerade eine Doktorarbeit über die Dichterin schrieb und sichtbar auf Doris Dana eifersüchtig war, und wir, nachdem Doris Dana uns wiederholt, Fahrplan in der Hand, zur Rückfahrt nach Washington und Gabriela uns ebenso oft zum Bleiben aufgefordert hatte. Und daß ich ihr auf dem Nachhauseweg ein Zettelchen mit einem für sie ins Spanische übertragenen Gedicht von mir in die Hand drückte, das sofort in Miß Danas Handtasche verschwand, endgültig, wie kein Zweifel war.

So war es denn kaum verwunderlich, wenn auch zutiefst zu bedauern, daß noch die Bestattung der Dichterin, als der Leichnam zum Staatsbegräbnis nach Santiago de Chile gebracht wurde, zu einer öffentlich ausgetragenen Mißstimmung zwischen der engen Freundin und Nachlaßverwalterin der Dichterin und der chilenischen Regierung führte, so daß diese Freundin ihres Alters fehlte, als die Dichterin in die letzte große Einsamkeit einging.

Ihr nachgelassener Gedichtband – sie kümmerte sich wenig um das Sammeln ihrer Gedichte, die bald hier, bald dort in Zeitschriften erschienen – trägt den Titel: *El lagar*, die Kelter. »Weib, gekeltertes«, sagt Saint John Perse.

Wiedersehen mit Spanien

Vier Skizzen

I

Die unzähligen kleinen Bars von Madrid, in denen Leute, die es sich eigentlich nicht leisten können, sich drängen, um Krebse in allen Größen und Preislagen zu verzehren, die unzähligen kleinen Bars in den Seitenstraßen schienen mir noch größere Berge Schinkenbrötchen aufgetürmt zu haben als das letzte Mal. Nein, keine Brötchen, das gibt es hier kaum (wo es sie gibt, heißen sie »Artischocken«, der Form wegen). Sondern kleine Laibe Weißbrot, aus denen rosa Schinkenzungen hängen. Vielleicht fünfzig oder hundert übereinandergetürmt, die den Kunden die fetten Zungen hinstrecken (nicht den Feinschmeckern – denen die soliden Hunger haben), mehr oder weniger einladend. In diesen Bars spielt sich ein großer Teil des Lebens ab, obwohl niemand begreift, wie es bezahlt wird.

»Chata«, sagt man zu den Barmädchen, oder »chatita«, Stupsnase oder Stupsnäschen, denn das hören die Spanierinnen am liebsten. Darauf, heißt es, wartet die verheiratete Frau ihr Leben lang: daß der Gatte Stupsnase zu ihr sagt. Was er nur sehr gezählte Male tun soll, wie ein ernsthafter Schriftsteller kürzlich in einer Zeitung berichtete. Zu den Barmädchen sagt es jeder ohne weiteres, auch eine Frau: »Stupsnase, einen ohne«, »Stupsnase, einen mit«, »einen geschnittenen«, das ist einer mit wenig Milch, »cortado«, einen kurzen, »corto«, das ist einer mit wenig Wasser, alle bitter und nur in den großen Cafés der großen Städte gut. Viele Arten von Kaffee (Stupsnasen, was *wir* darunter verstehen, dagegen keine. Es ist nicht das Land dafür). Wenn man den Kaffee auf der Straße an einem Tischchen trinkt, so heißt es »auf der Terrasse« – aber wenn das Mädchen einen Kaffee auf die eigene Gartenterrasse bringt, so sagt sie: »Die Señora frühstückt auf der Straße.« Das sind Kleinigkeiten, an die man sich sofort wieder gewöhnt. Daß ein Mittagessen ohne Suppe oder Nachspeise auf einer solchen Terrasse dagegen als »Limonade« bezeichnet und mit 20% Trinkgeld bestraft wird, lernt man gelegentlich hinzu. Zuhause sieht man über den Hinterhof hinüber. In einem winzigen dunklen Zimmerchen, groß genug für ein Badezimmer, wird gerade einer Generalsfamilie herrschaftlich serviert. Ein Mädchen mit Häubchen und weißen Handschuhen – weißen Handschuhen – reicht die unvermeidlichen, stets zu blassen Spiegeleier herum, die gewöhnlich den zweiten Gang bilden. Gespült wird mit »Hexenhaar«, einem blonden, gerollten Bast, der unentwegt die Röhren verstopft. Auch das Waschbecken, der Herd, alles mit diesem Hexenhaar. Das Haus, alle Häuser, haben Aufzug. Diese Aufzüge sind strikt zum Hinauffahren da. Selbst um sechs Uhr morgens traut sich kein Hausbewohner, damit hinunterzufahren, und selbst die Koffer wird er gehorsam treppabwärts schleppen. Der Fremde wird mit allen Zeichen des Schreckens davon abgehalten, sie auch nur alleine in den Aufzug zu stellen. Denn was, wenn der Portier es sähe? Ein Madrider wagte es diesen Sommer: Er fuhr hinunter, dem Portier geradewegs in die wütenden Arme. »Wie?« schrie der Portier, »wie kommen Sie da heruntergefahren?« »Divinamente«, antwortete der Tapfere, »bequemstens«, und alle Madrider fühlten sich gerächt.

II

Spanien ist das einzige Land, das ich kenne, in dem es ebenso viele Verbotsschilder gibt wie in Deutschland. Vielleicht sogar noch mehr. In kleineren Städten pflegt an jedem Haus, vor dem ein bißchen Platz ist, eine Warnung zu stehen, hier nicht Ball zu spielen, und es wird gleich bemerkt, was die Übertretung kostet (durchschnittlich etwa 1,50 DM). Ich habe wiederholt festgestellt, daß der Besucher eine Neigung hat, auf diese oft monumental geschriebenen Inschriften zuzugehen, um zu sehen, welcher bedeutende Sohn der Stadt hier vielleicht gewohnt hat. Manchmal liest man auch nur ganz einfach eine Warnung, nicht zu urinieren. Ob die Buchstaben dieser gemalten Verbote ebenso treulich respektiert werden wie bei uns, weiß ich nicht, möchte es aber bezweifeln.

Auf der Gran Vía, der belebtesten Straße von Madrid, hängt ein Thermometer mit der kühnen Angabe: Normaltemperatur 41°, temperatura excesiva 49°. Da das Prahlen eigentlich nicht zu den kastilischen Eigenschaften gehört, entschlossen wir uns vor diesem Thermometer, den Sommer doch lieber im Gebirge zu verbringen. Nun haben wir ein Häuschen in der Sierra de Guadarrama, zwischen Madrid und Segovia. Es ist keine Gegend, die von Fremden besucht wird.

III

»Merkwürdig«, sagte er, »es sollten doch nur 11 km bis zum Paß sein, und nun fahren wir schon über eine

Viertelstunde.« »Natürlich, wo wir im 20 km Tempo fahren.« Wir einigten uns darauf, daß ein Fußgänger etwa 10 km in der Stunde mache, ein Esel wohl das Doppelte. »Wir fahren im Eselstempo«, stellten wir fest. »Nur das Eine kann ich nicht verstehen«, sagte ich nach einer Weile. »Nachdem wir doch im Eselstempo fahren, bisher haben wir alle Esel immer überholt. Siehst Du, wieder einer. Wir überholen ihn!« Es war ein merkwürdiges Phänomen. Ich wandte mich an den Fahrer, einen kräftigen älteren Mann, dessen formlose rote Nase, die sich zur Spitze hin zu einer Art Birne verdickte, so daß von Spitze in keiner Weise geredet werden konnte, mich an einen weithin geschätzten Professor erinnerte, beides vermutlich Männer ohne jedes Laster, bei denen man sich vergeblich fragt, wie sie zu einer solchen Nase kommen. Als er morgens vorfuhr, um uns abzuholen, sagten wir gleich zu unserem Trost: »Soundso trinkt auch nicht«, und Juanín hatte wirklich den ganzen Tag nicht getrunken. Im Gegenteil, er war von so freundlicher, geradezu zartbesaiteter Aufmerksamkeit, wie man es von einem Taxichauffeur in einem kleinen kastilischen Dorf kaum erwarten kann, hatte vielleicht wegen dieses angenehmen und weichen Temperaments den Kindernamen beibehalten, die zärtliche Verkleinerungsform auf *in*, Juanín, Hänschen. Obwohl er den schönsten Mietwagen der Gegend hatte, einen hellgrünen, riesigen Plymouth, dem man zumindest von außen die geheimen inneren Leiden nicht ansah – nur das mit der Tür war nicht zu verheimlichen. »Señorita«, sagte er gleich bei der Abfahrt zu mir, denn die verheirateten Frauen von Stand, und also auch alle Klienten, werden hier mit »Fräulein« angeredet, und sollten sie eine Schar von Kindern bei sich haben, was ja bei mir gar nicht der Fall ist. Offenbar wäre es gegen den Respekt, einer Dame etwas derart Unziemliches wie diese Kinder leiblich zuzutrauen, wie denn auch der dazugehörige Ehemann höflicherweise als »Señorito«, junger Herr, tituliert wird. »Señorita«, sagte er, »es wäre schlimm, wenn Sie an Ihrem Geburtstag aus dem Wagen fallen würden. Lehnen Sie sich lieber nicht an. Vergessen Sie es nicht, daß das Schloß nicht ganz sicher ist.« Eine Mahnung, die er mit besorgter Miene von Zeit zu Zeit wiederholte, obwohl der Schaden der Tür eher darin bestand, daß sie sich fast nur mit einem Hammer öffnen ließ, was immerhin vorteilhafter war als das Umgekehrte. Juanín war also keineswegs beleidigt, als ich ihn fragte, wieso er es schaffe, die Esel zu überholen, wo wir uns doch beiderseits im 20 km Tempo über diese Landstraße der Sierra de Gredos bewegten. Er lachte sogar, was ich ihm hoch anrechnete, denn es war natürlich sehr ungehörig von mir, ihn etwas Derartiges zu fragen, nachdem er seinen teuren, zweiter Hand erworbenen Wagen, einen »coche estupendo« (das Adjektiv heißt auf deutsch etwa »überwältigend«) auf einer Straße dritter Güte für uns riskierte. Jetzt soll es ja einfacher werden, hier Autos erster Hand zu bekommen, nur daß es vielleicht schwerer wird, noch etwas schwerer, das dafür nötige Geld zu verdienen. Die Reformen werden vermutlich nur wieder kraß beweisen, was jeder auch im kleinen ausprobieren kann: daß, wie man auch an einer zu kurzen Decke zieht, entweder die Füße oder die Brust im Freien bleiben.

Der Ausgangsfehler: Wir hatten die Fußgänger und danach die Esel überschätzt und somit folgerichtig das grüne Auto verunglimpft. Wir fuhren im doppelten Eselstempo, was ja auch zu sehen gewesen war. Wir wären sogar im vierfachen gefahren, wenn die Landstraßen besser gewesen wären. Mehr nicht, denn Juanín war vorsichtig, redete gegen Abend immer häufiger davon, daß er uns lieber spät aber lebend nachhause bringen wolle, worüber es auch wirklich ein Uhr wurde. Schließlich wußte nur er, warum er für 120 km lieber sechs Stunden verwandte.

IV

Es war eine heroisch schöne Landschaft, durch die wir fuhren, die Berge nackt, die Erde rot oder aschen oder weiß, je nach dem Kalk- oder Eisengehalt, und in der Ferne lagen die Dörfer und die Städte so unheimlich hell in der Sonne, als seien sie aus Knochen geschnitzt.

Die Fahrt mit Juanín machte es ein wenig wieder gut, daß ich seit meiner Rückkehr nach Spanien so viel das Flugzeug benutzt habe. Der Flug von Malaga nach Madrid ist mir am allerwenigsten bekommen. Vielleicht, weil ich danach in dies kahle Gebirge gegangen bin, die Sierra de Guadarrama. Wenn ich die Berge ansehe, die aber doch nur Hügel sind, trotz ihrer Höhe, die grauen Steine und das verbrannte Gras, dann ängstigt es mich, so genau zu wissen, daß es ganz unnütz ist, auf einen solchen Hügel zu steigen und doch wieder nur das Gleiche zu sehen: Hügel mit grauen Steinen und verbranntem Gras. Zu wissen, daß es so weitergeht, bis man endlich ans Meer kommt. Eine Angst zur Küste hin, wie ich sie ähnlich nur in den Vereinigten Staaten erlebt habe.

Andalusien, von oben: schokoladenfarbene Erde mit kleinen dunklen Nägeln darauf. Regelmäßigen Nägeln wie eine Dekoration auf Leder. Das sind die silbernen Oliven, die hellblättrigen Mandelbäumchen. »Wie schön doch die Oliven sind«, sagte ich und dachte daran, wie leicht sie dastehen, als ginge ich an ihnen vorbei und sähe das helle Blau über den silbernen Kronen und die tiefen Schatten, die sie auf die rote Erde werfen. Zwei- oder dreihundert Jahre sind sie alt und so zierlich dabei. Sie brauchen viele Menschenleben, um zu wachsen. Unter ihnen die Schafe, die es nicht viel über drei Jahre bringen. Das Mehr wird ihnen abgeschnitten, weil sie dann schon alt sind. Aber die Oliven bleiben jung, die Zeit tut wenig mit ihnen. Um so schlimmer sind die klimatischen Störungen, wie sie in den letzten Jahren ein paarmal aufgetreten sind. Was eine rauhe Woche zerstört, wird zweihundert Jahre lang nicht wieder gut. »Wie schön die Oliven sind!« »Schön? – Die Oliven sind häßlich. Ich hasse diese Olivenfelder«, sagte ein junger spanischer Ingenieur neben mir. »Wie langweilig diese gleichmäßig bepflanzten Hänge. Wie karg. Die Italiener sind eitel. Wir Spanier müssen stolz sein, wie hielten wir es sonst aus in einem kargen Land wie dem unsern!« Als wir über Andalusien hinweg waren, war das Land nicht mehr mit Nägeln besät. Es sah aus, als wüchse gar nichts mehr dort. Stückchen rötlicher, bräunlicher, gelblicher Erde, selten ein Fetzen Grün dazwischen, ein armes, sorgfältig geflicktes Tuch, Flicken für Flicken. Große Schatten von Wolken darüber wie von Blättern eines riesigen Baums. Das belebte es noch ein wenig. Plötzlich hörte es auf, ein bräunliches Tuch zu sein, mit hellen und dunkleren Flicken. Alles wurde hart. Große

Ovale von Grau und Weiß, als flöge man über Marmor oder über Achat. Nicht über Karges. Über Unbewohnbares. Ich ging in die Kabine zum Piloten. In den spanischen Flugzeugen, die den Innenverkehr versehen, gibt es keine Bedienung. Die Fahrgäste sind aufgefordert, sich mit ihren Wünschen an die Piloten zu wenden. Ich habe aber niemanden davon Gebrauch machen sehen. Der Hilfspilot oder Funker oder was er war, sah von einem Kriminalroman auf und verstand zunächst gar nicht, worüber ich mich wunderte. »Dieser Marmor unter uns«, wiederholte ich. »Wieso ist es auf einmal Marmor?« »Es ist nur, daß wir jetzt über Kastilien sind«, sagte er schließlich. »Die Sierra. Sie sehen die Sierra.«

Diese Sierra, in der ich ein Sommerhaus gemietet habe, wo ich jetzt wohne. Sie ist viel besser von unten als von oben. Alles ist besser aus der Nähe in einem so kargen Land. Während andere Länder auch aus der Höhe vielfältig sind. Wenn man über Italien und Frankreich nach Spanien fliegt, hat man das Gefühl, hier sei ein anderer Gott am Werk gewesen. Ein sehr sparsamer, fast geiziger. Aber an den Flußläufen, selbst an den ausgetrockneten, steht im Juni alles voller Oleander, schmale natürliche Gärten voll rosa Blüten in einer gelben Sand- oder grauen Steinwüste. An den Bahndämmen hellblaue Disteln, wie wir sie in Deutschland als etwas Kostbares pflanzen, so schön, daß man wünscht, den Zug anzuhalten. Und die Hänge herunter Ginster, mehr Ginsterarten als irgendwo sonst, und Lavendel und Heidekraut. Die Gräser sind nicht gelb und verdorrt, sie sind golden, wenn die Sonne im richtigen Winkel auf sie trifft. Spanien ist eine Frage des

Lichts. Kastilien, »so arm, daß es Seele hat«, »tan pobre que tiene alma«, sagte Machado. Abends werden die kahlen Hügel rosig, der Tannenwald über diesem Ort – denn hier gibt es einen Hang mit Tannen, und deswegen ist es einer der beliebtesten Ferienaufenthalte der Madrider – der Tannenwald wird dunkelrot wie das Meer, und man fühlt, daß man bleiben kann.

Ich war mit dem Autobus in die Sierra gefahren, denn die Autobusse verkaufen hier Platzkarten, und die Nahzüge nicht. Neben mir saß eine Frau in einem schwarzen, sackartigen Kleid, die zur Messe nach Segovia fuhr, um dort Süßigkeiten eigener Herstellung zu verkaufen. Meist schlief sie, denn sie hatte noch die Nacht am Herd gestanden, um ihren Warenvorrat zu vergrößern. Zwischen einem Schlaf und dem andern erkundigte sie sich, ob ich auch auf die Messe fahre. »Das Schönste bei den Messen«, sagte sie, »ist immer der anuncio, die Eröffnung. Die Herolde zu Pferd, die sie anzeigen. Das ist prächtig. Dann kommt nichts mehr.« Sie sagte das ohne alle Ironie, als sei es nicht mehr als selbstverständlich, daß die Erwartung den Höhepunkt bilde. »Ebenso ist es bei den Stierkämpfen«, fuhr sie fort. »Der Einzug in die Arena ist so schön. Dann kommt nichts, was die Mühe lohnt.«

1974 (?)

Randbemerkungen zur Rückkehr

Zurückkommen – das ist etwas ganz anderes als man erwartet. Die Erinnerung spannt ein Netz mit merkwürdig ungleichen Maschen durch unser Herz: Niemand kann vorhersehen, was von einem Erlebnis übrigbleibt. Was uns im Augenblick bedeutend schien, wird weggeschwemmt. Aber winzige, nichtssagende Details werden aufgefangen und bewahrt. Vielleicht der Regentropfen, der an einer Straßenlampe herablief, am Nachmittag der Abfahrt aus der geliebten Stadt. Jahrelang sehen wir ihn ins Licht fallen und aufleuchten. Alles, was uns damals Wichtiges widerfuhr, wird vergessen – der Regentropfen, der von dieser Lampe fiel, nie. Es ist der Moment des Sich-Loslösens, der Abschied als solcher, ganz hell. Dahin kann niemand wiederkehren.

Was aber die Dinge betrifft, zu denen man zurückkommen kann, die Landschaft, die Städte, die Menschen ... wer hat nicht erlebt, wie ihm das Gedächtnis einen Streich spielt! Ich nehme ein Beispiel: wir kamen nach einer Abwesenheit von einem Jahr nach Rom zurück. Wir besuchten die alten Plätze. Dabei kamen wir auch zur Porta Maggiore. Dort gab es ein Lieblingsrelief von uns: das Grabrelief eines römischen Ehepaars. Sie hatten etwas so Gesichertes, so Zusammengehöriges. Wir gingen hin um sie zu besuchen, etwa wie man nach einer längeren Reise einem alten Bekannten ins Haus läuft. Aber wer beschreibt unsere Bestürzung: Wir fanden nur die Büsten und die verschlungenen Hände. Sie hatten keine Köpfe. Wir beklagten uns bei einem römischen Freund über diese unverständliche Verstümmelung des antiken Reliefs. Der starrte uns an wie Nachtwandler. »Wovon reden Sie denn«, sagte er, »das Relief an der Porta Maggiore hat doch zu unsern Lebzeiten nie Köpfe gehabt.« Wir glaubten ihm nicht. Man zog Photos zu Rat. Unsere Erinnerung hatte den Schaden der Jahrhunderte gut gemacht.

Hier liegt der Fall relativ einfach: Der Stein bietet einen Maßstab, an dem sich die Täuschung des Gefühls ablesen läßt. Wieviel schwieriger ist es schon, zurückzukommen zu einer Landschaft und dieselbe Baumgruppe wiederzusehen, wie sie dastand, auf der kleinen Anhöhe, dunkel und goldgerändert, im gleichen Nachmittagslicht. Die Wirklichkeit würde dem Bilde nicht standhalten können, das uns durch so viele Jahre begleitet hat – selbst wenn der Beschauer der gleiche geblieben wäre. Und ein Mensch, den man nach einem halben Leben wiedersieht? Dagobert Frey sagte einmal sehr präzise dazu: »Ist es nicht, als träfe man den Vater seines Freundes – aber einen Vater, dessen Sohn vor ihm gelebt hat!«

Kaum weniger eigenwillig als die Erinnerung ist die Erwartung. Als ich zuerst an die Möglichkeit einer Reise nach Deutschland dachte, träumte ich, viele Nächte lang, ich stünde vor unserem Haus: Das Haus selbst lag in Trümmern, nur der Eingang war da, eine Treppe, die ins Nichts führte. Vor der Treppe war das Gittertor, auf dem wir als Kinder geschaukelt hatten. Der japanische Mandelbaum im Vorgarten blühte. Ich träumte es wieder und wieder. Immer blühte der Mandelbaum. Es war noch sehr früh im Jahr, als ich hinkam. Ich sah aus dem Zug und sah die kahlen Bäume in der

Rheinebene an und dachte nur daran, daß der Mandelbaum noch nicht blühen könne. Auf dem Bahnsteig in meiner Vaterstadt saßen meine Eltern mit uns Kindern auf der Bank und warteten. Wir waren, wie stets, zu früh zum Zug gekommen, denn mein Vater war ein überaus pünktlicher Mann. Nur das Glasdach der Halle fehlte jetzt. Auf dem nächsten Bahnsteig sah ich mich ins Semester fahren, sehr jung. Ich gab mir Mühe, mein strahlendes Gesicht zu verdunkeln und den Abschiedsschmerz meiner Mutter zu teilen. Ich sah ihre zärtliche kleine Gestalt wieder vor dem Zug stehen und hörte sie traurig sagen: »Wie gerne Du von uns wegfährst!« Einer der vielen Abschiede von ihr – nur bei dem letzten war ich einen Ozean weit weg. (Übrigens, die Abfahrt, 1932, von der ich nicht zurückgekommen bin, war wie weggewischt von den Zementstreifen.)

Dann nahm ich am Bahnhof ein Taxi. Der Mandelbaum blühte, so früh im Jahr es auch war.* Auch das Gittertörchen war noch da wie immer. Aber die Stufen der Treppe führten ganz normal zur Tür, zu einer Tür mit lauter unbekannten Namen. Das Haus, das mein Traum abgeräumt hatte, stand wohlerhalten hinter dem Mandelbaum, obwohl die gegenüberliegende Seite der Straße in Trümmern lag. Nur war es viel häßlicher, als ich es mir je vorgestellt hatte, so häßlich, wie es nur Häuser aus dem ersten Jahrzehnt unseres Jahrhunderts fertigbringen. Ich sah hinauf zu dem Balkon mit dem falschen gotischen Geländer aus rotem Sandstein, wo ich meine Kaninchen gehalten hatte, und war kaum weniger verstört als seinerzeit in Rom vor dem alten

---

* Vgl. oben S. 21 ff. »Unter Akrobaten und Vögeln. Fast ein Lebenslauf«.

Grabrelief: Meine Phantasie hatte die Schalen einer Vergangenheit, die alle Versprechen gebrochen hatte, zu gründlich beseitigt. Da kam die Straßenbahn – es war noch die gleiche Linie, mit der ich in die Schule gefahren war – und wohl noch die gleichen Wagen, so ratternd und unmodern kam sie daher. Nur fuhr sie jetzt in der Mitte der Straße, wo damals die Ahornbäume den Bürgersteig gesäumt hatten. Ich fuhr an meiner Schule vorbei zurück zum Bahnhof.

Wenn einer, der sein Leben draußen verbracht hat, wieder nach Hause kommt, ist es durchaus nicht, als werde ein Eimer Wasser wieder in den Teich gegossen. Das Wesentliche ist wohl das Erleben unterschiedlicher Realitäten – ein wenig so, als sei eine Statue nacheinander mehreren Bildhauern in die Hände gefallen und immer neu überarbeitet worden. Man verliert – und gewinnt.

Damit meine ich nicht die andere Szenerie. Ob an dem Fluß, in dem man badet, Palmen stehen oder Weiden, ob Tauben oder grüne Papageienschwärme über das Haus ziehen, bedeutet oft nicht mehr als einen Wechsel der Kulisse. Gewiß, die allererste Enge weicht. Aber schließlich erfährt jeder an sich, wieviel stärker die tägliche Umwelt ist als alle Vorstellungskraft. Das bloße Wissen, daß es draußen anders ist, nützt nichts. Es ist, wie wenn man seinen Koffer in den Tropen packt, um im Dezember nach New York zu fliegen. Man schüttelt den Kampfer vom Wintermantel – aber es scheint so absurd, als nähme man im Anthropologischen Museum ein Eskimofell aus der Vitrine, um es sich allen Ernstes umzuhängen. Dabei weiß man natürlich ganz genau, daß man den Mantel brauchen wird – nur *glauben* kann man es nicht. Sechs Stunden später hat man ihn an – und wünscht ihn sich wärmer. Wir haben nun einmal alle eine Neigung zu reagieren wie jene Antillenbewohnerin, die mich fragte: »Aus Deutschland kommen Sie also? Ja, auf welcher Antille liegt denn das?« Das Wissen, daß es ein Draußen gibt, stößt kaum mehr als ein Luftloch in den Kasten, in dem wir sitzen, und der »unsere«, das heißt, DIE Wirklichkeit ist.

Dagegen gibt es eine Schockkur: wenn zwei Wirklichkeiten aufeinanderprallen wie Autos an einer Kurve – und man wird herausgeschleudert.

Es geht da um mehr als um die verschiedenen Lebensgewohnheiten, ob man es weiß, daß in manchen Ländern um vier, in andern um fünf, an Feiertagen aber um halb fünf Tee getrunken wird. Oder ob es Sitte ist, daß der Neuankömmling oder der eingesessene Nachbar den Antrittsbesuch macht. Diese kleinen Unglücksfälle machen das Leben bunt (obwohl es doch oft die Chiffren eines wirklichen Andersseins sind, die man lesen lernen muß).

Es geht um eine viel entscheidendere Erfahrung: An dem Kasten, in dem wir sitzen und der unsere Welt ist, bricht plötzlich auf der einen Seite die Wand heraus, und dahinter beginnt etwas ganz anderes.

Das ist ein Erlebnis, zu dem dies Jahrhundert reichlich Gelegenheit bietet. Mir selbst ist es mehrfach in krasser Form widerfahren. Ich glaube, dabei ist die erste Erfahrung die entscheidende – wie bei der Liebe. Es war an dem Tag, als ich Deutschland verließ. Der Wahlsonntag im Sommer 1932. Freiburg war aufgeregt wie ein Bienenschwarm, wenn eine Hand hineingreift. Man sah die engen Straßen nicht, so zugehängt waren sie mit roten Transparenten und Hakenkreuzfahnen. Unter den Fahnen, Knäuel von Menschen, Trupps von gröhlenden Halbwüchsigen. Die Luft war zum Schneiden, wie vor einem Gewitter... als müsse alle Milch auf den Frühstückstischen gerinnen. – E. hatte gerade das Wahlalter erreicht. Man wählte eigentlich kaum *für* etwas, man wählte gegen das hereinhängende Unheil. Es war, als wäre alles schon entschieden, und alles sei verloren. Dann fuhren wir ab. Gegen elf lief der Zug in Basel ein. Es war ein sonniger Sonntagvormittag. Auf dem Platz vor dem Bahnhof war die Stadtkapelle aufgestellt und spielte Weisen aus Lohengrin. Müßig und sonntäglich gelangweilt standen die Basler Bürger im Kreise dabei und hatten die Kinder bei der Hand. Die Luft war so frei von Kalamität und Desaster, als habe Gott selbst mit einer großen Spritze alle Straßen blankgesprengt. Träumte ich – oder hatte ich einen Alptraum gehabt und war gerade aufgewacht? In einem solchen Augenblick möchte man sich mit einer Nadel in den Arm stechen, um zu wissen, was wirklich ist. Und auf einmal fängt man auf offener Straße so haltlos zu lachen an, daß die Leute sich nach einem umdrehen. So sehr verliert man das Gleichgewicht, wenn man aus dem eigenen Kasten fällt.

Auf ähnliche Weise wiederholte sich dieses Gefühl, als ich in Calais auf das englische Schiff kam, am Tag des Nazieinmarsches in Prag. Ich brauche die Stimmung in Paris nicht zu beschreiben. »Merde«, war alles, was die Leute sagten, ob man eine Zeitung kaufte oder nach einer Straße frug. Und da standen die englischen Matrosen am Laufsteg und warteten auf ihre Passagiere. Sie stellten die Deckstühle sorgfältig in den windgeschützten Ecken auf und wickelten die Fahrgäste in

Decken und boten ihnen Tee und Cakes und heißen Bovril an. Dabei fragten sie wieder und wieder: »Frieren Sie auch nicht?« Und »Fühlen Sie sich behaglich?« Als wäre man plötzlich in ein Kinderzimmer mit geblümten Tapeten gekommen, und es würden Wiegenlieder gesungen, und der schwarze Mann draußen kann nicht herein und erwischt nur die ganz bösen Kinder. – Wenn man das einmal – erst recht, wenn man es mehrfach erlebt hat (wobei es auch durchaus umgekehrt zugehen kann) – so gewöhnt man es sich ab, zu verabsolutieren und streicht das Wort »selbstverständlich« aus seinem Lexikon.

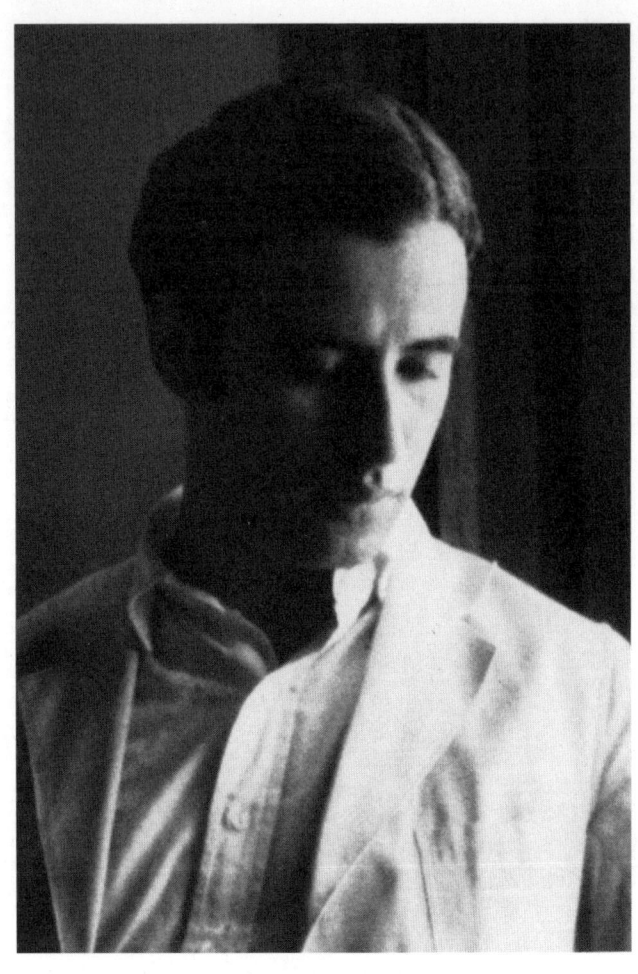

Erwin Walter Palm, 1940

Hilde Domin zu Beginn der Studienzeit, 1930/31

Vita

Hilde Domin, geb. 27. VII. 1912 in Köln. Vater Rechtsanwalt (Düsseldorfer). Mutter als Sängerin ausgebildet (Frankfurterin).

Humanistisches Mädchengymnasium Merlo-Mevissen, Köln. Abitur 1929.

Entscheidende Eindrücke während der Schulzeit: der Vater als Strafverteidiger eines unschuldig Angeklagten. Coudenhove-Kalergis Pan-Europa.

Studium: zunächst Jura. Dann nationalökonomische Theorie, Soziologie, Philosophie. Wichtigste Lehrer: Karl Jaspers, Karl Mannheim. – Marxistisches Training. Universitäten: Heidelberg, Köln-Bonn, Berlin, Heidelberg, Rom, Florenz.

Oktober 1932: Die NS-Machtergreifung voraussehend, wandert Hilde Domin zusammen mit Erwin Walter Palm, Student der klassischen Archäologie und Philologie, in sein Arbeitsgebiet, Rom, aus.

1933: Italien wird zum Exil. Die geplante Umsiedlung in die spanische Republik scheitert. Herbst 1933: Die Eltern verlassen Deutschland. Fortsetzung des Studiums.

Teilnahme an Palms klassischen Studien. 1935: Dott. in Scienze Pol. an der Universität Florenz bei (dem Nicht-Faschisten) Armando Sapori. Thema: ›Pontanus als Vorläufer von Macchiavelli‹. Verzicht auf die nach dem Doktorexamen angebotene Universitätslaufbahn, damit Verzicht auf die Fortsetzung der eigenen wissenschaftlichen Arbeit.

1936: Rückkehr nach Rom und Heirat. Die sich immer weiter erschwerenden Umstände des Exils machen die Mitarbeit an den Arbeiten Palms bis zu seiner Berufung an die Universität Heidelberg, 1960, notwendig. – Übersetzungsarbeiten in und aus vier Sprachen. Verdienst des Lebensunterhalts durch Sprachunterricht.

Februar 1939–Juni 1940: England. Zunächst London. Seit Kriegsausbruch Sprachlehrerin am St. Aldwyn's College, Minehead (Somerset).

1940–1954: Die Dominikanische Republik wird zum dritten Asylland. Enge Kontakte zu dominikanischen und spanischen Intellektuellen und Künstlern. – Ausbildung als Photographin, Architekturphotographie. Seit 1948 Dozentin für Deutsch an der Universität Santo Domingo.

Zwischen 1945 und 1954 vier längere Aufenthalte in den USA.

Herbst 1951: Erste Gedichte. Beginn einer neuen Existenz.

Herbst 1953: Abschluß der ersten Gedichtperiode mit »Wen es trifft« in Vinalhaven (Maine), USA.

Januar 1954: Santo Domingo, Verpackung der mehr als 10000 mitgewanderten Bücher in Zinkkisten, um sie bei der vorhergesehenen langen Abwesenheit vor Termiten und Feuchtigkeit zu schützen.

Februar 1954: Rückkehr nach Deutschland. Es folgen sieben Jahre in möblierten Zimmern, Leben aus Koffern. Insgesamt vier Jahre in Spanien.

1954/55: in München. Reisen durch die Bundesrepublik, ganz den Erfahrungen der Rückkehr geöffnet. Ohne Wunsch zu publizieren, auch fast, ohne zu schreiben.

1955–1957: Erster Spanienaufenthalt. Freundschaftliche Beziehungen zu Vicente Aleixandre und Dámaso Alonso. Neue Gedichte. Seit Juli 1956 Veröffentlichung von Gedichten in spanischer Übersetzung, in der Aleixandre verbundenen Zeitschrift ›Caracola‹, Málaga (in der auch Exilspanier veröffentlichten).

Mitte 1957–Februar 1959: in Frankfurt. Aufnahme von literarischen Kontakten. Dezember 1957: Erste größere Gedichtveröffentlichungen in ›Akzente‹ und ›Neue Rundschau‹. Der S. Fischer Verlag bietet an, einen Gedichtband zu drucken. Von da an kontinuierliche Veröffentlichungen von Lyrik, Prosa, Essay in Zeitungen und Zeitschriften. Vorher, dank der Begegnung mit Dr. Franz Joseph Schöningh, einzelne Gedichte in ›Hochland‹ (1954, 1956, 1957).

Februar 1959–Mai 1959: Klausur in Astano (Tessin). Abschluß des Manuskripts von ›Nur eine Rose als Stütze‹. Fortsetzung der in Frankfurt begonnenen Prosaarbeiten. Besuch bei Hermann Hesse. Zweiter Spanienaufenthalt (1959 bis 1961).

Herbst 1959: ›Nur eine Rose als Stütze‹ erscheint im S. Fischer-Verlag. – Das Buch wird Hilde Domin nach Madrid zugeschickt.

Herbst 1960: Erwin Walter Palm nimmt die Lehrtätigkeit an der Universität Heidelberg auf.

Januar 1961: Abschluß der ersten Fassung des Romans ›Das zweite Paradies‹, in Madrid. Das Manuskript des zweiten Gedichtbandes fortgeschritten.

Februar 1961: Einzug in die Wohnung Hainsbachweg 8, Heidelberg. Ankunft der Bücher aus Santo Domingo.

Erste öffentliche Lesung: April 1961, in der Heimatstadt Köln (Stadtkölnisches Museum); November 1961: Kammerspiele, Hamburg.

Ab 1962: Als Gegengewicht zum Schreiben, regelmäßige Lese- und Vortragstätigkeit (Literarische Gesellschaften, Universitäten, Volkshochschulen, Buchhandlungen, Rundfunk). Nach den Abendlesungen vormittags Interpretationsübungen in Gymnasien, Realschulen, auch Hauptschulen.

In den 70er Jahren: dreimal je ein halbes Jahr in Mexiko mit Erwin Walter Palm.

Seit Anfang 1976: regelmäßige Lesungen in Haftanstalten in Nordrhein-Westfalen (»Mit Worten unterwegs. Autoren lesen für Inhaftierte«). Teilnahme an Tagungen.

Wintersemester 1987/88: Stiftungsgastdozentur für Poetik an der Johann-Wolfgang-Goethe-Universität, Frankfurt a. M.

1988: Tod von Erwin Walter Palm.

Wintersemester 1988/89: Poetik-Dozentur an der Universität Mainz.

1990: Lesereise nach Jena, Weimar, Eisenach, Leipzig und Dresden.

Lesungen im Ausland: USA. Universitäten von Küste zu Küste, 1964 – USA, Ostküste, Mittlerer Westen, 1971, 1976 – Mexiko, 1964, 1971 – Kanada, 1964 – England, 1946, 1966 – Djakarta, Indonesien, 1972 – Luxemburg, 1972 – Frankreich, 1973, 1975, 1991 – Holland, 1966 – Israel, 1971, 1997, 2000 – Italien, 1962, 1965, 1985 – Jugoslawien, 1974, 1976 – Liechtenstein, 2000 – Österreich, 1969, 1972, 1974, 1976, 1979 – Schweiz, 1969, 1970, 1976, 1995, 2000 – Türkei, Istanbul, 1978 – Belgien, 1991.

Teilnahme an Tagungen (u. a.): ›Für und wider die zeitgenössische Literatur in Europa und Amerika‹, Freiburg, 1968 – Biennale de Poesie, Knokke (Belgien), 1970, 1976 – ›Ist das Poetische zu Ende?‹, Klagenfurt, 1972 – ›Europäisches Lyrikertreffen zu Ehren Petöfis‹, Budapest, 1973 – ›Hommage à Rilke‹, Frankfurt a. M. – Berlin, 1974 – ›Vergabe des Trakl-Preises‹, Salzburg, 1977 – ›Festival International de Poésie de Paris‹, 1978 – Übergabe des Rainer-Maria-Rilke-Preises an Ernst Meister, Paris, 1978 – ›Literarischer März‹, Darmstadt, 1979 – Lyrikertreffen in Münster, 1979 – Heine-Kolloquium, Düsseldorf, 1981 – Eröffnung der Else-Lasker-Schüler-Ausstellung, Böblingen, 1981 – Gießen: Eröffnung der neuen Universitätsbibliothek, 1984 – Offenbach: Diskussion mit H. Weinrich, H. Bingel u. a. über Ausländer als deutsche Dichter, 1984 (›Gastarbeiterliteratur‹) – Eröffnung des Sommersemesters der germanistischen Fakultät der Universität Düsseldorf, 1986 – Goethe-Institut Luxemburg, 1986 – Lesungen in Paris, Berlin, Neuchâtel, Burgdorf – Eröffnung des Wettbewerbs der Autoren Nordrhein-Westfalens. Düsseldorf, 1987 – Goethe-Institut Brüssel, 1987 – Festival Européen de Poésie. Leuwen, 1987 (Ernennung zum ›Président général‹ de l'Association et du Festival) – Tagung Literatur und Politik, Sulzbach 1991.

Auszeichnungen: Ida-Dehmel-Preis, 1968 – Droste-Preis der Stadt Meersburg, 1971 – Heine-Plakette der Heinrich-Heine-Gesellschaft, Düsseldorf 1972 – Literaturpreis der Stadt Bad Gandersheim (Roswitha-Plakette), 1974 – Rainer-Maria-Rilke-Preis für Lyrik, 1976 – Richard-Benz-Medaille der Stadt Heidelberg, 1982 – Bundesverdienstkreuz 1. Klasse.

1983 – Nelly-Sachs-Preis der Stadt Dortmund, 1983 – Ehrengast der Villa Massimo, 1985 – Verdienstkreuz des Landes Nordrhein-Westfalen 1988 – Verdienstmedaille des Landes Baden-Württemberg 1990 – Carl-Zuckmayer-Medaille des Landes Rheinland-Pfalz, 1992 – Friedrich-Hölderlin-Preis der Stadt Bad Homburg, 1992 – Literatur im Exil, Preis der Stadt Heidelberg, 1992 – Heidelberger Universitätsmedaille, 1992 – Ehrenprofessur des Landes Baden-Württemberg, 1992 – Hermann-Sinsheimer-Preis, Freinsheim, 1993 – Großes Bundesverdienstkreuz, 1994 – Literatur-Preis der Konrad-Adenauer-Stiftung, 1995 – Jakob-Wassermann-Preis der Stadt Fürth, 1999 – Staatspreis des Landes NRW, 1999.

Mitglied des PEN-Clubs (1964) und der Ademie für Sprache und Dichtung (1978) – Ehrenmitglied der Heinrich-Heine-Gesellschaft – Honorary Fellow of the American Association of Teachers of German 1991 – Ehrenmitglied der Akademie gemeinnütziger Wissenschaften zu Erfurt (1994) – Mitglied der Akademie für Sprache und Dichtung (1978).

Nachweis

Die nach den Texten angeführten Jahreszahlen geben, sofern nicht mit dem Veröffentlichungsjahr identisch, das Entstehungsjahr an.

Ein blauer Tag. Unveröffentlicht.

Mein Vater. Wie ich ihn erinnere. In »Die Väter«, hrsg. von Peter Härtling, Frankfurt 1968. In »Von der Natur nicht vorgesehen«, München 1974.

Unter Akrobaten und Vögeln. Fast ein Lebenslauf. In »Besondere Kennzeichen«, hrsg. von Karl Ude, München 1964. In »Von der Natur nicht vorgesehen«, München 1974.

Leben als Sprachodyssee. In »Deutsche Akademie für Sprache und Dichtung«, 1979/II, Selbstvorstellungen (als Vortrag gekürzt). Originalfassung in »Literatur in Köln«, Nr. 12, 1980. In »Aber die Hoffnung«, München 1982.

Besuch bei Hermann Hesse. Exil seit 1912. Unter dem Titel »Erinnerung an H. Hesse«, In »Über Hermann Hesse«, hrsg. von Volker Michels, Frankfurt a. M. 1977. In »Aber die Hoffnung«, München 1982.

Frau Gianni. 1959. Unveröffentlicht.

München bei der Rückkehr 1954/55. Brief an Klaus Piper. In »Für Klaus Piper zum 70. Geburtstag«, München/Zürich 1981. In »Aber die Hoffnung«, München 1982.

Dank an Heidelberg. In »Heidelberger Jahrbücher«, XXVIII, 1984.

Meine Wohnungen. In »Von der Natur nicht vorgesehen«, München 1974.

Bücher-»Grillen«. In »Merkur«, August 1964. In »Aber die Hoffnung«, München 1982.

Rückblick auf die Zeit als Ehrengast in der Villa Massimo. In »Deutsche Akademie Villa Massimo Rom«, 1985/86.

Hineingeboren. In »Mein Judentum«, hrsg. von Hans Jürgen Schultz, Stuttgart 1978 (ursprünglich Vortrag in der Sendereihe des Süddeutschen Rundfunks). In »Aber die Hoffnung«, München 1982.

Offener Brief an Nelly Sachs. In »Nelly Sachs zu Ehren«. Zum 75. Geburtstag am 10. Dezember 1966, Frankfurt 1966. Gegenüber dem Original leicht verändert. In »Von der Natur nicht vorgesehen«, München 1974.

Ich schreibe, weil ich schreibe. In »Motive«, hrsg. von Richard Salis, Tübingen 1971. In »Von der Natur nicht vorgesehen«, München 1974.

Was einem mit seinen Gedichten passieren kann. Leseerfahrungen. I, II, III, VI, VII in »Von der Natur nicht vorgesehen«, München/Zürich 1974. IV, V, VIII, IX, X unveröffentlicht.

Der Handschuh und die Rose. Ein prosaisches Märchen. Unveröffentlicht.

Erste Begegnung mit meinem Verleger. In »Begegnungen«, Berlin 1965/66. In »Von der Natur nicht vorgesehen«, München 1974.

Ins Exil mit Goethe, Heine, Rilke, Joyce. In »Aber die Hoffnung«, München/Zürich 1982.

Hilde Domin interviewt Heinrich Heine 1972 in Heidelberg. In »Geständnisse. Heine im Bewußtsein heutiger Autoren«, hrsg. von Wilhelm Gössmann, Düsseldorf 1972. In »Von der Natur nicht vorgesehen«, München 1974.

R. A. Bauer interviewt Hilde Domin 1972 in Heidelberg. (Tagespresse etc. 1972). In »Von der Natur nicht vorgesehen«, München/Zürich 1974. In »Von der Natur nicht vorgesehen«, München 1974.

Adalbert Reif interviewt Hilde Domin 1987. In »Begleitheft zur Ausstellung der Stadt und Universitätsbibliothek Frankfurt am Main«, Frankfurt a. M. Jan./Febr. 1988.

Briefgespräch mit HAP Grieshaber über »vorsichtige Hoffnung«

und anderes. In »Schnittlinien für HAP Grieshaber«, hrsg. von Wolfgang Rothe, Düsseldorf 1979. In »Aber die Hoffnung«, München 1982.

Mein erstes Tischgebet. Stullen mit Sekt. In »Deutsches Allgemeines Sonntagsblatt, Nr. 52, Weihnachten 1983. In »Es begab sich aber zu der Zeit«, hrsg. von Walter Jens, Stuttgart 1988.

Erinnerungen an die Schulzeit. Unveröffentlicht.

Sehr persönliche Briefe an einen »Hof-Poeten« über staatsbürgerliches Verhalten. Zu Günter Bruno Fuchs: »Blätter eines Hof-Poeten und andere Gedichte«. In »Aber die Hoffnung«, München/Zürich 1982.

»Und keine Kochbananen mehr«. 1945. In »Ein Jahr in Dichtung und Bericht«, hrsg. von Hans Rauschning, Frankfurt 1965. In »Von der Natur nicht vorgesehen«, München 1974.

Berichte von einer Insel. Kindern erzählt.
I *Die Insel und der einohrige Kater.* In »Dichter erzählen Kindern«, hrsg. von Gertraud Middelhauve, Köln 1966 (Titel: Bericht von einer Insel). In »Von der Natur nicht vorgesehen«, München 1974.
II *Näheres über Gogh, den Einohrigen.* Unveröffentlicht.
III *Die Stunde der Wahrheit. Polizeiverhandlung über Gogh.* Etwa 1948. Unveröffentlicht.

Auf Besuch in New York. Ein Rückblick. Unveröffentlicht.

Rückwanderung. In »Domin, Hier«, Frankfurt 1964.

Die andalusische Katze. In »Eremitenpresse« 1971 (vergriffen). Zuerst in »Unsere heitere Geschichte«, Nr. II, FAZ, 14.1.61. In »Von der Natur nicht vorgesehen«, München/Zürich 1974.

Erinnerungen an Gabriela Mistral und Juan Ramón Jiménez. Unveröffentlicht.

Wiedersehen mit Spanien. Vier Skizzen. Unveröffentlicht.

Randbemerkungen zur Rückkehr. Unveröffentlicht.

Vita. In »Begleitheft zur Ausstellung der Stadt und Universitätsbibliothek Frankfurt am Main«, Jan./Febr. 1988 (ergänzt).